本书得到广西人文社会科学发展研究中心
“桂滇黔越结合地区语言资源特色研究团队”资助。

武鸣县城官话语音词汇研究

陆淼焱 著

广西师范大学出版社
GUANGXI NORMAL UNIVERSITY PRESS
·桂林·

图书在版编目（CIP）数据

武鸣县城官话语音词汇研究 / 陆淼焱著．—桂林：广西师范大学出版社，2016.6
ISBN 978-7-5495-8309-6

Ⅰ．①武… Ⅱ．①陆… Ⅲ．①西南官话—语音—研究—武鸣县②西南官话—词汇—研究—武鸣县 Ⅳ．①H172.3

中国版本图书馆 CIP 数据核字（2016）第 133265 号

广西师范大学出版社出版发行
（广西桂林市中华路 22 号　邮政编码：541001
网址：http://www.bbtpress.com）
出版人：张艺兵
全国新华书店经销
桂林广大印务有限责任公司印刷
（桂林市临桂县秧塘工业园西城大道北侧广西师范大学出版社集团有限公司创意产业园　邮政编码：541100）
开本：720 mm × 960 mm　1/16
印张：16.75　　字数：250 千字
2016 年 6 月第 1 版　　2016 年 6 月第 1 次印刷
定价：35.00 元

序

广西的西南官话，通常被称作桂柳话，与粤方言分踞南北，以“宽式”的柳州话通行最广。杨焕典等《广西的汉语方言（稿）》（1985）：“西南官话主要分布在广西北部，包括桂林、柳州、金城江等市以及桂林、柳州两地区的大部分，河池、梧州两地区的部分县，其余散布在桂西一些县城及其附近。”《广西通志·汉语方言志》（1998）对广西的官话有更为详细的描述，认为“广西官话可分为桂北片、桂中片和桂西片”。

我出生在南宁市，当时南宁城区很小，白话是市区主流方言。小学所在地附近就是邕州蓝青官话通行的下廓街，班上就有家里说“下廓街话”的同学，但在外面他们只说白话。上小学时就听到当时人们戏谑武鸣人说官话“夹壮”，但又自认为说得标准的一句口头禅：

武鸣官话赛京腔[ʔu^{55}meŋ^{21}kɔn^{33}ua^{24}ɬai^{24}keŋ^{33}kiaŋ^{33}]，

南宁官话像土谈[nan^{21}neŋ^{21}kɔn^{33}ua^{24}ɬiaŋ^{24}tu^{55}tan^{21}]。

50 多年过去了，依然朗朗上口。这句话是模仿武鸣官话念的，带有壮族人说汉语的特点。从那时起，在我脑子里就固执地有了武鸣官话“夹壮”、很土的印象。我的母语是南宁白话，小时能唱些官话的儿歌，现在也能操一口“跨地区”的桂柳话。常常想不明白，自己没有生活在官话区，也没有经过专门学习，这种能力哪来的？现在想来，是否得益于儿时南宁的语言环境？由此可见西南官话在广西的影响可不小。

长期以来,我总认为西南官话研究的重地在以西南官话为主流方言的省区,因此对广西的桂柳话并不关注,更没接触过桂南、桂西等地的官话方言岛。近年来,我们指导研究生对桂南地区的一些官话方言岛进行调查研究,从中的发现让人有些振奋。正如李蓝《六十年来西南官话的调查与研究》(1997)一文所指出的,西南官话研究有不足之处,其中之一就是广西境内语言丰富,西南官话有复杂的变化,但广西的西南官话的调查滞后于丰富的语言事实。拜读了陆森焱的《武鸣县城官话语音及词汇调查与研究》,深有同感。

此书虽然只涉及武鸣县城官话语音和词汇,由于是作者的母语,调查材料可谓赡足,描写可谓细致,提供了许多我所不了解的语言事实,最出乎我意料的是武鸣官话并不“夹壮”,反而是与南宁白话有太多的共同点,词汇尤甚。

一般而言,古入声的归属和四声框架是判断西南官话的基本条件。《中国语言地图集》(1987)对西南官话的定义是:古入声今读阳平的是西南官话,古入声今读入声或阴平、去声的方言,阴平、阳平、上声、去声调值与西南官话的常见调值相近的,即调值与成都、昆明、贵阳等六处的调值接近的,也算西南官话。李蓝《西南官话的分区(稿)》(2009)认为“一般情况下,凡古入声今整体读阳平、四声框架与贵阳、昆明、武汉、桂林等地的西南官话接近、古全浊声母为‘清化,平声送气,仄声不送气’的演变类型、没有入声韵尾的方言,基本可以认定为西南官话”,此外还可根据“方言的情况,适当调整方言归属的判断条件”。

凭语感就可确定武鸣县城官话的“身份”,再对照这些基本条件,又能感觉武鸣县城官话有一种特殊的“味儿”,这个“味儿”就是“粤味儿”。

桂北是广西官话分布的主要区域,官话的发展趋势是向普通话靠拢,因此官话的语言特征变异不大。桂南是粤方言地区,处于其中的一些官话方言岛,却因不同的语言环境有不同的变异。广西的粤方言有两个层次:勾漏片、钦廉片、桂南平话片是相对原住的粤方言,属早期层次,沿江白话片是晚期层次,是广府白话溯江西渐的城镇方言。

桂南的官话方言岛，多散落在桂南平话区，也是壮族聚居区。壮族是最大的少数民族，但由于历史上有语无文，治化教育使用汉语，双语或转用汉语的趋势日益加强。双语者或转用汉语者所说的汉语，必然带有母语特征的迁移。双语者比转用汉语者的母语特征多，转用汉语的时间越长，母语的特征越弱。这里说的汉语，要落实到具体的方言，而方言的地位对方言变体的形成具有举足轻重的作用。这点在武鸣县城官话与同为桂南官话方言岛的南宁下廓街话、邕宁福建村话、宾阳南街官话的发展演变中可以得到证明。

晚来的广府白话凭借经济、文化优势成为优势方言。虽然现在的南宁白话已经衰微，但在二三十年前是市区的主流方言，对周边城镇也具有强势影响。南宁老城下廓街话是因邕州府治所而来，故也称属邕州官话。下廓街话在白话到达南宁后即衰微，目前已经消亡。邕宁福建村官话局限在一个几百人的村子里，也是濒危状态。在白话的强势影响下，南宁下廓街话、邕宁福建村官话的词汇都带有浓重的“粤味儿”。

宾阳南街官话也因治所而兴。南街位于今宾阳县城北新宾镇、古宾州城南门外，与宾州古城南门仅一桥之隔。宾州城建于宋开宝六年(973)，后毁于兵祸，以后明清两代曾多次重修。从宋朝至民国三十八年(1949)，在此设州、路、县治历976年。清至民国期间，商贾云聚，经贸红火。后因县治新迁，新市场建成，南街也无往日的繁荣，但南街人仍有城里人的优越感，视官话为“街上话”，通行全县的宾阳话是“村话”。由于流通区域太小，使用人口的悬殊，南街官话没有优势，南街人成了双语人。宾阳不在珠江水系流域上，白话没有对其产生直接影响，宾阳话对南街官话的影响有限。

武鸣县城处壮族聚居区，也是早期粤方言西端——桂南平话到达的区域，在南宁白话影响到这里之前，官话已是这里的优势方言，成为汉族与当地少数民族，汉族自身不同民系共同使用的公共交际用语。平话只分布在少数村屯，是“村话”，对县城官话几乎没有什么影响，即便早期有，也被南宁白话取代了。

没有[-m]尾韵和塞尾韵是官话的重要特征。武鸣官话的“粤味儿”，在语音上表现为有[-m]尾韵和塞尾韵。南宁市下廓街话的塞韵尾字很少，不成系统，如“禁揿掺浸沉岑禽擒钦揞暗钳淫”，多为深摄字。塞尾韵也是随平话、白话借词而来，字很少，分上阴入[5]和阳入[2]两类。邕宁福建村官话也只在词语和话语中保留塞尾的入声字。宾阳南街官话塞韵尾字也罕见，只是随少数借词基本保留了原有宾阳话读音，没有融入南街话自身语音系统。

南宁白话带来的城市文明，对武鸣县城官话影响最大的是词汇，由此带来口语语音的变异，也被折合进官话音系。表现在：

第一，[-m]尾韵比邕州官话少，只有[əm]，所辖字除了“浸含揞”，就是几个来自非官话的有音无形的口语词，中古[-m]尾韵基本按官话演变规律并入了[-n]尾韵。

第二，塞尾韵字比邕州官话多，不少甚至只有入声一读，与阳声韵相应，中古[-p]尾韵字很少，大多并入了[-t]尾韵，这与汉语入声的演变规律相合。

第三，在声调上，没有塞音韵尾的入声字归阳平，与西南官话特点相合。保留塞韵尾的多为口语常用字，依调值分为两类：入声1[55]，与上声音高相同，入声2[21]，与阳平音高相同，读[55]的少，读[21]的多，分类条件既非依声母清浊，也非依主元音的开合。读[55]大多为有音无形字，有字可写的入声字基本读[21]，同阳平。阳平是西南官话入声字的归属，保留塞音韵尾的入声字，在武鸣县城官话依然折合阳平调，这的确是一种值得深入研究的语言接触现象。

有丰富的能反映语言层次的同义词，是武鸣县城官话的又一特点。“粤味儿”在词汇表现尤为突出，大量词语存在同义词，同义词当中往往就有白话词，平话或壮语的词语很少。吸收白话词汇有两种方式，一是转用官话音，二是音义全借，[-m]尾韵和塞尾韵就来自此类借词。

广西是汉语方言最多的省区，又是壮族自治区，多语多方言杂处交融，提供了观察语言接触演变的条件。《武鸣县城官话语音及词汇调查与研究》一书为研究桂南官话方言岛的语言接触变异提供了丰富语料，期待早日见到武鸣县城官话语法研究的成果。

林　亦

2016 年 2 月 15 日于广西大学

目　录

凡　例

1.繁简字　作者叙述和分析的语句使用国家推行的通用字。记录方言时，音义有区别的字用繁体字和异体字加以区分。例如用“髮”表示“头髮”的“髮”，以区别“发生”的“发”；用“鬚”表示“胡鬚”的“鬚”，以区别“必须”的“须”。

2.大小字　正文用 5 号字，随文夹注用 6 号字（或 5 号字下标）。例如：种$_{种类}$ | 楝$_{楝树}$

3.空围（□）　表示写不出的字，一个空围只代表一个字。

4.替代号（~）　在注文中代替被注的字，例如：□[lu^{33}]，转~~，团团转

5.音标　记录方言用国际音标，声调调值用数字表示。

6.方括号（[ ]）　在叙述性文字中加在国际音标外面，如果有几组，中间没有汉字的只用一对方括号，各组之间用空格分隔，不加标点。例如：[-p -t -k]

7.圈码（①②③……）　用于例句编号，在单音字表中代替写不出的字。

8.竖线　单竖线“|”用于例词之间的分隔。

第一章 武鸣县城[1]的地理交通、历史沿革与人口及语言概况

第一节 地理交通

武鸣县是广西壮族自治区首府南宁市的市辖县，地处广西壮族自治区中南部，县境介于北纬22°59′58″—23°33′16″，东经107°49′26″—108°37′22″范围之间，时区属于世界时间东七区，因而日出、日落时间比北京标准时间迟约45分钟。县境从东到西最大横距111公里，从南到北最大纵距97公里，全县总面积3366平方公里，占广西总面积1.4%，与南宁市城区的距离，实际里程为37公里。

武鸣县东部与上林县、宾阳县接壤，南部与南宁市兴宁区、西乡塘区相连，西接隆安县、平果县，北部与马山县毗连。县内有大小河流138条，武鸣河干流自县城流经宁武注入右江，县境内长133公里；东南部的马定河、西云江、延河等河流流经邕宁县或南宁市区直接汇入邕江。武鸣境内公路四通八达，是大西南陆路出海的重要通道之一。境内有210国道（包头—南宁）、S313省道（武鸣—平果）、S214省道（扶照—里建）及渝湛高速公路，北往贵州、重庆、南到湛江港、北海港、防城港。县城通往下属各个乡镇的道路多为二级公路。

---

① 2015年，经国务院批准，撤销武鸣县，设立南宁市武鸣区。为便于表达，本书仍沿用武鸣县这一说法。

第二节　历史沿革与人口

据《武鸣县志》[①]记载，武鸣县历史悠久，今县境秦时属象郡。汉时属领方、增食二县。此后，行政区划不断变更，直至宋治平四年（1067），当朝将宣化县的永宁乡和上林县的止戈乡拨入武缘县，又拨武缘县的上东、下南两个乡（大致区划为现太平镇上江片的四个村和罗波镇与邕宁、宾阳两县交界以东的范围）入宣化县。至此，武缘县境才与今县境范围基本相符，县治所仍在板苏。明洪武元年（1368），武缘县治所由板苏迁至今县城所在地城厢镇，仍属邕州府管辖。明朝嘉靖七年（1528），荒田驿（今府城镇）为思恩府治所，武缘县止戈乡二里（大致为今府城镇及两江镇的雷江片）割属思恩府，武缘县仍隶属邕州府。自明万历五年（1577）至清朝末期，武缘县改由思恩府管辖，遂将原止戈二里划归武缘县区划。民国元年（1912），时任广西都督的县籍人陆荣廷将县名该为武鸣县，意为“以武而鸣于天下”，此县名沿用至今。同年，武鸣县升置为府，撤思恩府。次年六月，复称武鸣县，辖归邕南道。民国十五年六月，武鸣县直隶广西省政府。民国二十一年（1932）为南宁民团区区治。民国二十八年（1939）二月，为武鸣行政督察区区治，所辖区域有武鸣、都安、平治、果德、隆山、那马、上林、宾阳等八县。民国三十七年（1948），为广西省第十一区区治，下辖武鸣、上林、隆山、那马、果德、平治、都安、隆安等八县。1949 年 12 月 3 日武鸣解放，时属武鸣人民专员公署管辖。此后，先后属武鸣专区、南宁专区、宾阳专区、邕宁专区、桂西壮族自治区、桂西壮族自治州、邕宁专区、南宁专区管辖；1958 年 12 月与隆安县合并，称武隆县，县治所在地为武鸣城厢镇。1959 年 5 月，武隆县复分为武鸣、隆安两县，武鸣县归南宁专区管辖。1983 年 10 月 8 日，经国务院批准，武鸣县划归南宁市管辖，至今未变。

武鸣县城所在地为城厢镇，位于县境中部，县城总面积 4.9 平方公里，是全县政治、经济、文化、交通的中心。城区有解放街、和平街、建设街等三个居民委员会，县

---

① 武鸣县志编纂委员会编：《武鸣县志》，南宁，广西人民出版社，1998 年。

城周边有灵源、五海、赖琶、大皇后等五个村。

2007 年末，武鸣县总人口有 669411 人。经 2001 年全国第五次人口普查汇总统计的数据显示，武鸣县城乡居民以壮族为主，占全县总人口的 86.5%，县境内为多民族聚居状态，有壮、汉、瑶、苗等民族。

第三节　语言概况

武鸣县内的语言有壮语、汉语、瑶语和苗语，以壮语为主。其他民族因人口少，本民族语言一般为家庭内部用语。

武鸣壮语属壮语北部方言，分布在县境各镇，是除县城以外的壮族聚居村落、壮族家庭最普遍的交际用语。

武鸣县境内的汉语主要有五种：

1.官话，主要分布在县城、府城镇街上，是当地居民日常交往的主要语言。

2.平话，在武鸣被称为"横塘话"，主要分布在府城镇、城东镇、太平镇、双桥镇、仙湖镇、罗波镇、两江镇等地，是当地一些汉族居民的交际用语。

3.客家话，在武鸣被称为"新民话"。主要分布在灵马镇、府城镇、两江镇等地，是当地客家居民的交际用语。

4.粤语，俗称"白话"，主要分布在县城、双桥镇、锣圩镇、陆斡镇等地街上，使用者多为商户，部分是明清以后广东、桂东、南宁等地移民的后裔。白话过去只在这些商户之间通行。由于改革开放以后武鸣到广东及广西的南宁、玉林、北海、梧州等粤方言地区务工的人员增多，白话交往日渐增多。

5.普通话，武鸣县中小学校大力推广普通话，促进普通话的普及。随着改革开放的不断深入，交往日益扩大，在县城，普通话已经成为广泛的交往用语。

瑶、苗语主要分布在仙湖镇、锣圩镇两地少量的瑶族、苗族村落，为该民族内部交往用语。

此外，从越南、印度尼西亚等国归来的华侨及其后裔，聚居在东盟经济开发区（原华侨农场），内部交流也讲越南语、印尼语、英语等。

第二章　武鸣县城官话的语音

第一节　语音系统

一、声母

（一）声母 18 个

p	pʰ	m	f	
t	tʰ	n	l	ɬ
ʦ	ʦʰ	s		
k	kʰ	ŋ	x	
∅	ʔ			

（二）声母说明：

［ʦ ʦʰ s］与齐齿呼相拼时，音色接近［ʨ ʨʰ ɕ］。

（三）声母例字

p	波把部贝摆币杯鼻保标贬办别拨半
pʰ	坡爬帕普沛排皮泡飘仆蓬品盼旁捧
m	摩马慕卖迷梅猫冒苗亩谬蒙面瞒民
f	夫府飞肺否法泛凡粉芬佛放方风俸
t	多爹堵带大抵对岛钓豆耽答沓动店

续表

t^h	拖他兔台堤替腿滔跳头谭通舔铁团
n	挪那奴女耐泥内闹鸟纽聂嫩娘虐能
l	罗鲁屡来历雷履里累劳聊漏流笼帘
ɬ	蓑锁写谢苏塑须数洗岁师寺酸雪象
ʦ	左坐炸乍蔗租做续助植树侦赵灸僧
$ʦ^h$	丞丑畅除崇搀全前雀猜产成吃春侧
s	石枢蛏蛰柿射胜懈耍升杏朽松赛穗
k	歌过家瓜古据改鸡怪挂闺告交够久
k^h	可跨苦去开启魁块考巧抠球恰孔牵
ŋ	俄我饿讹卧桠碍袄勾岸岩恩昂鄂硬
x	火吓霞华呼海戏姨好雨晓含侠欣香
∅	蜗弱蕊耳无晚忘萤完微歪衙原迎跃

说明：部分零声母字，尤其是单韵母[i]、[u]、[y]前为零声母时，带有喉塞色彩，但与零声母不构成对立。这与壮族人说汉语的区域性特点有关。

二、韵母

(一)韵母71个

ɿ	i	u	y
a	ia	ua	
ɔ	iɔ	uɔ	yɔ
ə		uə	
e	ie		ye
ai	iai	uai	
əi		uəi	yəi
au	iau		

续表

əu	iəu		
iu			
an		uan	
ɔn		uɔn	
ən		uən	
en	ien		yen
	in	un	yn
əm			
aŋ	iaŋ	uaŋ	
ɔŋ			
əŋ	iəŋ	uəŋ	
uŋ	iuŋ		
	iŋ		
əp			
at	iat		
ɔt			
ət		uət	
et	iet		yet
	it	ut	yt
ak			
ɔk	iɔk		
ək		uək	
ek			
	ik		
uk	iuk		

(二)韵母例字

ɿ	私紫次自私师狮肄子字思饲滓事侍
i	滤如举巨于遇娱喻蔽际制毕批迷低
u	布普怖蒲慕堵土图怒路苏组醋姑枯
y	女驴蛆絮徐猪褚除蔬煮处书署居鱼
a	他大哪阿巴怕爬麻拿茶诈差沙萨发
ia	厦家假价牙雅虾霞下亚佳恰匣甲辖
ua	耍瓜剐夸瓦花华画蛙话抓猾挖刷划
ɔ	多拖驼罗佐搓歌可蛾河菠坡婆魔锁
iɔ	若弱却虐约跃觉岳学
uɔ	□语气词,无意义
yɔ	爵雀鹊确
ə	饵撤辙浙瑟阁鄂北得肋则刻黑侧测
uə	□语气词,无意义
e	茄姐且藉些谢爹遮者车蛇舍社谐懈
ie	惹耶爷也野夜页
ye	薛雪说悦阅厥掘曰粤决诀缺穴掘倔
ai	戴台待耐来灾彩财赛该开碍孩爱赖
iai	崖
uai	块外乖怪怀槐拐歪快筷揣衰摔帅率
əi	屡贝沛背梅对推队内雷罪岁缀废肺
uəi	崔盔桅灰回煨会赘税鳜卫秽闺随吹
yəi	乳芮锐蕊
au	报袍毛刀讨桃脑劳糟草曹骚高靠傲
iau	猫稍交巧孝肴效标飘瓢妙疗俏小鸟

续表

əu	缕剖某斗偷头奏凑叟勾口藕吼侯否
iəu	扭流酒秋就秀囚柔丘旧牛朽右油纠
iu	育辱褥
an	耽贪潭南簪参蚕感堪函庵喊酣站赚
uan	玩桓完丸皖豌顽关惯还环弯湾晚挽
ɔn	绊潘判盘满短团暖鸾钻酸官宽唤缓
uɔn	碗腕宛
ən	参吞跟恳很恩奔喷笨门敦盾嫩论村
uən	温瘟稳文纹蚊闻吻刎问
en	蟹蚶减嵌贬黏帘歼签潜沾瞻俭验险
ien	冉淹炎盐艳严腌然谚焉延言堰铅渊
yen	癣轩纂窜篡撰闩泉宣旋转传专川船
in	品赁林侵心寻沉岑森针葚甚任今钦
un	昆滚棍坤捆困昏婚魂馄浑混荤
yn	荀椿准蠢顺舜纯润钧菌匀训熨云孕
əm	含□$_{\text{蘸}}$浸恁瞰
aŋ	帮滂旁忙党汤堂囊郎脏仓藏桑常畅
iaŋ	娘良将枪抢墙匠相箱详霜饷壤强样
uaŋ	壮闯床爽广旷荒皇汪网匡狂况枉王
ɔŋ	公$_{\text{阿公}}$□$_{\text{傻}}$
əŋ	崩朋登疼能增赠僧肯恒凭瞪烹彭冷
iəŋ	扔
uəŋ	□$_{\text{块}}$
uŋ	蓬蒙冻桶童弄总匆丛送公控汞翁冬

续表

iuŋ	迥兄荣泳戎绒穷熊融茸冗胸凶拥容
iŋ	禀拼劲胜冰陵征惩称绳升丞仍凝兴
əp	搨沓合眨涩汁
at	□溶~□iat^{21},形容物体湿烂,如烂泥状
iat	□□iuŋ^{35}~~,形容头发等物体乱的样子，□溶□pat^{21}~,形容物体湿烂,如烂泥状
ɔt	挪盒割渴拨泼钹脱滑刮核
ət	邋蜡遢辣抹发
uət	袜
et	吓夹镊接折贴叠挟瞎裂撇篾铁切截
iet	叶热
yet	绝月越血
it	鼻湿十笔匹密蜜实日一吃
ut	骨
yt	卒出
ak	□□ɬiŋ^{35}~,清醒机警
ɔk	磕薄托凿恶着着衣着睡着剥啄戳角壳缩
iɔk	脚药钥
ək	讹帕咳虱勒塞刻鲫拍拆窄格隔
uək	□镢
ek	屐
ik	蛰栗力直织惜尺石劈滴踢剔
uk	熝木独谷哭毒福幅陆竹粥熟绿足烛
iuk	肉

三、声调

（一）声调 6 个

阴平　33　例字：多沙猪开思腰金光

阳平　21　例字：文能名从答猎级桌

上声　55　例字：左抚屡甫惹理武拇

去声　24　例字：大下步路愤跪坐造

入声 1　$\underline{55}$　例字：涩戳卒鲫汁粥笠屐

入声 2　$\underline{21}$　例字：十啄竹眨邋瞌夹铁

（二）声调说明：

除了以上 6 个声调外，武鸣县城官话还有一个非本方言固有的声调，调值为 35，是语言接触的产物，辖字有限，不进入音系。一部分与平话的阴平调对应，如：阿公[a^{33}kɔŋ^{35}]、阿爸[a^{33}pa^{35}]、阿哥[a^{33}kɔ^{35}]；另一部分有音无字，如：□[iəŋ^{35}]（形容东西很韧）、□[ɬiŋ^{35}]（~□[ɬak^{21}]清醒机警）、□[iuŋ^{35}]（~□□[iat^{55}iat^{55}]形容物体乱的样子）、□[la^{35}]（□[k^{h}a^{21}]~屁股），等等。

第二节　武鸣县城官话单字音表

说明：下表中同行表示声母相同，同列表示韵母和声调相同。无声韵调配合关系以空白表示。有音无字或本字不明的，表中用圈码表示，并在表下加注。代表字的选取原则是：尽量选单音字，如果只有多音字，该多音字第一次出现用楷体表示，第二次出现用隶书表示，并在表下加注。

表 2-2-1　武鸣县城官话单字音表

韵	ʅ	i	ia	iai
声调	阴阳上去入入 声声 平平声声1　2 55　21	阴阳上去入入 声声 平平声声1　2 55　21	阴阳上去入入 声声 平平声声1　2 55　21	阴阳上去入入 声声 平平声声1　2 55　21
p		屄壁比臂		
p^h		批皮　辟		
m		咪迷米秘		
f				
t		低敌底地		
t^h		梯提体剃		
n		泥你腻		
l		立里利		
ɬ	私嗣　寺	西析洗细		
k		鸡级已记	家甲假架	
k^h		欺其起气	掐恰　洽	
ŋ		疑蚁	虾霞　下	
x		希姨喜戏		
ʦ	资　子自	知值只制		
$ʦ^h$	疵词此次	痴弛齿赤		
s	丝　死四	施时使是		
∅		淤于与预	丫牙雅亚	崖
ʔ		依移以艺		

表 2-2-2　武鸣县城官话单字音表(续 1)

韵	iau	iaŋ	iɔ	iɔk
声调	阴平 阳平 上声 去声 入声1 55 入声2 21	阴平 阳平 上声 去声 入声1 55 入声2 21	阴平 阳平 上声 去声 入声1 55 入声2 21	阴平 阳平 上声 去声 入声1 55 入声2 21
p	标　表			
p^h	飘瓢　票			
m	猫苗秒妙			
f				
t	叼　屌吊			
t^h	挑条　跳			
n	①②鸟尿	娘　酿	虐	
l	撩疗了料	良两亮		
ɬ		镶　想相		
k	交　搅教	江　讲降	觉	脚
k^h	悄桥巧翘	④强**强**呛	却	
ŋ				
x	嚣　晓校	香降响向	学	
ʦ	椒嚼　③	浆　奖将		
$ʦ^h$		枪墙抢像		
s	宵　小笑	橡		
∅	腰摇舀要	秧阳养样	岳	药
ʔ				

①$niau^{33}$,指物体粘性大。

②$niau^{21}$,形容人或物瘦弱。

③$ʦiau^{24}$,数量词,捱蜜蜂叮了一～。

④$k^hiaŋ^{33}$,欺负。

强:强大。

强:勉强。

表 2-2-3　武鸣县城官话单字音表(续 2)

韵	ie	ien	iet	iəu
声调	阴阳上去入入 声声 平平声声 1　2 55　21	阴阳上去入入 声声 平平声声 1　2 55　21	阴阳上去入入 声声 平平声声 1　2 55　21	阴阳上去入入 声声 平平声声 1　2 55　21
p p^h m f				
t t^h n l ɬ				丢 ①牛扭 溜留柳 修
k k^h ŋ x				纠　九旧 丘球 休
ʦ $ʦ^h$ s				酒就 秋 羞　朽秀
Ø ʔ	耶爷野夜	烟盐眼燕	叶	优油有又

①niəu^{33}，植物被太阳晒蔫了。

表 2-2-4　武鸣县城官话单字音表(续 3)

韵	iəŋ	iu	iuŋ	iuk
声调	阴阳上去入入 声声 平平声声 1　2 55　21	阴阳上去入入 声声 平平声声 1　2 55　21	阴阳上去入入 声声 平平声声 1　2 55　21	阴阳上去入入 声声 平平声声 1　2 55　21
p				
pʰ				
m				
f				
t				
tʰ				
n				
l				
ɬ				
k			迥	
kʰ			穷	
ŋ				
x			兄熊	
ʦ				
ʦʰ				
s				
Ø	扔	育辱褥	拥荣泳用	肉
ʔ				

表 2-2-5　武鸣县城官话单字音表(续4)

韵	in	iŋ	ik	it
声调	阴阳上去入入 　　　　声声 平平声声1　2 　　　　55　21	阴阳上去入入 　　　　声声 平平声声1　2 　　　　55　21	阴阳上去入入 　　　　声声 平平声声1　2 　　　　55　21	阴阳上去入入 　　　　声声 平平声声1　2 　　　　55　21
p	宾　　鬓	冰　饼并		鼻
p^h	贫品	拼平　聘	劈	匹
m	民敏	名　命		密
f				
t		丁　顶定	滴	
t^h		听停挺	踢	
n		宁　佞		
l	林　吝	拎零领另	栗	
ɬ	心　　信	星　醒		
k	金　紧近	京　景镜		
k^h	钦琴　揿	轻琼顷庆		
ŋ				
x	欣	兴行　幸		
ʦ	针　枕进	征　整正	直	
$ʦ^h$	亲尘寝衬	青情请称	尺	吃
s	森神婶甚	升绳省胜	惜	湿
Ø	因人引印	鹰营影应		
ʔ				一

表 2-2-6　武鸣县城官话单字音表(续 5)

韵	u	ua	uai	uan
声调	阴阳上去入入 　　　　声声 平平声声1　2 　　　　55 21	阴阳上去入入 　　　　声声 平平声声1　2 　　　　55 21	阴阳上去入入 　　　　声声 平平声声1　2 　　　　55 21	阴阳上去入入 　　　　声声 平平声声1　2 　　　　55 21
p	补部			
p^h	铺仆谱瀑			
m	目母慕			
f	敷扶府富			
t	都督堵度			
t^h	图土兔			
n	奴努怒			
l	撸录鲁路			
ɬ	苏　数素			
k	菇　古顾	瓜　寡挂	乖　拐怪	关　　惯
k^h	枯　苦库	夸跨垮	块快	
ŋ				
x	乎胡虎互	花华　话	怀　坏	环
ts	租筑组助	抓		
ts^h	粗锄楚醋		揣	
s	梳速	刷耍	衰　　帅	
∅		挖　瓦	歪　　外	湾玩晚万
ʔ	乌无舞误			

表 2-2-7 武鸣县城官话单字音表(续 6)

韵	uaŋ	uɔn	uəi	uən
声调	阴平 阳平 上声 去声 入声1 55 入声2 21	阴平 阳平 上声 去声 入声1 55 入声2 21	阴平 阳平 上声 去声 入声1 55 入声2 21	阴平 阳平 上声 去声 入声1 55 入声2 21
p				
p^h				
m				
f				
t				
t^h				
n				
l				
ɬ				
k	光 广		归 轨桂	
k^h	筐狂 矿		亏魁 愧	
ŋ				
x	荒黄晃		辉回悔会	
ts	庄 壮		追 坠	
ts^h	窗床闯创		吹垂	
s	双 爽		随水睡	
ø	汪王往旺	碗	微唯尾位	温文稳问
ʔ				

表 2-2-8　武鸣县城官话单字音表(续 7)

韵	uək	un	uŋ	uk
声调	阴平 阳平 上声 去声 入声1 55 入声2 21	阴平 阳平 上声 去声 入声1 55 入声2 21	阴平 阳平 上声 去声 入声1 55 入声2 21	阴平 阳平 上声 去声 入声1 55 入声2 21
p			②	
pʰ			篷捧碰	
m			③盟猛梦	木
f			风逢讽奉	福
t			东　懂动	④独
tʰ			通同桶痛	
n			燶农	
l			窿龙拢弄	绿
ɬ				
k		滚棍	工　巩共	谷
kʰ	①	昆捆困	空　孔控	哭
ŋ				
x		昏魂　混	烘红哄	
ʦ			中　总仲	粥竹
ʦʰ			冲从宠纵	
s			松　耸送	熟
∅				
ʔ			翁	

①$k^{h}uək^{55}$,敲、锄、镢。

②$puŋ^{24}$,一~葡萄。

③$muŋ^{33}$,形容食物口感很面。

④tuk^{55},戳。

表 2-2-9 武鸣县城官话单字音表(续 8)

韵	ut						y						yɔ						ye					
声调	阴平	阳平	上声	去声	入声1 55	入声2 21	阴平	阳平	上声	去声	入声1 55	入声2 21	阴平	阳平	上声	去声	入声1 55	入声2 21	阴平	阳平	上声	去声	入声1 55	入声2 21
p																								
p^h																								
m																								
f																								
t						①																		
t^h																								
n									女															
l								驴	履															
ɬ							鬚													雪				
k						骨	驹	菊		具										决				
k^h							趋	瞿		趣				确						缺				
ŋ																								
x							墟		许											穴				
ts							猪		主	住				爵										
ts^h							②	徐	娶	处				雀										
s							书	术	鼠	树									薛	说				
ø								余											曰	粤				
ʔ								鱼	语	欲														

①tut^{21}，□～～，发抖的样子。

②ts^hy^{33}，～出来，伸出来。

表 2-2-10 武鸣县城官话单字音表(续 9)

韵	yen	yet	yəi	yn
声调	阴平 阳平 上声 去声 入声1 55 入声2 21	阴平 阳平 上声 去声 入声1 55 入声2 21	阴平 阳平 上声 去声 入声1 55 入声2 21	阴平 阳平 上声 去声 入声1 55 入声2 21
p				
p^h				
m				
f				
t				
t^h				
n				
l				
ɬ	宣 选			
k	绢 卷倦			均 菌
k^h	圈权犬劝			群
ŋ				
x		血		勋
ʦ	专 转撰	绝		准
$ʦ^h$	川传喘串			春 蠢
s	轩旋癣涮			纯 顺
∅	冤缘远院	月	蕊锐	晕云 运
ʔ				

表 2-2-11　武鸣县城官话单字音表(续 10)

韵	yt	a	ai	au
声调	阴平 阳平 上声 去声 入声 1 $\underline{55}$ 入声 2 $\underline{21}$	阴平 阳平 上声 去声 入声 1 $\underline{55}$ 入声 2 $\underline{21}$	阴平 阳平 上声 去声 入声 1 $\underline{55}$ 入声 2 $\underline{21}$	阴平 阳平 上声 去声 入声 1 $\underline{55}$ 入声 2 $\underline{21}$
p p^h m f		巴拔把罢 趴爬　怕 妈麻马骂 法	③　摆拜 　排　派 　埋买卖 	包　饱报 抛袍跑泡 　毛　帽
t t^h n l ɬ		答打大 他踏榻 　拿哪那 拉蜡 	呆　　带 胎台　太 　　奶耐 濑来　赖 	刀　岛稻 涛桃讨套 孬挠脑闹 捞劳老酪
k k^h ŋ x		尬 　①卡 桠② 哈蛤	该　改盖 开　凯慨 挨捱矮爱 　孩海害	高　稿告 敲　考靠 　熬咬傲 蒿豪好号
ʦ $ʦ^h$ s	卒 　　　　　出 	渣杂　炸 差茶 沙杀洒	栽　崽在 猜柴彩菜 腮　　晒	遭　找灶 抄嘲草 骚勺少绍
∅ ʔ		阿 		

①k^ha^{21}，~□，屁股。

②$ŋa^{21}$，~□，犟。

③pai^{33}，~脚，瘸腿。

表 2-2-12　武鸣县城官话单字音表(续 11)

韵	an	aŋ	ɔ	ɔn
声调	阴阳上去入入 声声 平平声声1 2 55 21	阴阳上去入入 声声 平平声声1 2 55 21	阴阳上去入入 声声 平平声声1 2 55 21	阴阳上去入入 声声 平平声声1 2 55 21
p	班　板办	帮　绑棒	波博簸	搬　　半
p^h	攀　　盼	旁　　胖	坡婆　破	潘盘　判
m	①蛮满慢	芒忙莽	摸末　磨	瞒满
f	翻凡反饭	方房访放		
t	单　胆但	当　党荡	多夺朵剁	端　短断
t^h	摊弹坦探	汤糖躺烫	拖驮妥唾	团
n	男　难	囊馕	②③　糯	暖
l	兰栏懒烂	狼朗浪	啰罗裸	钻鸾卵乱
ɬ	三		梭塑锁	酸　　算
k	甘　感干	刚　岗杠	锅各果过	官　管灌
k^h	刊　砍看	康扛　抗	科括可课	宽　款
ŋ	安岩　暗	昂仰	鹅我饿	
x	鼾寒喊旱	夯航　巷	喝和火货	欢　缓换
ʦ	沾　盏站	章　掌藏	桌左做	
$ʦ^h$	餐残产灿	仓场厂畅	搓　　错	
s	山　伞散	桑裳嗓上	朔所	
Ø				
ʔ			握	

①man^{33},~断,拗断。

②$nɔ^{33}$,搓。

③$nɔ^{21}$,~□,蜻蜓。

表 2-2-13　武鸣县城官话单字音表(续 12)

韵	ɔk						ɔt						e						en					
声调	阴平	阳平	上声	去声	入声1 $\underline{55}$	入声2 $\underline{21}$	阴平	阳平	上声	去声	入声1 $\underline{55}$	入声2 $\underline{21}$	阴平	阳平	上声	去声	入声1 $\underline{55}$	入声2 $\underline{21}$	阴平	阳平	上声	去声	入声1 $\underline{55}$	入声2 $\underline{21}$
p						薄						拨	鳖	别					边		扁	变		
p^h												泼			①				篇	便	片	骗		
m													②	灭						棉	免	面		
f																								
t													爹	跌					癫		点	店		
t^h						托						脱							天	田	舔			
n												挪	③	业	呢				粘	年	辇	念		
l													④	列						连	脸	练		
ɬ															写	谢			先					
k						角						割		杰					间		捡	见		
k^h						磕						渴		茄					谦	钳	遣	欠		
ŋ													⑤											
x												盒		协					掀	咸	险	现		
ʦ						凿							遮	哲	者	这			尖		剪	箭		
$ʦ^h$					戳								车	彻	扯	翅			千	钱	浅	倩		
s						缩							些	蛇	舍	设			仙		闪	善		
Ø																								
ʔ						恶																		

①p^he^{55}，扑克。

②me^{33}，背在背上。

③ne^{33}，~~，乳房。

④le^{33}，□~婆，话多的女人。

⑤$ŋe^{33}$，哭~~。

表 2-2-14　武鸣县城官话单字音表(续 13)

韵	ek						et						ə						əi					
声调	阴平	阳平	上声	去声	入声 1 55	入声 2 21	阴平	阳平	上声	去声	入声 1 55	入声 2 21	阴平	阳平	上声	去声	入声 1 55	入声 2 21	阴平	阳平	上声	去声	入声 1 55	入声 2 21
p											①	别		白					杯			贝		
pʰ												撇		迫					胚	陪		配		
m												篾		麦						梅	美	妹		
f																			飞	肥	匪	费		
t												叠		得					堆			队		
tʰ												贴		特					推		腿	退		
n												镊									馁	内		
l												裂		肋						雷	蕾	泪		
ɬ																						岁		
k												夹		阁						④	给			
kʰ					屐						②			客		去								
ŋ												③		扼					⑤					
x												瞎		黑										
ʦ												接		泽						贼	嘴	醉		
ʦʰ												切		册								翠		
s														色					虽			碎		
ø														儿	耳									
ʔ																二								

①pet^{55},肚～,肚子。

②kʰet^{55},一～,一节。

③ŋet^{21},～屎,小气。

④kəi^{21},～马脚,一种游戏。

⑤ŋəi^{33},不断地请求。

表 2-2-15　武鸣县城官话单字音表(续 14)

韵	əu	ən	əŋ	əm
声调	阴阳上去入入 声声 平平声声 1　2 55　21	阴阳上去入入 声声 平平声声 1　2 55　21	阴阳上去入入 声声 平平声声 1　2 55　21	阴阳上去入入 声声 平平声声 1　2 55　21
p		奔　本笨	崩　　蹦	
p^h	剖	喷盆　喷	烹朋	
m	①谋某	门　闷	萌	⑱
f	浮否	分坟粉奋	⑬	
t	兜　抖豆	敦　　盾	灯　等凳	⑲
t^h	偷头②透	吞屯　⑥	疼	
n	③④	⑦　⑧嫩	能	⑳㉑恁
l	搂楼篓漏	⑨轮　论	⑭⑮冷楞	㉒㉓
ɬ	馊　　嗽	⑩笋	生⑯省	
k	沟⑤狗够	跟　　⑪	耕　梗更	噉
k^h	抠　口扣	肯	坑　肯⑰	
ŋ	勾　藕沤	恩　⑫摁	硬	
x	猴吼后	痕很恨	亨恒	含
ʦ	周肘走奏	尊　　攒	增　　赠	浸
$ʦ^h$	抽愁丑凑	村存　寸	层　锃	
s	收　手寿	孙损		
∅	呕			
ʔ				㉔

①$məu^{33}$,蹲。

②$t^həu^{55}$,~气,呼吸。

③$nəu^{33}$,不好。

④nəu²¹,水浑浊。

⑤kəu²¹,一~,一大块。

⑥tʰən²⁴,移动。

⑦nən³³,肉~,让人不舒服,起鸡皮疙瘩。

⑧nən⁵⁵,捏。

⑨lən³³,吃有核的水果的果肉,如:~龙眼。

⑩ɬən²¹,发抖,害怕。

⑪kən²⁴,~子,这样。

⑫ŋən⁵⁵,坐下或躺下感觉有东西硌着。

⑬fəŋ²¹,飞~~,形容很快的样子。

⑭ləŋ³³,毛线。

⑮ləŋ²¹,栏住了。

⑯ɬəŋ²¹,抖~~,发抖的样子。

⑰kʰəŋ²⁴,行进中被东西磕到。

⑱məm³³,~~,童语,指饭食。

⑲təm⁵⁵,蘸。

⑳nəm³³,差。

㉑nəm²¹,食物软烂。

㉒ləm³³,塌。

㉓ləm²¹,跑~~,形容动作一直持续或做动作的人多。

㉔əm³³,把食物捂起来,或把东西埋起来。

表 2-2-16 武鸣县城官话单字音表(续 15)

韵	ək						əp						ət						ɔŋ					
声调	阴平	阳平	上声	去声	入声1 55	入声2 21	阴平	阳平	上声	去声	入声1 55	入声2 21	阴平	阳平	上声	去声	入声1 55	入声2 21	阴平	阳平	上声	去声	入声1 55	入声2 21
p						①												溻						
pʰ						帕																		
m											⑥						⑨	抹						
f					②													发						
t						③						沓					⑩							
tʰ																								
n											⑦									⑮				
l						勒					⑧							辣						
ɬ						④																		
k						隔																		
kʰ					⑤	咳																		
ŋ						讹												⑪						
x												合												
ts					鲫	窄					汁	眨					⑫							
tsʰ						拆																		
s						虱					涩							⑬						
∅																								
ʔ																	⑭							

①pək[21]，~厌，讨厌。

②fək^{55},挥动刀子,如~一刀。

③tək^{21},~□[i^{55}],娇气,撒娇。

④ɬək^{21},某一,~个。

⑤k^{h}ək^{55},码头~,台阶。

⑥məp^{55},凹进去。

⑦nəp^{55},量词,粒,颗。

⑧ləp^{55},厚~,卫生衣。

⑨mət^{55},运气不好,霉气。

⑩tət^{55},凸出来。

⑪ŋət^{21},□[ŋəi^{33}]~~,形容很脏。

⑫tsət^{55},塞。

⑬sət^{21},结实。

⑭ət^{55},塞。

⑮noŋ^{21},猪~[kɔŋ^{35}],一种当地特色小吃,把猪血和米、花生等物混合灌入猪肠,扎紧两头,蒸熟可食。

表 2-2-17 武鸣县城官话单字音表(续 16)

韵	ak	iat	at	uət
声调	阴阳上去入入 声声 平平声声1 2 55 21	阴阳上去入入 声声 平平声声1 2 55 21	阴阳上去入入 声声 平平声声1 2 55 21	阴阳上去入入 声声 平平声声1 2 55 21
p			④	
p^{h}				
m				
f				

续表

t t^h n l ɬ	①			
k k^h ŋ x				
ʦ $ʦ^h$ s				
∅ ʔ		②③		袜

①ɬak^{21},□[ɬiŋ^{35}]~,清醒机警。

②iat^{55},□[iuŋ^{35}] ~~,形容物体乱的样子,如:头发□~~。

③iat^{21},溶□[pat^{21}]~,形容物体湿烂,如烂泥状。

④pat^{21},溶~□[iat^{21}],形容物体湿烂,如烂泥状。

注:武鸣县城官话还有一个非本方言固有的声调,调值为35,是语言接触的产物,辖字有限,如:爸[pa^{35}](阿~,爸爸)、哥[kɔ^{35}](阿~,哥哥)、公[kɔŋ^{35}](阿~,爷爷)、□[iəŋ^{35}](形容东西很韧)、□[ɬiŋ^{35}](~□[ɬak^{21}],清醒机警)、□[iuŋ^{35}](~□□[iat^{55}iat^{55}],形容物体乱的样子)、□[ka^{35}](阿~,姐姐)、□[la^{35}](□[k^ha^{21}]~,屁股)、□[tai^{35}](阿~,外婆)、□[$ʦ^h$au^{35}](骂人话)、□[ŋaŋ^{35}](□[ŋa^{21}]~,形容脾气犟)、□[fe^{35}](□[əŋ^{33}]~~,得意扬扬)、□[le^{35}](形容女人爱出风头)、□[əŋ^{35}](~出来,屙出来)、□[ŋɔŋ^{35}](形容人傻、笨)、□[uəŋ^{35}](量词,块)、□[uɔ^{35}](语气词,无意义)、□[uə^{35}](语气词,无意义)。

第三节　武鸣县城官话同音字汇

本字汇收录单字以《方言调查字表》为蓝本，部分字补充自词汇、语法调查，共约 3810 字。同音字汇按照韵母顺序编排，韵母相同的按声母顺序排列，同韵母同声母的字再按声调顺序排列。有音无字的用“□”表示，并用下标说明。

ɿ

ɬ　[33]私师狮肆司丝思思$_{\text{意思}}$[21]嗣[24]似祀巳寺士仕事侍

ʦ　[33]资姿咨兹滋辎 [55]紫姊子梓滓[24]自字

ʦʰ　[33]疵差$_{\text{参差}}$[21]雌瓷糍慈磁辞词祠饲[55]此[24]刺赐次伺

s　[33]斯厮撕[55]死[24]四肆

i

p　[21]毕必逼壁[55]彼鄙比$_{\text{比较}}$[24]蔽敝弊币毙蓖闭箅陛臂婢避庇痹备篦弼碧璧辟

pʰ　[33]批披[21]皮疲脾琵枇[24]屁僻

m　[21]迷谜糜弥靡秘泌眉[55]米[24]觅

t　[33]低[21]的$_{\text{目的}}$嫡笛敌狄[55]底抵[24]帝弟第递地

tʰ　[33]梯[21]堤题提蹄啼[55]体[24]替涕剃屉

n　[21]泥倪尼[55]你拟[24]腻匿逆溺

ɬ　[33]西[21]锡析[55]洗[24]细婿

l　[21]犁黎离$_{\text{离别}}$篱璃离$_{\text{离开半寸}}$梨厘狸立笠粒律率$_{\text{速率}}$历[55]吕旅礼李里理鲤[24]虑滤例厉励丽隶荔利痢吏

ʦ　[33]知蜘支枝肢栀脂之芝只[21]集辑$_{\text{编辑}}$执侄质值职殖植积脊籍藉$_{\text{狼藉}}$绩[55]挤纸只$_{\text{只有}}$旨指止趾址[24]际滞制济剂$_{\text{一剂药}}$智致雉$_{\text{雉鸡}}$稚至置痔治志痣秩迹掷炙寂

tsʰ [33]妻痴嗤 [21]齐脐池驰迟持七漆膝戚[55]侈耻齿始[24]砌赤斥

s [33]施尸诗[21]徙匙时鲥习袭什什物拾拾起来悉失室息熄媳食蚀识式席适释[55]玺矢屎使史驶[24]世势誓逝是氏豉示视嗜柿试市恃饰

k [33]鸡稽肌几茶几基机讥饥 [21]缉急级及疾吉橘即极击激局[55]举己纪纪律,世纪杞儿儿几乎[24]据巨拒距矩祭计继系系鞋带寄技妓冀记忌既季

kʰ [33]栖欺[21]渠奇骑岐祁鳍其棋期旗吸[55]启企起岂祈乞[24]契契约器弃气汽泣楔楔子

ŋ [21]疑[55]蚁

x [33]犀溪奚兮牺嬉熙希稀昔夕[21]姨[55]喜[24]系戏

ʔ [33]伊医衣依揖作揖[21]愚娱榆逾愉宜仪移夷饴沂遗入乙译液狱[55]徛倚椅矣已以[24]遇寓愈病愈喻裕艺刈缢谊义议易难易意异毅逸忆亿抑翼益亦易交易疫役玉

Ø [33]淤[21]如于于此[55]与给与[24]誉荣誉预豫

u

p [55]补捕[24]布怖部簿步菢不

pʰ [33]铺铺设扑仆倒[21]蒲菩菩萨卜仆[55]谱普浦脯朴[24]铺店铺埠商埠瀑瀑布

m [21]目穆牧[55]母拇[24]暮慕墓募雾戊幕

f [33]夫肤敷孵麸覆反复[21]俘符扶芙浮复复兴佛仿佛蝠复腹服伏栿复复原[55]府腑俯甫斧抚釜腐辅[24]付赋傅赴讣父附富副妇负缚

t [33]都都城都都是[21]笃督[55]堵赌肚鱼肚[24]杜肚腹肚度渡镀

tʰ [21]徒屠途涂图突秃[55]土[24]吐吐痰吐呕吐兔

n [21]奴[55]努[24]怒

ɬ [33]苏酥[55]数动词[24]素诉数名词漱漱口

l [33]撸[21]庐炉芦鸬庐鹿禄录[55]鲁橹虏卤[24]路赂露鹭

ts [33]租[21]续族筑逐轴祝续[55]祖组阻嘱[24]助

ts^h [33]粗初[21]锄猝畜畜牲促触[55]楚础[24]醋错错误

s [33]梳疏疏远[21]速肃宿叔粟俗赎束属

k [33]姑孤估牯[55]古盬股鼓[24]故固锢雇顾

k^h [33]箍枯窟[55]苦[24]库裤酷

x [33]呼乎[21]胡湖狐壶瓠胡忽[55]虎浒[24]戽户沪互护

ʔ [33]乌污坞巫诬[21]吴蜈吾梧无物勿屋[55]五伍午武舞侮鹉[24]误悟恶可恶务

y

n [55]女

ɬ [33]鬚

l [21]驴[55]履

ts [33]猪诸诛蛛株朱珠[55]褚煮拄主[24]著显著聚驻注柱住蛀铸

ts^h [33]□~出来,伸出来[21]徐除厨雏[55]储储蓄处相处取娶[24]处处所

s [33]蔬疏注疏书舒须需枢输戍输运输殊绥戍[21]薯白薯术[55]暑鼠署专署蜀[24]絮序叙绪庶恕竖树恤述畜蓄储蓄

k [33]居车车马炮拘驹[21]菊[24]锯锯子俱句具惧剧剧烈剧戏剧

k^h [33]蛆生蛆趋区区域驱[21]瞿屈曲1曲折;2歌曲[24]趣

x [33]墟墟市虚嘘吹嘘[55]许雨

ʔ [21]鱼渔吁迂于盂[55]语宇禹羽[24]御芋域郁欲浴

ø [21]余儒

a

p [33]巴芭疤[21]八拔[55]把把守[24]霸欛柄坝堤坝平川罢[35]爸

p^h [21]爬琶杷钯(钯子)耙 [24]怕

m [33]妈孖(双生)[21]麻痲蟆蛤蟆[55]马码码子[24]骂

f ［21］法法子乏发伐筏罚

t ［21］答搭达［55］打［24］大大大夫、大黄

t^h ［33］他［21］踏塔榻塌

n ［21］拿纳［55］哪哪个［24］那捺撇捺

l ［33］拉［21］腊［35］□k^ha^{21}～，屁股

ʦ ［33］楂渣［21］杂扎用针扎闸炸用油炸札扎铡铡刀［24］诈榨榨油炸炸弹乍

$ʦ^h$ ［33］叉杈枝杈差差别岔三岔路［21］茶搽茬查调查插擦察

s ［33］沙纱［21］萨杀［55］洒撒撒手

k ［55］尬尴尬

k^h ［21］□～la^{35}，屁股

ŋ ［33］桠桠杈［21］□～$ŋaŋ^{35}$，犟

x ［33］哈［21］蛤

Ø ［33］阿阿胶；阿哥

ia

k ［33］家加痂嘉家家具佳［21］夹夹衣甲胛肩胛［55］假真假贾姓假放假［24］架驾嫁稼价

k^h ［33］掐［21］洽［24］恰

x ［33］虾鱼虾虾虾蟆［21］霞瑕遐暇狭峡匣箱匣辖管辖［24］下底下夏姓厦厦门下下降夏春夏

Ø ［33］鸦丫丫头［21］牙芽衙伢小孩子砑砑平鸭押压轧被车轧［55］雅哑［24］亚

ua

ʦ ［33］抓

s ［21］刷［55］耍

k ［33］瓜［55］寡剐［24］挂卦

k^h [33]夸[21]跨[55]垮

x [33]花[21]华中华铧划划船华华山猾狡猾[24]化桦桦树画1名词;2动词话划

Ø [33]蛙洼挖[55]瓦瓦动词

e

p [33]鳖[21]别区别别离别憋

p^h [55]□扑克

m [33]□背[21]灭

f [35]□əŋ33~~,得意洋洋。

t [33]爹[21]跌

n [33]□~~,乳房[21]业孽

ɬ [55]写[24]泻谢

l [33]□ts^he33~婆,话多的女人[21]猎列烈劣[35]□形容女人爱出风头

ts [33]遮[21]哲[55]姐者[24]借藉借故蔗

ts^h [33]车马车[21]笪斜邪斜彻[55]且扯[24]翅妾

s [33]些奢赊畲姓蝎[21]蛇谐摄涉舌设[55]舍[24]卸射麝麝香赦舍社懈解姓泄泄漏屑不屑屑木屑

k [21]捷劫杰揭洁

k^h [21]茄茄子怯畏怯

ŋ [33]□哭~~,哭个不停

x [21]携胁协

ie

Ø [33]耶[21]爷页[55]惹也也是野[24]夜

ye

ɬ [21]雪

s [33]薛[21]说说话

k [21]厥决诀掘倔倔强

kʰ [21]缺

x [21]穴

Ø [33]曰[21]悦阅粤

ə

p [21]北百柏伯白

pʰ [21]迫魄

m [21]陌陌生麦脉[55]□不,没

t [21]得德

l [21]肋

ʦ [21]辙浙则泽择择菜宅摘责

ʦʰ [21]厕厕所撤侧测策册

s [21]瑟色啬吝啬

k [21]阁革

kʰ [21]刻时刻克客[24]去来去

ŋ [21]鄂额扼

x [21]黑赫核审核

ʔ [24]二贰

Ø [21]儿而[55]尔耳饵

uə

Ø [35]□语气词,无意义

ɔ

p [33]波菠菠菜玻玻璃[21]薄薄荷钵勃饽面饽博泊梁山泊泊驳帛[55]簸簸一簸簸簸箕

p^h [33]颇坡[21]婆[24]破

m [33]摸[21]魔磨磨刀摩馍模模子模模范摹仿摹仿末沫没1沉没;2没有莫膜寞墨默[24]磨石磨

f [21]佛

t [33]多[21]夺铎踱[55]朵躲[24]舵剁惰桗柴桗

t^h [33]拖[21]驼驮驮起来驮驮子[55]妥椭椭圆[24]唾唾液

n [33]□搓[21]□~ne33,蜻蜓[24]糯糯米诺[35]□蜂蛰人

ɬ [33]蓑梭织布梭唆啰唆[21]傻塑塑像削[55]锁琐琐碎

l [33]啰啰嗦[21]罗锣箩骡螺螺蛳脶手指纹摞摞起来落烙骆酪洛络乐略掠乐音乐[55]裸裸体

ʦ [21]拙作工作昨酌芍芍药花桌卓琢浊捉镯镯子[55]左佐[24]坐座做

$ʦ^h$ [33]搓撮一撮米[24]锉措措置错错杂绰宽绰

s [21]朔[55]所索绳索

k [33]歌哥锅戈戟[21]蛤蛤蜊鸽葛各搁胳胳臂郭国[55]果裹馃[24]个个人过

k^h [33]科棵[21]括包括阔廓扩扩充[55]可颗一颗珠[24]课

ŋ [21]蛾鹅俄卧[55]我[24]饿饥饥饿

x [33]喝喝酒[21]荷薄荷河何荷荷花和和气禾核和和面喝喝彩豁豁然活鹤或合合计[55]火伙[24]贺货祸霍藿藿香惑获

ʔ [21]握

Ø [33]倭窝蜗[24]沃

iɔ

n [21]虐

k [21]觉知觉

k^h [21]却

x [21]学

Ø [21]若弱约跃岳

uɔ

Ø [35]□$_{语气词,无意义}$

yɔ

ʦ [21]爵

$ʦ^h$ [21]雀$_{麻雀}$鹊$_{喜鹊}$

k^h [21]确

iu

Ø [21]育[55]辱褥

ai

p [33]□$_{跛、瘸}$[55]摆[24]拜稗败

p^h [21]排牌[24]派

m [21]埋[55]买[24]卖迈

t [33]呆[24]戴贷待怠殆代袋带

t^h [33]胎[21]台苔$_{1青苔;2舌苔}$抬[24]态太泰

n [55]乃奶[24]耐奈

l [21]来[24]赖癞

ʦ [33]灾栽斋[55]宰载$_{年载}$[24]再载$_{载重}$在债寨

$ʦ^h$ [33]猜钗差$_{出差}$[21]才材财裁豺柴[55]彩采睬[24]菜蔡

s [33]腮鳃筛$_{筛子}$[24]赛晒

k　[33]该皆阶街[55]改解$_{\text{解开}}$解$_{\text{晓也}}$[24]概溉盖丐$_{\text{乞丐}}$介界芥疥届戒械

k^h　[33]开[55]凯楷[24]慨$_{\text{慷慨}}$

ŋ　[33]哀埃$_{\text{尘埃}}$挨$_{\text{挨住}}$[21]捱$_{\text{捱打}}$[55]蔼$_{\text{和蔼}}$矮[24]碍爱艾隘

x　[21]孩鞋[55]海[24]亥害骇$_{\text{惊骇}}$

iai

Ø[21]崖$_{\text{山崖}}$涯$_{\text{天涯}}$

uai

ts^h　[55]揣$_{\text{揣度}}$

s　[33]衰摔[24]帅率$_{\text{率领}}$蟀

k　[33]乖[55]拐[24]怪

k^h　[55]块[24]会$_{\text{会计}}$刽桧$_{\text{乔木名;秦桧}}$快筷

x　[21]怀槐淮[24]坏

Ø　[33]歪[24]外

əi

p　[33]杯碑卑悲[24]贝辈背倍背$_{\text{背诵}}$被$_{\text{被子}}$被$_{\text{被打}}$

p^h　[33]胚$_{\text{胚胎}}$坯$_{\text{土坯}}$[21]培陪赔裴焙$_{\text{焙干}}$[24]沛配佩

m　[21]梅枚媒煤楣霉[55]每美[24]妹昧媚寐

f　[33]非飞妃[21]肥[55]匪翡$_{\text{翡翠}}$[24]废肺吠痱$_{\text{痱子}}$费$_{\text{费用}}$

t　[33]堆[24]对兑

t^h　[33]推[55]腿[24]退队蜕褪

n　[24]内

ɬ　[24]岁

l　[21]雷累$_{\text{累赘}}$[55]屡儡$_{\text{傀儡}}$垒[24]累$_{\text{极困}}$累$_{\text{连累}}$类泪

ʦ [21]贼[55]嘴[24]罪最缀点缀醉

ʦ^{h} [24]脆翠

s [33]虽[24]碎瑞

k [21]□~马脚，一种游戏。[55]给供给

ŋ [33]□不断地请求□肮脏

uəi

ʦ [33]追锥[24]赘坠

ʦ^{h} [33]催崔吹炊[21]垂槌锤

s [21]髓随遂谁[55]水[24]税秽睡粹纯粹隧隧道穗

k [33]闺规龟归[55]诡轨鬼[24]鳜桂跪柜贵

k^{h} [33]盔亏窥[21]魁傀傀儡奎癸逵葵[24]溃溃脓愧

x [33]恢灰麾挥辉[21]回茴[55]悔毁[24]贿晦汇会会议会绘惠慧讳彙

ø [33]煨微威[21]桅船桅杆危为作为维惟唯违围苇芦苇[55]伪萎气萎委尾伟纬[24]卫为为什么位未味魏畏慰胃谓猬

yəi

ø [55]乳蕊[24]芮姓锐

au

p [33]包胞[55]褒褒奖保堡宝饱[24]报抱暴豹爆鲍1姓；2鲍鱼曝

p^{h} [33]抛[21]袍刨[55]跑[24]泡炮枪炮泡泡在水里雹

m [21]毛茅锚矛[55]卯[24]冒帽貌茂贸

t [33]刀叨唠叨[55]祷岛倒打倒导[24]到道稻盗

t^{h} [33]滔掏掏出来涛[21]桃逃淘淘汰陶萄曹槽[55]讨[24]套

n [21]铙挠[55]脑恼[24]闹

l　[33]捞1捞钱;2打捞[21]劳牢哰哰叨[55]老[24]涝旱涝

ts　[33]遭糟朝今朝召昭招[55]早枣蚤澡爪爪子找笊笊篱沼沼气[24]躁糙粗糙皂造建造罩赵兆照诏

ts^h　[33]操操作抄抄写钞钞票超[21]巢朝朝代潮[55]草炒吵[24]□骂人话

s　[33]骚臊臊气梢树梢捎捎带烧[21]韶韶关勺勺子[55]扫扫地嫂扫少多少[24]潲猪食潲潲雨少少年绍邵

k　[33]高膏篙进船竿羔糕膏膏油[55]稿搞[24]告

k^h　[33]敲[55]考烤[24]靠犒

ŋ　[21]熬[55]袄咬[24]傲懊懊恼奥懊懊悔坳山坳

x　[33]蒿蓬蒿薅除田草[21]豪壕毫号呼号[55]好好坏郝姓[24]好喜好耗浩号号数

iau

p　[33]膘标彪[55]表

p^h　[33]飘漂鳔[21]瓢嫖嫖赌[24]票车票漂漂亮

m　[33]猫[21]苗描[55]藐渺秒[24]庙妙谬

t　[33]刁貂雕[24]钓吊掉调音调调调动

t^h　[33]挑[21]条调调和[24]跳

n　[33]□指物体粘性大[21]□形容人或物瘦弱[55]鸟[24]尿

l　[33]撩[21]燎疗聊辽瞭[55]了了结[24]廖料

ts　[33]蕉芭蕉椒[21]噍嚼[24]□数量词,同“口”,如:捱蜜蜂叮了一~

s　[33]稍消宵霄硝销萧箫[55]小[24]笑

k　[33]交郊胶教教书焦娇浇[55]绞狡铰搅剿矫矫诈缴上缴侥侥幸饺饺子[24]教教育校校对较窖觉睡觉骄轿叫

k^h　[33]锹悄静悄悄[21]樵瞧乔侨桥荞[55]巧[24]俏鞘刀鞘窍

x　[33]嚣[55]晓[24]酵孝效校学校校上校

ø　[33]妖邀腰要要求幺幺二三吆喝[21]肴淆饶摇谣窑姚鹞鹞鹰尧[55]扰绕围绕

舀舀水杳杳无音信[24]要重要耀

əu

pʰ [33]剖

m [33]□蹲[21]谋[55]某亩牡

f [55]否

t [33]兜[55]斗抖陡[24]斗豆逗

tʰ [33]偷[21]头投[55]□~气，呼吸[24]透

n [33]□不好[21]□水浑浊

ɬ [33]搜飕馊饭馊了搜搜集[24]嗽咳嗽瘦

l [33]搂搂取[21]楼[55]缕丝缕耧农具篓搂搂抱[24]漏陋

ʦ [33]邹周舟州洲[21]肘[55]走帚[24]奏昼纣桀纣宙皱绉骤咒

ʦʰ [33]抽[21]绸稠筹愁仇酬[55]丑[24]凑臭香臭

s [33]收[55]叟手首守[24]兽受寿授售

k [33]沟[21]□量词，块，团[55]狗苟[24]够构购勾勾当

kʰ [33]抠[55]口[24]叩叩头扣扣住寇

ŋ [33]勾钩欧瓯殴[55]藕偶配偶偶偶然[24]沤久浸水中怄怄气

x [21]侯喉猴[55]吼[24]后厚候

Ø [55]呕呕吐

iəu

t [33]丢

n [33]□形容植物蔫儿的样子[21]牛[55]纽扭

ɬ [33]修

l [33]溜[21]流刘留榴石榴硫硫磺琉琉璃馏[55]柳

ʦ [55]酒灸针灸[24]就

ts^h [33]秋秋天秋秋千

s [33]羞[55]朽[24]秀绣宿锈铁锈袖嗅

k [33]鸠阄拈阄纠纠缠究咎纠[55]九久韭[24]救臼舅旧柩

k^h [33]丘[21]囚泅游水求球仇姓

x [33]休

∅ [33]忧优悠悠悠幽[21]柔揉尤邮由油游犹[55]有友酉莠[24]又右佑诱柚鼬黄鼬釉幼

in

p [33]彬宾槟槟榔[24]殡鬓

p^h [21]贫频频繁[55]品

m [21]民[55]闽闽越悯敏抿皿

ɬ [33]心辛新薪[24]信讯

l [21]林淋淋湿临邻鳞磷[24]赁租赁吝吝啬

ts [33]针斟津珍榛臻真贞侦[55]枕枕动词诊疹[24]尽尽前进晋尽镇阵振震俊

ts^h [33]侵亲[21]沉岑秦陈尘娠臣旬[55]寝[24]亲亲家趁衬

s [33]森参人参深身申伸[21]寻神辰晨循巡唇[55]审婶[24]渗水渗透葚桑葚甚肾慎衅迅殉

k [33]今金襟巾斤筋君军[55]锦紧仅谨[24]禁禁不住禁禁止近

k^h [33]钦[21]勤芹琴禽擒[24]揿按

x [33]欣

∅ [33]音阴荫屋子很荫因姻殷[21]壬任姓吟淫人仁银寅[55]饮饮酒饮米汤饮饮马忍引隐允尹永[24]任责任纴缝纴刃认韧印

un

k [55]滚[24]棍

k^h [33]昆坤[55]捆[24]困

x [33]昏婚荤[21]魂馄馄饨浑浑浊[24]混相混

yn

ts [55]准

ts^h [33]椿椿树春[55]蠢

s [21]荀纯醇酒味醇[24]逊顺舜训

k [33]均钧[24]肫肫肝菌郡

k^h [21]群裙

x [33]熏勋

Ø [33]晕[21]匀云[24]润闰熨韵运孕

an

p [33]班斑颁般[55]扳板版[24]扮瓣办

p^h [33]攀[24]盼

m [33]□用力向下扯[21]蛮[24]慢馒馒头漫幔蔓瓜蔓子

f [33]帆藩翻番几番[21]凡烦矾繁[55]反[24]泛范犯贩饭

t [33]耽担担任丹单单独[55]胆掸鸡毛掸子[24]担挑担淡旦诞但弹子弹蛋

t^h [33]贪坍坍下来滩摊[21]潭谭谈痰檀坛弹弹琴[55]毯坦[24]炭叹探试探

n [21]南男难难易[24]难苦难

ɬ [33]三

l [21]蓝篮兰拦栏[55]览揽榄橄榄缆懒[24]滥烂

ts [33]簪[55]斩盏[24]暂站立赚站车站赞绽破绽栈战

ts^h [33]参搀餐[21]蚕惭谗馋残缠蝉禅禅宗禅禅让[55]惨铲产[24]杉灿颤

s [33]衫珊山删[55]散鞋带散了伞[24]散分散

k [33]甘柑泔泔水尴尴尬干肝干干湿[55]感敢橄橄榄竿竹竿杆秆稻秆擀擀面赶[24]干

k^h [33]堪龛勘1勘误;2勘探刊[55]坎砍 [24]看看守看看见

ŋ [33]庵安鞍[21]岩[24]揞揞住暗岸按案晏晚也

x [33]憨酣鼾睡时鼾声[21]函寒韩还还有[55]喊罕[24]撼憾汉旱汗焊焊铁壶翰

uan

k [33]关[24]惯

x [21]桓还还原环

Ø [33]豌豌豆弯湾[21]玩1古玩;2游玩完丸肉丸顽顽皮[55]皖安徽晚挽[24]万

ɔn

p [33]搬[24]半绊伴拌

p^h [33]潘[21]盘[24]判叛

m [21]瞒[55]满

t [33]端[55]短[24]断决断锻锻炼断断绝段缎椴

t^h [21]团

n [55]暖

ɬ [33]酸[24]算蒜

l [33]钻动词[21]鸾[55]卵[24]乱

k [33]官棺观参观冠衣冠鳏鳏寡[55]管馆[24]贯灌罐观寺观冠冠军

k^h [33]宽[55]款

x [33]欢[55]缓[24]唤焕换幻患宦

uɔn

Ø [55]碗腕宛

ən

p [33]奔[55]本[24]笨

p^h [33]喷喷水[21]盆[24]喷喷香

m [21]门[24]闷

f [33]分分开芬纷[21]焚坟[55]粉[24]粪奋愤忿份一份两份

t [33]敦敦厚墩扽蹲[24]顿沌盾矛盾钝遁

t^h [33]吞饨馄饨[21]屯豚臀囤[24]□移动

n [33]□肉~,让人不舒服,起鸡皮疙瘩[55]□捏[24]嫩

ɬ [21]□发抖,害怕[55]笋榫榫头

l [33]□在嘴里把水果的果肉和核剥离,如:~龙眼。[21]论仑伦沦轮[24]论议论

ʦ [33]尊遵

$ʦ^h$ [33]参参差村[21]存橙[24]寸称相称

s [33]孙[55]损

k [33]跟根[24]□~子,这样

k^h [55]恳垦

ŋ [33]恩[55]□坐下或躺下感觉有东西硌着

x [21]痕[55]很[24]恨

uən

Ø [33]温瘟[21]文纹蚊闻[55]稳吻刎[24]问

en

p [33]鞭编边蝙[55]贬扁匾[24]变辨辩汴便方便遍一遍遍遍地辫

p^h [33]篇偏[21]便便宜[24]骗欺骗片

m [21]绵棉眠[55]免勉娩分娩缅[24]面

t [33]掂掂掇颠[55]点典[24]店电殿奠佃垫垫钱

t^h [33]添天[21]甜田填[55]舔木忝腆

n [33]黏黏米粘粘贴拈拈起来蔫食物不新鲜蔫花萎研[21]鲇鲇鱼年[55]碾辇捻以指捻碎撵[24]验念

ɬ [33]先

l [21]廉镰帘连联怜莲[55]敛脸[24]殓练炼楝楝树恋

ʦ [33]尖沾瞻簪煎毡[55]剪展[24]占占卜占溅溅箭溅溅一身水践贱饯饯行荐

$ʦ^h$ [33]歼歼灭签迁笺千[21]潜钱前[55]浅

s [33]疝疝气仙鲜新鲜搧[55]陕陕西闪鲜鲜少[24]线膻扇善膳单姓

k [33]监监察监国子监兼艰间中间间间断奸肩坚[55]减鰜检俭简柬拣锏车锏茧[24]鉴舰渐剑谏涧犍犍为县件犍犍子建键健腱见

k^h [33]谦牵[21]蟹蚶钳搛搛菜乾乾坤虔掮[55]遣[24]嵌欠歉

x [33]掀[21]咸衔嫌闲涎贤弦[55]险显[24]陷馅限苋苋菜羡宪献现县

ien

Ø [33]淹阉腌焉心不在焉烟渊[21]炎盐阎檐严颜然燃延筵言沿铅[55]染冉掩魇俨俨然眼演[24]厌艳焰雁谚堰砚燕燕京,姓燕燕子咽宴

yen

ɬ [33]宣[55]选

ʦ [33]专砖[55]转转送转转螺丝[24]纂编纂钻木工用具撰篆传传记

$ʦ^h$ [33]川穿[21]全泉传传达椽船[55]喘[24]窜篡串

s [33]轩闩拴喧楦鞋楦[21]旋旋旋床玄悬眩[55]癣[24]涮涮洗

k [33]绢捐[55]卷卷起卷[24]眷圈猪圈倦

k^h [33]圈圆圈[21]拳权颧颧骨[55]犬[24]劝券

Ø [33]冤[21]圆员缘元原源袁辕园援援救[55]软阮远[24]院愿怨

əm

m [33]□~~,童语,指饭食

t [55]□蘸

n [33]□差[21]□食物软烂[55]恁思考

l [33]□塌[21]□以重叠形式形容动作一直持续或做动作的人多

ʦ [24]浸

k [24]噉

x [21]含

ʔ [33]□把食物捂起来,或把东西埋起来

aŋ

p [33]帮邦[55]榜绑[24]傍谤棒蚌

p^h [21]滂滂沱旁螃螃蟹庞[24]胖

m [21]忙芒茫亡芒麦芒儿盲虻牛虻[55]莽蟒

f [33]方芳[21]肪脂肪妨妨害房防[55]仿仿效纺仿相似仿仿佛访[24]放

t [33]当当时[55]党挡[24]当当作荡放荡宕延宕

t^h [33]汤[21]堂棠螳螳螂唐糖塘[55]倘倘使躺[24]烫趟一趟

n [21]囊瓤瓜瓤

l [21]郎廊狼螂[55]朗[24]浪

ʦ [33]赃脏不干净张章樟[55]长生长涨掌[24]葬藏西藏脏帐账胀丈仗杖障保障瘴瘴气

$ʦ^h$ [33]仓苍昌菖菖蒲[21]藏隐藏长长短肠场常尝偿[55]厂[24]畅唱倡提倡

s [33]桑丧婚丧商伤[21]裳衣裳[55]嗓搡赏晌晌午[24]丧丧失上上山尚上上面

k [33]冈刚纲钢缸钢刀钝了[55]岗港港口[24]杠豇豇豆

k^h [33]康糠慷慷慨[21]扛[24]抗炕

ŋ [21]昂[35]□ŋa21~,形容脾气犟。

x [21]行行列航杭[24]项巷

iaŋ

n [21]娘[24]酿

ɬ [33]相互相箱厢湘襄镶霜[55]想[24]相相貌象

l [21]良凉量量长短粮梁粱[55]两两个两几两几钱[24]亮谅辆量数量

ts [33]将将来浆[55]蒋奖桨[24]酱将大将匠

ts^h [33]枪[21]墙详祥[55]抢[24]像

s [24]橡橡树

k [33]疆僵姜礓礓石缰缰绳江[55]讲[24]降下降

k^h [33]羌□欺负腔[21]强[55]强勉强

x [33]香乡[21]降投降[55]饷享响[24]向

Ø [33]央秧殃[21]羊洋烊融化杨阳扬疡溃疡[55]壤土壤攘嚷仰养痒[24]让样

uaŋ

ts [33]庄装桩[24]壮状

ts^h [33]疮窗[21]床[55]闯[24]创撞

s [33]孀双[55]爽

k [33]光[55]广

k^h [33]匡筐眶眼眶[21]狂[24]旷况矿

x [33]荒慌[21]黄簧锁簧皇蝗[55]谎晃晃眼

Ø [33]汪一汪水[21]王[55]网枉往[24]忘妄望旺火旺

əŋ

p [33]崩

p^h [33]烹[21]朋凭彭膨膨胀棚

m ［21］萌

f ［21］□飞~~，形容很快的样子。

t ［33］登灯镫鞍镫瞪瞪眼［55］等［24］凳邓

t^h ［21］誊藤疼

n ［21］能

ɬ ［33］生牲笙甥［21］□抖~~，发抖的样子［55］省省长省节省

l ［33］□毛线［21］□栏、围［55］冷［24］楞

ʦ ［33］曾姓增僧争筝睁［24］憎赠

$ʦ^h$ ［33］撑［21］曾曾经层［24］蹭锃

k ［33］更1更换；2五更粳粳米庚羹耕［55］哽骨哽在喉埂田埂梗茎耿［24］更更加

k^h ［33］坑［55］肯［24］□行进中被东西磕到

ŋ ［24］硬

x ［33］亨［21］恒衡横横直横蛮横

iəŋ

Ø ［33］扔

uəŋ

Ø ［35］□量词，块

uŋ

p ［24］□数量词，同"大串"，一~葡萄

p^h ［33］蓬又［21］篷蓬［55］捧

m ［33］□形容食物口感很面［21］盟蒙［55］猛懵懵懂蠓蠓虫［24］孟梦

f ［33］风枫疯丰封峰蜂锋［21］冯逢缝缝衣服［55］讽［24］凤奉俸缝一条缝

t ［33］东冬［55］董懂［24］冻栋动洞

tʰ [33]通[21]瞳同铜桐筒童瞳[55]桶捅捅破了统[24]痛

n [33]燶[21]农脓侬我,你浓

l [33]窿[21]笼聋隆龙[55]拢陇垄[24]弄

ʦ [33]椶鬃马鬃宗综织布机上的综中当中忠终踪钟盅[55]总冢种种类肿[24]糉中射中仲众纵纵横纵放纵重轻重种种树

ʦʰ [33]聪怱葱囱烟囱充冲舂舂米[21]丛虫崇从跟从重重复[55]宠[24]纵纵容

s [33]松嵩[55]怂怂恿[24]送宋诵颂讼

k [33]公蚣蜈蚣工功攻攻击弓躬宫恭[55]拱拱手巩巩固[24]贡汞供供给供供养共

kʰ [33]空空虚[55]孔恐[24]控空空缺

x [33]轰掏掏出去轰烘烘干[21]虹天上的虹弘宏红洪鸿虹[55]哄

ʔ [33]翁瓮

iuŋ

k [55]迥迥然不同窘

kʰ [21]穷

x [33]兄胸凶吉凶凶凶恶[21]熊雄

Ø [33]雍拥壅庸[21]荣戎绒融茸参茸冗拨冗容蓉芙蓉镕[55]泳咏甬甬道勇涌[24]用[35]□~iat55iat55,形容物体乱的样子,如:头发~□□。

iŋ

p [33]冰兵[55]禀丙秉柄饼[24]迸迸裂病并合并并

pʰ [33]拼拼命拼[21]平坪评瓶屏围屏萍[24]聘姘姘头

m [21]鸣明名铭[24]命

t [33]丁钉铁钉疔钉钉住[55]顶鼎[24]订订约锭定

tʰ [33]听厅[21]亭停廷庭蜓蜻蜓[55]艇挺

n [21]凝宁安宁宁宁可[24]佞

ɬ [33]星腥[55]醒[35]□$_{\text{~□,清醒机警}}$

l [33]拎[21]陵凌菱灵零铃伶翎[55]领岭[24]令另

ʦ [33]征$_{\text{征求}}$蒸精晶睛$_{\text{眼睛}}$正$_{\text{正月}}$征[55]拯$_{\text{拯救}}$井整[24]证症静靖净郑正政

$ʦ^h$ [33]称$_{\text{称呼}}$清青蜻$_{\text{蜻蜓}}$[21]澄惩乘承丞澄情晴呈程成城诚盛$_{\text{盛满了}}$[55]请逞$_{\text{逞能}}$[24]秤$_{\text{一杆秤}}$

s [33]升声[21]绳[55]省$_{\text{反省}}$[24]剩胜$_{\text{胜任}}$胜$_{\text{胜败}}$杏性姓蛏$_{\text{蛏子}}$圣盛$_{\text{兴盛}}$

k [33]京荆惊鲸经经$_{\text{经纬}}$[55]景警颈[24]劲$_{\text{有劲}}$茎境敬竟镜竞劲$_{\text{劲敌}}$径

k^h [33]卿轻$_{\text{轻重}}$倾[21]擎琼[55]顷[24]庆磬$_{\text{钟磬}}$

x [33]兴$_{\text{兴旺}}$馨[21]行$_{\text{行为}}$行$_{\text{品行}}$赢形型刑[24]兴$_{\text{高兴}}$幸

Ø [33]应$_{\text{1应当;2应用}}$鹰蝇莺鹦$_{\text{鹦鹉}}$樱$_{\text{樱桃}}$英婴缨[21]仍迎盈营茔萤荥$_{\text{荥阳}}$[55]影映颖[24]应$_{\text{应付}}$

əp

m [55]□$_{\text{凹进去}}$

t [21]揭$_{\text{揭本}}$沓$_{\text{一沓纸}}$

n [55]□$_{\text{量词,粒,颗}}$

l [55]笠□$_{\text{厚~,卫生衣}}$

ʦ [21]眨$_{\text{眨眼}}$[55]汁

s [55]涩

x [21]合$_{\text{十合一升}}$合$_{\text{合起来}}$

ɔt

p [21]拨钹

p^h [21]泼

t^h [21]脱

n [21]挪

k [21]割刮

k^h [21]渴

x [21]盒滑核果子核

ət

p [21]溻汗溻湿了

m [21]抹抹布抹[55]□霉，也指运气不好，霉气

f [21]发

t [55]□凸出来

l [21]蜡辣

ŋ [21]□ŋəi33~~，形容很脏

ʦ [55]□塞

s [21]□结实

ʔ [55]□塞

uət

Ø [21]袜

et

p [55]□肚~，肚子。

p^h [21]撇1撇捺；2撇开

m [21]篾竹篾

t [21]叠碟牒蝶谍

t^h [21]帖1碑帖；2请帖贴铁

n [21]镊镊子蹑蹑脚走捏

l [21]裂

ʦ [21]接折$_{折叠}$褶$_{皱纹}$节截

$ʦ^h$ [21]切$_{切开}$

s [21]折$_{折本}$

k [21]夹挟结

k^h [55]□$_{量词,节}$

ŋ [21]□$_{\sim 屎,小气}$

x [21]吓$_{吓一跳}$瞎吓$_{恐吓}$

iet

ø [21]叶热

yet

ʦ [21]绝

x [21]血

ø [21]月越

it

p [21]鼻笔

p^h [21]匹$_{一匹布}$

m [21]密蜜

$ʦ^h$ [21]吃

s [21]湿十实

ʔ [21]日一

yt

ʦ [55]卒$_{兵卒}$

$ʦ^h$ [21]出

ut

t [21]□ɬən21~~，发抖的样子。

k [21]骨筋骨；骨头

ɔk

p [21]薄剥

tʰ [21]托

ts [21]凿着着衣着睡着啄

tsʰ [55]戳

s [21]缩

k [21]角

kʰ [21]磕壳壳子

ʔ [21]恶善恶

iɔk

k [21]脚

Ø [21]钥钥匙药

ək

p [21]□~厌，讨厌

pʰ [21]帕拍

f [55]□挥动刀或鞭子，如~一刀

t [21]□~□i55，娇气，撒娇

l [21]勒1勒索；2勒脖子

ɬ [21]□某一，大约

ts [21]窄[55]鲫

ts^h [21]拆

s [21]虱塞阻塞

k [21]格隔

k^h [21]咳咳嗽刻用刀刻[55]□码头~，台阶

ŋ [21]讹

uək

k^h [55]□镢、大锄；锄地

ek

k^h [55]屐木屐

uk

m [21]木

f [21]福幅服佩服

t [21]独读犊牛犊子毒[55]□戳

l [21]熝六陆绿

ts [21]竹足烛[55]粥

s [21]熟煮熟

k [21]谷

k^h [21]哭

iuk

Ø [21]肉

ik

p^h [21]擘劈

t　[21]滴

t^h　[21]踢剔

l　[21]栗力

ʦ　[21]直织

$ʦ^h$[21]尺

s　[21]蛰惊蛰惜石

ɔŋ

k　[35]公阿公

ŋ　[35]□形容人笨、傻

at

p　[21]□溶~Øiat21,形容物体湿烂,如烂泥状

ak

ɬ　[21]□ɬiŋ35~机警、清醒

iat

Ø　[21]□溶pat21~(形容物体湿烂,如烂泥状)

[55]□iuŋ55~~(形容物体乱的样子,如:头发□~~)

第四节　武鸣县城官话与中古音的比较

本节把武鸣县城官话音系与中古音进行比较,揭示中古音在武鸣县城官话中的分化情况。中古音指《广韵》所代表的语音系统,所收字的音韵地位以中国社会科学院语言研究所的《方言调查字表》(修订本)为准。

一、声母的比较

中古	武鸣	例字
帮	p	波把补拜背蓖摆标包贬扮八班宾帮
	p^h	谱卜迫擘
	m	秘泌
滂	p^h	破怕普配派批胚泡漂剖品攀篇撇胖
	p	玻怖扳泊
並	p	薄部罢败币备鼻抱辩棒白帛笨病并
	p^h	婆爬排派陪皮袍瓢蓬仆盘雹盆频萍
明	m	磨麻慕卖梅弥眉帽猫苗亩蒙慢绵蜜
非	f	夫非否法反分发方风福复斧废贩幅
	p^h	捧
敷	f	敷赴抚费妃泛翻芬芳丰蜂峰佛仿访
	p^h	捧
奉	f	符父肥凡范罚伐焚坟房防缚逢俸愤
微	Ø	无污舞侮巫鹉务物勿味尾晚闻问网
	m	雾蔓亡芒
端	t	朵赌戴低堆刀吊抖答胆东跌点顿党
	t^h	堤
	n	鸟
透	t^h	拖他土台体推讨跳偷贪桶秃添吞烫
	t	贷掮
定	t^h	驼途台题涛条头谈同田团屯糖特挺
	t	舵大杜待地队稻导掉豆沓淡电缎碟沌
泥	n	糯挪哪努女乃泥闹尿扭男镊年暖娘农
	l	赁

续表

来	l	箩鲁驴虑丽雷来劳廖漏流揽弄鹿论狼
知	ts	知缀展哲朝肘张镇桌征桩转中摘竹
	t	爹
彻	ts^h	痴耻超抽丑彻撤趁椿畅戳撑拆逞畜宠
	ts	褚
澄	ts^h	茶厨除池槌潮绸沉缠传陈长惩虫程
	ts	柱住滞雉稚治坠赵召宙站赚阵侄泽宅
	s	蛰
	t	瞪
精	ts	左租灾挤最子醉躁椒走酒总接津脏酱
	k	焦剿即
	ts^h	歼笺
清	ts^h	搓且粗取猜砌脆雌草聪签寝切窜七
	k^h	蛆趋趣锹俏悄
	k	缉
从	ts	坐籍借故聚在剂罪自皂就杂族践截绝昨
	ts^h	才齐瓷曹槽蚕惭丛潜全存藏墙层情从
	k^h	樵瞧
	k	渐捷
	t	蹲
心	ɬ	蓑锁写泻苏塑需西细岁私嗽修三酸心
	s	些须腮赛碎撕玺死骚羞送速伞仙损迅
	x	栖犀昔
	ts^h	赐伺膝
	ts	僧
	k^h	鞘楔

续表

邪	ts^h	邪斜徐辞词祠饲旬详祥像
	ts	续
	s	序叙绪随遂隧穗旋巡袖寻袭席颂松俗
	ɬ	谢似祀巳寺嗣象
	x	涎羡夕
	k^h	囚泅
庄	ts	渣榨阻斋债滓抓皱斩眨榛庄捉窄争责
	ts^h	侧
初	ts^h	差叉楚钗厕揣抄吵插搀篡衬闯窗册
崇	ts^h	茬查锄雏豺柴巢愁馋岑床崇
	ts	乍助寨骤闸炸栈铡撰状镯
	ɬ	士仕事
	s	柿
生	s	沙洒耍梳蔬所筛史衰稍衫森涩栓虱
	ɬ	数师搜飕馊搜瘦漱霜生牲笙甥省狮
	ts^h	杉产
	∅	厦$_{偏\sim}$
章	ts	遮朱纸毡震准章酌整只炙祝粥种烛嘱
	ts^h	颤春
	k	肫“肫”《广韵》章伦切,鸟藏。鸡鸭的肫,武鸣官话说“近”或“菌”,也说“肾”。这种说法也与白话、平话同。“近”或“菌”应当是章伦切的一种反向的类推。
昌	ts^h	车扯处侈吹丑川蠢出昌绰秤赤尺冲触
	s	枢
船	s	蛇射示甚神实唇顺术述绳剩食蚀射赎
	ts^h	船乘

续表

	t	盾
书	s	舍庶水烧手湿扇设说申辰舜赏释声书
	ts^h	翅始春
	x	晌
禅	s	社是竖时睡绍寿甚善晨纯上石熟勺淑
	ts^h	垂仇酬蝉禅臣常尝承丞城诚盛
	ts	折殖植
	ɬ	侍
日	Ø	惹如乳芮而耳饶扰柔染任热软闰若肉
	n	瓤
见	k	过家瓜古据改鸡乖挂诡稿搅九感工级
	k^h	箍会~计剑桧癸愧搛括昆扛矿
	ŋ	钩勾
	s	懈
	Ø	蜗
	l	脸
	ts	灸
	x	酵
溪	k^h	可夸枯去启魁快烤巧丘堪恰孔欠宽券
	k	杞
	x	墟溪恢
	ts^h	吃
群	k^h	茄渠奇逵乔球钳擒权裙墙狂擎屐琼穷
	k	巨惧技跪柜轿臼俭及杰健倦近掘鲸共
疑	ŋ	鹅饿讹卧蚂疑熬咬偶藕岩岸鄂昂硬额
	Ø	牙雅瓦崖涯桅外危伍午误悟渔语御娱

续表

	n	倪拟牛验业孽研虐凝逆
晓	x	歇献欢欣婚忽熏响荒霍兴亨赫馨烘胸
	s	朽嗅轩蝎喧楦衅训畜蓄
	Ø	歪
	k^h	吸刊况
匣	x	禾下划胡孩系坏话携豪效猴含现活幻
	k^h	蟹溃洽
	k	械解舰迥茎贡
	s	谐解玄悬眩杏
	Ø	肴淆荥完丸皖萤
影	Ø	阿涴亚蛙淤煨要呕乌污恶迂缢倚椅伊
	ŋ	桠哀埃爱矮奥袄欧瓯殴沤庵恩扼安按
	s	秽
	k^h	坑
	n	蔫
云	Ø	于盂宇禹羽芋矣域援越粤晕往荣永泳
	x	雨汇熊雄
以	Ø	爷野余与锐唯舀油逾喻裕移饴异已以
	x	姨赢
	ɬ	肄
	k	捐

二、韵母的比较

中古	武鸣	例字
果开一	ɔ	多拖驼驮罗锣箩左搓可我饿荷河
	a	他大哪那阿
果开三	e	茄
果合一	ɔ	波婆破磨馍朵妥螺糯蓑过科窝禾
假开二	a	把怕爬麻拿茶马渣榨差沙纱洒桠
	ia	厦家痂嘉假衙伢雅霞瑕遐夏暇鸦
	ək	帕
假合二	ua	耍寡跨剐夸垮瓦花化华桦蛙洼
	a	傻跨又音
	ɔ	蜗
假开三	e	车蛇舍者蔗扯赊写卸姐借且斜鹧佘
	ie	惹爷野夜椰也
遇合一	u	补谱铺怖蒲暮慕堵兔徒怒庐醋苏
	ɔ	模摹做错措塑
遇合三	y	女驴蛆絮猪蔬诸煮居渔语嘘儒雨
	u	庐阻初楚助梳肤府脯侮鹉务续数
	i	吕虑如举据渠于淤巨预豫矩娱喻
	ɔ	所
	ə	去
	əu	缕
	əi	屡
	yəi	乳
蟹开一	ai	财载赛该慨呆亥带太奈菜艾害
	əi	贝沛
蟹开二	ai	拜排埋斋豺皆楷骇械挨派筛矮蟹

续表

	a	尬罢洒
	e	谐懈解姓
	ia	佳涯
	iai	崖
蟹开三	i	弊币毙厉祭际滞制世势誓逝艺刈
蟹开四	i	闭批迷低梯泥篱挤砌栖洗鸡倪缢
蟹合一	əi	杯辈培配梅堆对腿内累罪碎兑最
	uəi	催盔魁恢桅茴汇溃煨灰贿悔晦回
	uai	块会会计刽桧外
蟹合二	uai	乖怪块怀槐淮坏拐歪快筷
	ua	挂卦画蛙话
蟹合三	əi	脆岁缀废肺吠
	uəi	赘税鳜卫秽
	yəi	芮锐
蟹合三	uəi	闺桂奎惠慧
	e	携
止开三	i	臂披靡离篱荔蜘智池驰既岂稀衣
	ʅ	紫雌撕斯赐资姿咨姊次自资寺饲
	əi	碑卑被悲楣霉美媚寐
	ə	儿尔二贰厕而耳饵
	e	翅
	it	鼻
	y	履
止合三	əi	累嘴瑞垒泪醉翠虽非飞妃费肥翡
	uəi	髓随吹炊垂睡鬼贵魏挥辉微讳威
	y	绥

续表

	i	季遗
效开一	au	报袍冒帽刀涛道稻恼劳遭草高
	u	菢
效开二	au	爆抛卯貌闹罩吵巢梢咬搞敲坳
	iau	猫郊教较酵窖觉巧孝肴淆效校
	ua	抓
效开三	iau	表飘庙燎疗焦蕉椒剿嚣妖邀要
	au	超朝赵兆昭招沼照诏烧少绍邵
效开四	iau	刁鸟挑跳聊萧浇缴侥叫窍尧晓
流开一	əu	剖某斗偷漏陋走奏嗽勾钩沟喉
	u	母拇戊
流开三	əu	否谋肘抽骤搜咒丑臭收手首守
	iəu	纽流留酒秋就羞秀绣宿锈囚泅
	u	富副浮妇负复漱
咸开一	an	耽探男参感堪函暗蓝惭暂憨喊
	a	答搭踏纳拉杂塔榻塌腊
	əp	沓搨合
	ɔ	蛤鸽喝
	əm	含
	ɔt	盒
	ət	蜡
	ɔk	磕
咸开二	an	赚站斩蘸谗馋杉尴搀衫
	a	札插闸炸
	en	减鹻咸陷馅监鉴嵌岩衔舰
	ia	夹$_{\text{夹衣}}$恰掐狭峡洽甲胛匣鸭押压

续表

	et	夹
	əp	眨
咸开三	en	贬黏帘签渐沾粘粘贴瞻占陕闪
	e	聂猎妾捷摄涉劫怯业胁
	et	镊蹑接折折叠褶皱纹
	ien	染淹掩厌炎盐阎檐艳焰严俨腌
	iet	叶
咸开四	en	掂点店添舔甜鲇拈念兼搛谦歉嫌
	et	帖贴叠碟牒蝶谍挟
	e	跌协
咸合三	an	泛凡帆范范犯
	a	法乏
深开三	in	品林侵心寻沉岑森今琴禽音阴饮
	i	立粒集辑习袭执什入急泣及吸揖
	əm	浸
	ik	蛰
	iŋ	禀
	en	簪
	ən	参参差
	ə	涩
	əp	汁涩又音
	it	湿十
	əi	给
山开一	an	旦滩残珊散伞寒韩旱汗焊翰安鞍
	a	达捺擦撒萨
	ət	辣

续表

	ɔt	割渴
	ɔ	葛喝
山开二	an	扮盼办盏山产板版攀慢蛮栈晏
	a	八拔札扎察杀铡
	ət	抹
	en	艰间简裥柬拣闲限苋疝奸谏涧锏
	ien	眼颜雁
	ia	轧辖
	et	瞎
山开三	en	鞭篇偏绵棉免碾连联辇剪仙
	e	别鳖灭列烈泄哲彻舌设杰孽揭蝎
	et	裂折折断
	yen	癣轩
	ye	薛
	an	缠战颤蝉禅禅宗禅禅让
	ə	撤辙浙
	ien	然燃谚焉延筵演言堰
	iet	热
山开四	en	边扁片面典天年怜莲笺荐牵研
	e	憋屑不屑屑木屑
	et	洁撇篾铁捏节切切开截结
	i	楔楔子
	ien	研烟燕燕京，姓燕燕子咽宴
山合一	ɔn	搬绊判瞒满端短断锻团暖乱酸官
	an	般馒漫幔
	ɔt	拨泼钹脱

续表

	ɔ	钵末沫夺撮括阔豁活
	iŋ	拼
	ət	抹
	uət	袜
	yen	钻动词纂编纂钻木工用具窜
	uan	玩1古玩;2游玩桓完丸皖豌豌豆
	uɔn	碗腕
山合二	ɔn	鳏幻患宦
	uan	顽顽皮关惯还还原环弯湾
	ɔt	滑刮
	ua	猾狡猾挖刷
	yen	篡撰闩拴涮涮洗
	an	还还有
山合三	yen	泉绝选串船软卷拳圆喧源阮愿
	en	恋
	e	劣
	ye	雪说悦阅厥蕨曰粤
	ɔ	拙
	ien	沿铅
	an	藩反贩翻番几番烦矾繁饭蔓
	ət	髮头髮
	a	发出发伐筏罚
	uan	晚挽万
	yet	月越
	uɔn	宛

续表

山合四	yen	犬玄悬眩
	ye	决诀缺穴
	yet	血
	en	县
	ien	渊
臻开一	ən	吞跟根恳垦痕很恨恩
臻开三	in	宾贫民悯邻鳞进晋亲薪信讯身人
	it	笔匹$_{一匹布}$密蜜实日一
	i	毕必漆疾讯悉侄秩质失室吉乙
	ik	栗
	ə	瑟
	ək	虱
	iŋ	劲
臻合一	ən	盆笨闷顿屯嫩论仑尊村存孙损
	u	不突猝窟忽
	ɔ	勃饽没$_{沉没}$核
	əi	褪
	yt	卒$_{兵卒}$
	yn	逊
	un	昆滚棍坤捆困昏婚魂馄浑$_{浑浊}$混$_{相混}$
	ut	骨$_{筋骨;骨头}$
	uən	温瘟稳
臻合三	ən	伦遵笋盾分粉粪奋芬焚愤忿份
	i	律率$_{速率}$橘
	in	俊迅旬循巡殉唇允尹君军
	yn	荀肫准春蠢顺舜纯醇润闰均钧

续表

	y	戌恤术述屈
	uai	率率领蟀
	yt	出
	iuŋ	窘
	u	佛仿佛物勿
	uən	文纹蚊闻吻刎问
	ye	掘倔
	un	荤
	ɔ	佛
宕开一	aŋ	帮滂芒党烫朗仓桑岗抗炕昂航
	ɔ	泊博膜莫铎踱诺乐错昨索各鹤
	ɔk	薄托凿恶
	u	幕
	ə	阁鄂
	au	郝
宕开三	iaŋ	娘良两将酱墙象详霜壤让香乡
	ɔ	略掠削酌绰芍
	yɔ	爵雀鹊
	iau	嚼
	aŋ	张场仗掌昌厂商伤赏晌常裳偿
	ɔk	着睡着;着衣
	uaŋ	庄装壮疮闯创床状孀爽
	au	勺
	iɔ	若弱却虐约跃
	iɔk	脚药钥
宕合一	uaŋ	光广旷荒慌谎黄簧皇蝗晃汪

续表

	ɔ	郭廓扩霍藿
宕合三	aŋ	方肪仿放芳妨纺访房防亡芒
	uaŋ	网妄逛匡筐眶狂况枉王往旺
江开二	aŋ	绑邦胖庞棒蚌扛豇港项巷
	uŋ	虹
	iaŋ	讲江降降临腔降投降
	uaŋ	桩撞窗双
	u	朴数
	ɔ	驳桌卓琢捉镯驳浊朔乐握
	ɔk	剥啄戳角壳
	iɔ	觉知觉岳学
	au	雹
	iau	饺
	yɔ	确
曾开一	əŋ	崩朋登疼能楞增憎蹭层僧肯恒
	ing	棱
	ɔ	墨默
	ə	得德特则刻时刻克北肋黑
	ək	勒塞刻用刀刻
	əi	贼
曾开三	iŋ	冰凌征澄称乘绳剩仍宁兴鹰应
	yn	孕
	iəŋ	扔
	ən	橙称相称
	əŋ	凭瞪
	i	逼匿即媳直职食式植极忆亿翼

续表

	ik	力直织
	ək	鲫
	e	侧测色啬
曾合一	uŋ	弘
	ɔ	国或惑
曾合三	y	域
梗开二	a	打栅
	aŋ	盲虻铛行氓
	əŋ	烹膨胀冷撑省更粳庚羹硬绷争
	uŋ	猛孟萌
	iŋ	澄杏行茎幸莺鹦樱
	ɔ	帛索
	ə	泽择客额百柏择责策册革麦脉
	ək	拍拆窄格隔
	ɔt	核果核
	an	掰
梗开三	in	皿贞侦
	uŋ	盟
	iŋ	兵平鸣敬卿庆映聘逞整圣饼岭
	i	碧逆僻积迹脊籍昔席只赤适益
	ek	屐
	y	剧
	ik	惜尺石
	ɔ	硕
	e	射
	ie	掖液腋

续表

梗开四	iŋ	馨屏並铭丁庭宁龄青醒经刑瓶
	i	壁觅的惕笛敌溺历绩戚寂析击
	it	吃
	ik	劈滴踢剔
梗合二	uaŋ	矿
	əŋ	横
	uŋ	轰宏
	ua	划
	ɔ	获
梗合三	iŋ	茔倾顷营茔颖琼
	iuŋ	荣兄泳咏
	in	永
	i	疫役
梗合四	iŋ	萤
	iuŋ	迥
通合一	uŋ	篷蒙翁同笼葱贡孔洪冬统农宋
	u	卜扑仆瀑秃鹿禄族速屋笃督酷
	au	曝
	uk	木独读犊谷哭毒
	ɔ	沃
通合三	uŋ	风梦隆忠虫宫颂捧浓重供恐宠
	iuŋ	绒融穷熊雄容胸匈凶拥庸勇用
	u	蝠复目牧宿筑逐轴叔录促续狱
	uk	福幅六陆服服气竹粥熟绿足烛
	y	菊畜畜牧蓄郁蜀曲欲浴
	iu	育辱褥

续表

	ɔk	缩
	iuk	肉
	i	局玉

三、声调的比较

武鸣 中古		阴平	阳平	上声	去声	入声 1	入声 2
平	清	多欢					
	浊		雷糊				
上	清			左扯			
	浊				户柱		
去	清				剁顾		
	浊				舵度		
入	清		答鸽			粥戳	
	浊		扶及				蝶辣

第五节　语音特点

武鸣县城官话具备官话的基本特征，同时由于语言环境的特殊，武鸣县城官话又有一些自己的特点。

一、武鸣县城官话的声母特点

（一）中古全浊声母清化，今逢塞音塞擦音平声送气，如：婆[$p^hɔ^{21}$]｜驼[$t^hɔ^{21}$]｜才[$ʦ^hai^{21}$]｜茶[$ʦ^ha^{21}$]｜奇[k^hi^{21}]｜锄[$ʦ^hy^{21}$]｜斜[$ʦ^he^{21}$]；仄声不送

气，如：部[pu^{24}]｜大[ta^{24}]｜坐[ʦɔ^{24}]｜住[ʦy^{24}]｜巨[ki^{24}]｜助[ʦu^{24}]｜习[si^{21}]。

（二）重轻唇不混。中古非、敷、奉母读[f]，如夫[fu^{33}]｜丰[fuŋ^{33}]｜范[fan^{24}]，只有极个别字保留中古重唇的读法[p^{h}]，如：脯[p^{h}u^{55}]｜捧[p^{h}uŋ^{55}]。微母字多变零声母，只有少数几个合口三等字保留中古重唇的读法[m]，如：雾[mu^{24}]｜[蔓瓜蔓子man^{24}]｜亡[maŋ^{21}]｜芒麦芒[maŋ^{21}]。

（三）泥来母不混。如：你[ni^{55}]≠里[li^{55}]｜内[nəi^{24}]≠累[ləi^{24}]｜牛[niəu^{21}]≠流[liəu^{21}]

（四）没有舌尖后音[tʂ tʂ^{h} ʂ ʐ]。

（五）古精（心母除外）、知、照三组合流为一套塞擦音声母[ʦ ʦ^{h} s]。除与[ʅ]、[ə]韵母相拼外，实际音值近似舌叶音，与平话、白话的情况相似。只有在[ʅ]韵母前（仅限于止摄开口精组字）、[ə]韵母前（来自部分曾梗摄的入声字）读真正的舌尖前音[ʦ ʦ^{h} s]。如：[ʦʅ]资姿咨兹滋辎紫姊子梓滓自字、[ʦ^{h}ʅ]疵差参差雌瓷糍慈磁辞词祠饲此刺赐次伺、[sʅ]斯厮撕死四肆、[ʦə]则泽择责哲、[ʦ^{h}ə]测册策厕、[sə]色。

（六）邪母字平声读送气的塞擦音较多，除与普通话相同的“词祠辞”等，还有“邪斜徐饲旬详祥像”等字也读送气塞擦音声母[ts^{h}]。

（七）部分精组字读[k k^{h} x]。如：焦[kiau^{33}]｜剿[kiau^{55}]｜即[ki^{21}]｜蛆[k^{h}y^{33}]｜趋[k^{h}y^{33}]｜趣[k^{h}y^{24}]｜锹[k^{h}iau^{33}]｜俏[k^{h}iau^{24}]｜悄[k^{h}iau^{33}]｜缉[ki^{21}]｜樵[k^{h}iau^{21}]｜瞧[k^{h}iau^{21}]｜渐[ken^{24}]｜捷[ke^{21}]｜鞘[k^{h}iau^{24}]｜楔[k^{h}i^{24}]。这些多非口语常用字。由于武鸣官话见系字基本无腭化现象，这应该是受共同语影响的一种反向类推。这种反溯的情况在壮语读汉语借词时也同样出现。

（八）有将塞擦音读成擦音的现象。如：蛰惊蛰[sik^{21}]，与壮语同。

（九）有边擦音声母[ɬ]，主要来源于古心母、邪母、生母。只有极少几个字来自崇母、禅母，例如：士崇母[ɬʅ^{24}]｜仕崇母[ɬʅ^{24}]｜事崇母[ɬʅ^{24}]｜侍禅母[ɬʅ^{24}]，均为止摄开口字。

（十）古日母字大部分读零声母，多为细音。如：如[i^{21}] | 耳[$ə^{55}$] | 认[in^{24}] | 闰[yn^{24}] | 绒[$iuŋ^{21}$] | 肉[iuk^{21}]。

（十一）见系声母在细音前基本不腭化。例如：箭荐$_{精母}$[$ʦen^{24}$] ≠ 见剑$_{见母}$[ken^{24}] | 彩采$_{清母}$[$ʦ^hai^{55}$] ≠ 凯楷$_{溪母}$[kai^{55}] | 全泉$_{从母}$[$ʦ^hyen^{21}$] ≠ 拳权$_{群母}$[k^hyen^{21}] | 星腥$_{心母}$[$ɬiŋ^{33}$] ≠ 兴馨$_{晓母}$[$xiŋ^{33}$]。

（十二）有[ŋ]声母。既有疑母字，如"疑蚁碍蛾鹅卧我饿熬咬岩岸硬额"等，也有影母字，如"哀埃挨矮爱安鞍暗按案晏$_{晚也}$"等。

二、武鸣县城官话的韵母特点

（一）单字音基本没有[-m]韵尾，深摄并入臻摄，咸摄并入山摄。

（二）中古外转韵摄一二等合并，读开口呼或合口呼；三四等合并，读齐齿呼或撮口呼。

但山摄合口一二等主元音不混，合口一等为[-ɔ-]，二等为[-a-]，与今桂柳官话不同。

（三）果摄开合不分，除开口一等个别字"他它大哪那阿"读[a]韵母，开口三等字"茄"、合口三等字"瘸"读[e]韵母，合口一等字"讹"读[ək]韵母之外，其余"多拖驼驮舵挪罗锣箩萝左佐做搓我歌哥个可坷蛾鹅俄饿荷河何荷苛贺波菠跛簸播颇坡玻破婆薄魔磨摩馍磨朵剁妥椭唾堕惰糯懦骡螺腡裸摞挫矬坐座蓑梭唆锁琐过锅果裹卧火伙货祸和倭窝涡莴戈科棵蝌颗课和禾和"等字全部读[ɔ]韵母。

（四）假摄开口三等字韵母除零声母"惹椰爷也野夜"等字读[ie]韵母外，其余均读为[e]韵母，如"遮者蔗鹧车扯蛇射麝奢赊捨赦舍佘社姐借且笪藉褯些写泻卸邪斜谢爹"。

（五）遇摄合口三等知、章组韵母除"庐阻初楚础梳"等个别字韵母读[u]之外，其余读为[y]韵母，如"猪著褚除储苎锄助疏蔬诸煮处书舒暑鼠庶恕署薯如"。

（六）止摄开口字依声母条件分化为两个韵母：[i]和[ɿ]韵母，读[ɿ]的字不多，来源于精庄组字，可视为读书音。其他声母后均读[i]。

（七）部分合口韵失落[u-]介音。普通话蟹摄合口一等、止摄合口三等泥来母字脱落[u-]韵头，如“内雷累类泪”等字读[ei]韵母。武鸣官话范围扩大，蟹摄合口一等、三等，止摄合口三等端系字基本都失落[u-]介音，如“堆对腿脆岁推队罪最缀”、“嘴醉翠虽碎”等字韵母都读[ei]。这是官话发展的一个趋势，南方官话似乎变得快些。

（八）臻摄合口一等端系字（舒声）脱落[u-]韵头。如“顿敦墩扽沌盾矛盾钝遁屯豚臀囤尊村寸孙损存”读[ən]韵母。

（九）臻摄合口三等谆韵知章组及日母字读撮口韵[yn]。如“准椿椿树春蠢荀纯醇逊顺舜训润闰”等字。

（十）鼻音韵尾前后鼻音不混，例如：亲[$tsʰin^{33}$]≠清[$tsʰiŋ^{33}$]｜身[sin^{33}]≠声[$siŋ^{33}$]｜屯[$tʰən^{21}$]≠疼[$tʰəŋ^{21}$]｜尊[$tsən^{33}$]≠增[$tsəŋ^{33}$]｜产[$tsʰan^{55}$]≠厂[$tsʰaŋ^{55}$]｜跟[$kən^{3}$]^{3}≠羹[$kəŋ^{33}$]。

（十一）有一批塞尾韵，均为中古入声字。中古入声字的读书音大部分变阴声韵，演变规律也与西南官话一致。如：深摄、臻摄开口三等、曾开口三等、梗摄开口三四等入声字读[i]韵母，如：“入急级及吸立笠粒集习袭揖缉辑执泣什”、“日吉栗毕必悉失室疾七漆膝秩乞质侄乙滗蟋逸”、“极匿逼息熄媳食蚀识式饰即职值植忆亿翼殖抑”、“剧逆碧璧辟僻昔释适积迹脊籍藉席炙赤益译易夕掷斥亦”、“击激历觅溺壁锡析的嫡狄惕笛敌绩戚寂霹涤荻”；通摄入声字读[u/iu]“续族筑逐轴祝续速肃宿叔粟俗赎束属”，部分读[y]菊曲郁欲浴；咸山摄开口一二等入声字读[a]“扎插闸霎答答搭踏纳拉杂塔榻塌腊蜡”，“八拔扎札察杀煞轧铡达擦砸萨”等。声调也一律并入阳平。

但有部分入声字保留塞韵尾，大多为口语常用字，[-p -t -k]均有。有些韵母辖字较多，如[əp]、[ɔt]、[ət]、[et]、[iet]、[yet]、[it]、[yt]、[ɔk]、[iɔk]、[ək]、[ik]、[uk]等韵母，有一定规律性，自成体系，包括口语字和书面语字。如：[əp]“揖沓合”“眨”“涩汁”，分别来自咸摄开口一二等和深摄开口三等字；[ɔt]“挪”、

“盒”、“割渴”、“拨泼钹脱”、“滑刮”、“核”,分别来自果摄开口一等平声、咸摄开口一等、山摄开口一等、山摄合口一、二等、臻摄合口一等字;[ət]“邋蜡遢”、“辣”、“抹”、“发”,分别来自咸摄开口一等、山摄开口一等、二等、山摄合口三等字;[et]“吓”、“夹”、“镊接”、“贴叠挟”、“瞎”、“折裂”、“撇篾铁切截”,分别来自假摄开口二等去声、咸摄开口二、三、四等、山摄开口二、三、四等字;[iet]“叶”、“热”,分别来自咸摄开口三等、山摄开口三等字;[yet]“绝月越”、“血”,分别来自山摄合口三、四等字;[it]“鼻”、“湿十”、“笔匹密蜜实日一”、“吃”,分别来自止摄开口三等去声、深摄开口三等、臻摄开口三等、梗摄开口四等字;[yt]“卒出”来自臻摄合口一、三等字;[ɔk]“磕”、“薄托凿恶”、“着(着衣)着(睡着)”、“剥啄戳角壳”、“缩”,分别来自咸摄开口一等、宕摄开口一、三等、江摄开口二等、通摄合口三等字;[iɔk]“脚药钥”,来自宕摄开口三等字;[ək]“讹”、“帕”、“咳”、“虱”、“勒塞刻”、“鲫”、“拍拆窄格隔”,分别来自果摄合口一等平声、假摄开口二等去声、蟹摄开口一等、臻摄开口三等、曾摄开口一、三等、梗摄开口二等字;[ik]“蛰”、“栗”、“力直织”、“惜尺石”、“劈滴踢剔”,分别来自深摄开口三等、臻摄开口三等、曾摄开口三等、梗摄开口三、四等字;[uk]“木独谷哭毒”、“福幅陆六竹粥熟绿足烛”,分别来自通摄合口一、三等字。

部分韵母辖字很少,如[at]、[iat]、[ut]、[ak]、[uək]、[ek]、[iuk]等韵母,甚至无字可写。如:□[pat^{21}],溶~□[iat^{21}],形容物体湿烂,如烂泥状;□[iat^{55}],□[iuŋ^{35}]~~,形容头发等物体乱的样子;□[iat^{21}],溶□[pat^{21}]~,形容物体湿烂,如烂泥状;骨[kut^{21}];□[ɬak^{21}],□[ɬiŋ^{35}]~,清醒机警;□[kuək^{55}],镢;屐[k^{h}ek^{55}];肉[iuk^{21}]。

(十二)少数辖字很少的韵母,是因借词而产生的。如:□[pat^{21}],溶~□[iat^{21}],形容物体湿烂,如烂泥状;□[iat^{55}],□[iuŋ^{35}]~~,形容头发等物体乱的样子;□[iat^{21}],溶□[pat^{21}]~,形容物体湿烂,如烂泥状;骨[kut^{21}];□[ɬak^{21}],□[ɬiŋ^{35}]~,清醒机警;□[kuək^{55}],镢;屐[k^{h}ek^{55}];肉[iuk^{21}];出[ts^{h}yt^{21}];卒[tsyt^{55}]。

三、武鸣县城官话的声调特点

武鸣县城官话声调共 6 个，其中舒声调 4 个，分别为阴平[33]、阳平[21]、上声[55]、去声[24]，调值与桂柳官话一致（上声没有读降调）；促声调 2 个：[55]、[21]，这是桂柳官话所没有的（柳州官话只有个别口语词读促声调）。

（一）平分阴阳，古清平今读阴平，古次浊平、浊平今读阳平。

（二）古清上、次浊上今读上声。

（三）全浊上声与去声合流。

（四）去声不分阴阳，仍读去声。

（五）入声大部归阳平，尤其是书面语用字，与西南官话特点相合。保留入声的多为口语常用字，依调值分为两类：入声音 1 [55]，与上声音高相同，入声 2 [21]，与阳平音高相同。

武鸣县城官话还有一个因接触产生的声调：[35]，辖字不多。第一章第一节已做了说明。

四、武鸣县城官话的变调

在武鸣县城官话中的变调不多，一是出现在重叠的亲属称谓中，如弟弟[$ti^{21}ti^{35}$]、妹妹[$məi^{21}məi^{35}$]，有个别名词重叠也出现变调，如：娃娃[$ua^{21}ua^{35}$]；二是形容程度深的叠音词的第一个音变为[215]，如：热热的[$iet^{215}iet^{21}e^{33}$]、红红的[$xuŋ^{215}xuŋ^{21}e^{33}$]；三是“得”在表示强调程度加深时音变为[215]，快得[$k^huai^{24}tə^{215}$]、热得[$iet^{21}tə^{215}$]。

第三章　武鸣县城官话的词汇

第一节　武鸣县城官话的语汇特点

一、保留官话的基本特点

从分类词表可以看出,武鸣县城官话的同义词非常丰富,大部分词条都不止一种说法。武鸣县城官话是西南官话的分支,属北方方言,其词汇系统,尤其是基本词汇,大多保留官话的特征。例如,说“脸”不说“面”,说“走”不说“行”,说“跑”不说“走、趯”,说“回”不说“归、翻”,说“下”不说“落”,说“进”不说“入”;说“大小”不说“大细”,第三人称代词用“他”,表人的复数标记用“们”,指示代词用“这”、“那”,疑问代词用“哪门”、“哪个”;表示动物性别的词用“公”、“母”,且置于中心语前,如“公牛”“母鸡”等。

尤其是近二三十年普通话的普及,书面语词向普通话趋同。

二、同义词丰富

武鸣县城官话同义词丰富,绝大部分词语有两个以上说法,甚至四五个说法。例如:

橡皮擦——胶擦[$kiau^{33}ts^{h}a^{21}$]、涂胶[$t^{h}u^{21}kiau^{33}$]

垃圾——粪草[$fən^{24}ts^{h}au^{55}$]、□□[$ləp^{21}səp^{21}$]、垃圾[$la^{33}ki^{21}$]

毛毛雨——毛毛雨[$mau^{21}mau^{21}xy^{55}$]、蒙蒙雨[$muŋ^{21}muŋ^{21}xy^{55}$]、牛毛细雨

[niau^{21}mau^{21}ɬi^{24}xy^{55}]、牛毛雨[niau^{21}mau^{21}xy^{55}]

闷热——闷热[mən^{24}iet^{21}]、焗[kuk^{21}]、焗热[kuk^{21}iet^{21}]、湿热[sit^{21}iet^{21}]

这些同义词有官话本身层次，有粤方言的借词，还有少数壮语借词。在粤方言的借词中，尤以南宁白话为最。

三、部分词语与普通话存在意义差异

1.武鸣县城官话词语比普通话词语义项少，应用范围窄。这类词数量较少。例如：

普通话的“芦荟”，在武鸣县城官话中对应两个词：油葱[iəu^{21}ʦ^{h}uŋ^{33}]、芦荟[lu^{21}xuəi^{24}]。“油葱”称说当地品种，植株较小；“芦荟”称说引进品种，植株较大。

普通话的“马桶”，在武鸣县城官话中对应三个词：粪桶[fən^{24}t^{h}uŋ^{55}]、屎桶[si^{55}t^{h}uŋ^{55}]和尿桶[niau^{24}t^{h}uŋ^{55}]。

普通话的“大车”，在武鸣县城官话中对应两个词：马车[ma^{33}ʦ^{h}e^{33}]马拉的，牛车[niəu^{21}ʦ^{h}e^{33}]牛拉的。

普通话的“冬瓜”，在武鸣县城官话中对应两个词：一是冬瓜[tuŋ^{33}kua^{33}]，指个儿大，绿皮的冬瓜；一是节瓜[ʦet^{21}kua^{33}]，个儿细长，表皮起白粉的冬瓜。

2.词项和词项的参差对应。

武鸣县城官话的多个词与普通话的一个词相对应。这当中还可分两类。一类是既保留旧有说法，又吸收了普通话的语词，这一类数量很大。例如：

兰豆[lan^{33}təu^{24}]、荷兰豆[xɔ^{21}lan^{33}təu^{24}]、豌豆[uɔn^{55}təu^{24}]——豌豆

葱白[ʦ^{h}uŋ^{33}pə^{21}]、葱头[ʦ^{h}uŋ^{33}t^{h}əu^{21}]——葱白

红毛泥[xuŋ^{21}mau^{21}ni^{21}]、水泥[suəi^{55}ni^{21}]——水泥

火油[xɔ^{55}iəu^{21}]、洋油[iaŋ^{21}iəu^{21}]、煤油[məi^{21}iəu^{21}]——煤油

山岩[san^{33}ŋan^{21}]、山崖[san^{33}ŋai^{21}]——山崖

滚水[kun^{55}suəi^{55}]、开水[k^{h}ai^{33}suəi^{55}]——开水

水头[suəi^{55}t^{h}əu^{21}]、洪峰[xuŋ^{21}fuŋ^{33}]——洪峰

冒水窝[mau^{24}suəi^{55}ɔ^{33}]、泉眼[tsʰyen^{21}ien^{55}]——泉眼

磨卵鼓[mɔ^{21}lɔn^{55}ku^{55}]、鹅卵石[ŋɔ^{21}lɔn^{55}sik^{21}]——鹅卵石

金桔果[kin^{33}ki^{21}kɔ^{55}](本地产的小番茄)、番茄[fan^{33}kʰe^{21}]、西红柿[ɬi^{33}xuŋ^{21}si^{24}]——番茄、西红柿

马鞭草[ma^{55}pen^{33}tsʰau^{55}]、车前草[tsʰe^{33}tsʰen^{21}tsʰau^{55}]——车前草

抓鸡虎[tsua^{33}ki^{33}xu^{55}]、黄鼠狼[xuaŋ^{21}sy^{55}laŋ^{21}]——黄鼠狼

叮鱼鸟[tiŋ^{33}y^{21}niau^{55}]、翠鸟[tsʰəi^{24}niau^{55}]——翠鸟

飞鼠[fəi^{33}sy^{55}]、蝙蝠[pen^{33}fu^{21}]——蝙蝠

灶边[tsau^{24}pen^{33}]、厨房[tsʰy^{21}faŋ^{21}]——厨房

在行[tsai^{24}xaŋ^{21}]、熟行[suk^{21}xaŋ^{21}]、老行[lau^{55}xaŋ^{21}]、老辣[lau^{55}lət^{21}]、内行[nəi^{24}xaŋ^{21}]——内行

有身[iəu^{55}sin^{33}]、有身子[iəu^{55}sin^{33}tsɿ^{55}]、驮崽[tʰɔ^{21}tsai^{55}]、带身[tai^{24}sin^{33}]、怀孕了[xuai^{21}yn^{24}liau^{55}]——怀孕了

把戏佬[pa^{55}xi^{24}lau^{55}](旧时)、魔术师[mɔ^{21}sy^{21}ɬɿ^{33}](现代)——魔术师

一类是普通话的语词还未进入武鸣县城官话语汇系统的。例如：

豆角[təu^{24}kiɔk^{21}]、四月豆[sɿ^{24}yet^{21}təu^{24}](早熟的豇豆)、八月豆[pa^{21}yet^{21}təu^{24}](迟熟的豇豆)——豇豆

椰菜[ie^{21}tsʰai^{24}]、包心芥蓝[pau^{33}ɬin^{33}kai^{24}lan^{21}]——洋白菜

卡啦头[kʰa^{55}la^{55}tʰəu^{21}]、芥兰头[kai^{24}lan^{21}tʰəu^{21}]——苤蓝

阳沟[iaŋ^{21}kəu^{33}]、沟坑[kəu^{33}kʰəŋ^{33}]——排水沟

四、存在方言的创新

1.依据事物外在形象及声音等特征等创造了一些与普通话不同的词。例如：

把龅牙称作"地包天"[ti^{24}pau^{33}tʰen^{33}]或"天地包"[tʰen^{33}pau^{33}ti^{24}]。

把上臂突起的肌肉称作"老鼠肉"[lau^{55}sy^{55}iuk^{21}]。

把膝盖称作"菠萝盖"[pɔ^{33}lɔ^{21}kai^{24}]。

把腮腺炎称作“猪头肥”[ʦy^{33}tʰəu^{21}fəi^{21}]。

把雀斑称作“苍蝇屎”[ʦʰaŋ^{33}iŋ^{33}si^{55}]。

把鼓眼泡儿称作“水泡眼”[suəi^{55}pʰau^{24}ien]^{55}或“金鱼眼”[kin^{33}ʔy^{21}ien^{55}]。

有一种无纸包的手工制糖块，出售时用铁制器具敲击取用，发出“叮叮”的声响，被称作“叮叮糖”[tiŋ^{33}tiŋ^{33}tʰaŋ^{21}]。

由哨子的声音而将其称作“□□[fit^{55}fit^{55}]”。

因外形像麻糖，把鸡粪称作“麻糖鸡屎”[ma^{21}tʰaŋ^{21}ki^{33}si^{55}]或“鸡屎麻糖”[ki^{33}si^{55}ma^{21}tʰaŋ^{21}]。

因叶片形似小孩儿的屁股，所以把紫荆称作“屁股叶树”[pʰi^{24}ku^{55}iet^{21}sy^{24}]。

2.武鸣县城官话还有少量以重叠式构成的语词。例如：

“小拇指”可以说“□□屎”[met^{55}met^{55}si^{55}]，因此，也可以指称最末一名。游戏“捉迷藏”可以说“躲□□”[tɔ^{55}muŋ^{33}muŋ^{33}]、“躲猫猫”[tɔ^{55}miau^{33}miau^{33}]，“滚铁环”说“滚圈圈”[kun^{55}kʰyen^{33}kʰyen^{33}]，“把哑炮或无引炮折断点燃”说“射射炮”[se^{24}se^{24}pʰau^{24}]。

3.武鸣县城官话采用比喻、借代、委婉、夸张等方式造词。例如：

用“癫进不癫出”[ten^{33}kin^{24}mə^{55}ten^{33}ʦʰyt^{21}]，形容人装傻。

“矮个子”常被叫作“老结钉”[ɬau^{55}ket^{21}tiŋ^{33}]、“三寸钉”[ɬan^{33}ʦʰən^{24}tiŋ^{33}]和“十年养九斤”[sit^{21}nen^{21} iaŋ^{55}kiəu^{55}kin^{33}]。

“亲戚”常称作“三姑六婆”[ɬan^{33}ku^{33}luk^{21}pʰɔ^{21}]。

把开水的沉淀物叫作“水脚”[suəi^{55}kiɔk^{21}]。

把路费称作“车脚”[ʦʰe^{33}kiɔk^{21}]。

喻指事情的不良后果拖得长，可以说“屙羊咩屎”[ɔ^{33}iaŋ^{21}me^{33}si^{55}]。

把“白活”说成“浪费米”[laŋ^{24}fəi^{24}mi^{55}]。

第二节　武鸣县城官话分类词表

1.本表以《方言》2003 年第 1 期《词汇条目表》的分类和词目为基础，增加了近乎一倍的词条或同义词。

2.本表以普通话词目为序，武鸣县城官话与普通话相同的词条，只在词目后注音，有多种说法的在下一行退格列出。例如：

天气 $t^{h}en^{33}k^{h}i^{24}$

天色 $t^{h}en^{33}sə^{21}$

与普通话说法不同的，列出武鸣县城官话词语，例句加括号并下标。有多种说法的在下逐一列出。例如：

连阴雨 沤雨 $ŋəu^{24}xy^{55}$

沤雨天 $nəu^{24}xy^{55}t^{h}en^{33}$

下雨霅霅 $xia^{24}xy^{55}səp^{21}$ $səp^{21}$ 雨下个不停

雷打了 雷劈 $ləi^{21}pik^{21}$（大树捱~）

普通话不说的词语，只列武鸣县城官话词，并加注释。有多种说法的或加词缀的在下一行退格列出。例如：

馍 芭蕉馍 $pa^{33}ʦiau^{33}mɔ^{21}$

糖水馍 $t^{h}aŋ^{21}suəi^{55}mɔ^{21}$

糖馍 $t^{h}aŋ^{21}mɔ^{21}$

菜馍 $ʦ^{h}ai^{24}mɔ^{21}$

跑 $p^{h}au^{55}$

跑□□ $p^{h}au^{55}ləm^{21}ləm^{21}$

跑□□ $p^{h}au^{55}ʦa^{21}ʦa^{21}$

同类事物下的小类，单音节词退一格，多音节词退两格列出。例如：

锅 $kɔ^{33}$

铁锅 $t^{h}et^{21}kɔ^{33}$

铝锅 $li^{55}kɔ^{33}$

砂锅 $sa^{33}kɔ^{33}$

电饭锅 $ten^{24}fan^{24}kɔ^{33}$

水田　水田 suəi^{55}t^{h}en^{21}

田 t^{h}en^{21}

梯田 t^{h}i^{33}t^{h}en^{21}

烂泥田 lan^{24}ni^{21}t^{h}en^{21}

看天田 k^{h}an^{24} t^{h}en^{33}t^{h}en^{21}

保水良田 pau^{55}suəi^{55}liaŋ^{21}t^{h}en^{21}

3.本表以传统词汇为主，近 20 年产生的新词新语除少数生活词语外，一般不列。

4.由于通语的影响，一个词有两种以上说法的，以现在常用的放在前，而非以词的新旧为序。

5.有音而本字无考的音节，以及已经产生音变的字，用同音替代方式处理，同音字下标浪线；没有同音字的则用方框表示。

6.有又音的字（词），在/后的括号中标注又音。

（注：有大写汉字数码和带括号的数码的是标题）

壹　天文

太阳　热头 iet^{21}t^{h}əu^{21}

太阳 t^{h}ai^{24}iaŋ^{21}

阳光　热头 iet^{21}t^{h}əu^{21}

太阳 t^{h}ai^{24}iaŋ^{21}

太阳光 t^{h}ai^{24}iaŋ^{21}kuaŋ^{33}

阳光猛烈　热头大 iet^{21}t^{h}əu^{21}ta^{24}

热头猛 iet^{21}t^{h}əu^{21}muŋ^{55}

太阳猛 t^{h}ai^{24}iaŋ^{21}muŋ^{55}

晒得辣 sai^{24}tə^{21}lət^{21}

太阳地儿　热头下面 iet^{21}t^{h}əu^{21}xia^{24}men^{24}

太阳底下 t^{h}ai^{24}iaŋ^{21}ti^{55}xia^{24}

向阳　xiaŋ^{24}iaŋ^{21}

朝南 ʦ^{h}au^{21}nan^{21}

背阴　pəi^{24}in^{33}

阴 in^{33}

日蚀　日食 i^{21}si^{21}

天狗吃日 t^{h}en^{33}kəu^{55}ʦ^{h}it^{21}i^{21}

日晕　太阳戴水圈 t^{h}ai^{24}iaŋ^{21}tai^{24}suəi^{55}k^{h}yen^{33}

太阳戴帽 t^{h}ai^{24}iaŋ^{21}tai^{24}mau^{24}

月亮　yet^{21}liaŋ^{24}

流星赶月 liəu^{21}ɬiŋ^{33}kan^{55}yet^{21} 月亮靠近某颗恒星

月亮地儿　月亮底下 yet^{21}liaŋ^{24}ti^{55}xia^{24}

月蚀　yet^{21}si^{21}

天狗吃月 t^{h}en^{33}kəu^{55}ʦ^{h}it^{21}yet^{21}

月晕　月亮戴箍 yet^{21}liaŋ^{24}tai^{24}k^{h}u^{33}

星星　ɬiŋ^{33}ɬiŋ^{33}

北斗星　pə^{21}təu^{55}ɬiŋ^{33}

启明星　k^{h}i^{55}miŋ^{21}ɬiŋ^{33}

银河　in^{21}xɔ^{21}

流星　liəu^{21}ɬiŋ^{33}

彗星　扫把星 sau^{55}pa^{55}ɬiŋ^{33}

牛郎织女星 niəu^{21}laŋ^{21}ʦi^{21}ny^{55}ɬiŋ^{33}

风　fuŋ^{33}

大风　ta^{24}fuŋ^{33}

狂风　大风 ta^{24}fuŋ^{33}

狂风 k^{h}uaŋ^{21}fuŋ^{33}

台风　t^{h}ai^{21}fuŋ^{33}

小风　siau^{55}fuŋ^{33}

微风 uəi^{33}fuŋ^{33}

旋风　龙卷风 luŋ^{21}kyen^{55}fuŋ^{33}

顶风　tiŋ^{55}fuŋ^{33}

逆风 ni^{21}fuŋ^{33}

顶头风 tiŋ^{55}t^{h}əu^{21}fuŋ^{33}

顺风　syn^{24}fuŋ^{33}

背风 pəi^{24}fuŋ^{33}

刮风　kua^{21}fuŋ^{33}

翻风 fan^{33}fuŋ^{33}

风停了　风停哦 fuŋ^{33}t^{h}iŋ^{33}ɔ^{53}

云　yn^{21}

黑云　xe^{21}yn^{21}

乌云 u^{33}yn^{21}

鱼鳞云 y^{21}lin^{21}yn^{21} 鳞片状的云

霞　彩云 ʦ^{h}ai^{55}yn^{21}

彩霞 ʦ^{h}ai^{55}xia^{21}

早霞　ʦau^{55}xia^{21}

晚霞　uan^{55}xia^{21}

雷　雷公 ləi^{21}kuŋ^{33}

打雷　ta^{55}ləi^{21}

雷公喊 ləi^{21}kuŋ^{33}xan^{55}

雷打了　雷劈 ləi^{21}p^{h}ik^{21}（大树捱~）

闪电　sen^{55}ten^{24}

打闪 ta^{55}sen^{55}

雨　xy^{55}

下雨　xia^{24}xy^{55}

掉点(了)　滴雨 tik^{21}xy^{55}

小雨　siau^{55}xy^{55}

细雨 ɬi^{24}xy^{55}

毛毛雨　mau^{21}mau^{21}xy^{55}

蒙蒙雨 muŋ^{21}muŋ^{21}xy^{55}

牛毛细雨 niəu^{21}mau^{21}ɬi^{24}xy^{55}

牛毛雨 niəu^{21}mau^{21}xy^{55}

大雨　ta^{24}xy^{55}

暴雨 pau^{24}xy^{55}

飘雨　雨飘 xy^{55}p^{h}iau^{33}

连阴雨　沤雨 ŋəu^{24}xy^{55}

沤雨天 nəu^{24}xy^{55}t^{h}en^{33}

下雨霅霅 xia^{24}xy^{55}səp^{21} səp^{21} 雨下个不停

雷阵雨 ləi^{21}ʦin^{24}xy^{55}

短时阵雨 阵雨 ʦin^{24}xy^{55}

过云雨 kɔ^{24}yn^{21}xy^{55}

对时雨 təi^{24}si^{21}xy^{55} 一连几天在约同一时间段下雨

雨停了 雨停哦 xy^{55}t^{h}iŋ^{21}ɔ^{53}

天晴哦 t^{h}en^{33}ʦ^{h}iŋ^{21}ɔ^{53}

虹 彩虹 ʦ^{h}ai^{55}xuŋ^{21}

淋雨 lin^{21}xy^{55}

捱雨淋 ŋai^{21}xy^{55}lin^{21}

冰 piŋ^{33}

冰锥 冰凌 piŋ^{33}liŋ^{21}

结冰 ket^{21}piŋ^{33}

雹子 冰雹 piŋ^{33}p^{h}au^{24}

雪 ɬye^{21}

下雪 下雪 xia^{24}ɬye^{21}

鹅毛雪 ŋɔ^{21}mau^{21}ɬye^{21}

大雪 ta^{24} ɬye^{21}

化雪 雪化 ɬye^{21}xua^{24}

雪融 ɬye^{21}iuŋ^{21}

露 露水 lu^{24}suəi^{55}

露水大 lu^{24}suəi^{55}ta^{24} 露水重

打露水 ta^{55}lu^{24}suəi^{55} 有露时在室外

霜 ɬiaŋ^{33}

霜冻 ɬiaŋ^{33}tuŋ^{24}

下霜 结霜 ket^{21}ɬiaŋ^{33}

雾 mu^{24}

下雾 起雾 k^{h}i^{55}mu^{24}

有雾 iəu^{55}mu^{24}

天气 t^{h}en^{33}k^{h}i^{24}

天色 t^{h}en^{33}sə^{21}

晴天 好天 xau^{55}t^{h}en^{33}

晴天 ʦ^{h}iŋ^{21}t^{h}en^{33}

阴天 in^{33}t^{h}en^{33}

雨天 xy^{55}t^{h}en^{33}

下雨天 xia^{24}xy^{55}t^{h}en^{33}

热 iet^{21} 指天气

天热 t^{h}en^{33}iet^{21}

闷热 mən^{24}iet^{21}

焗 kuk^{21}

焗热 kuk^{21}iet^{21}

湿热 sit^{21}iet^{21}

冷 ləŋ^{55} 指天气

回南 xuəi^{21}nan^{21} 冬天里出现的转暖

回暖 xuəi^{21}nɔn^{55}

大暑 ta^{24}sy^{55}

小暑 siau^{55}sy^{55}

旱 xan^{24}

天旱 t^{h}en^{33}xan^{24}

涝 lau^{24}

发大水 fət^{21}ta^{24}suəi^{55}

水涨 suəi^{55}ʦaŋ^{55}

捱水漫 ŋai^{21}suəi^{55}mɔn^{24}

捱水浸 ŋai^{21}suəi^{55} ʦəm^{24}

贰 地理

平原 piŋ^{21}yen^{21}

平地 piŋ^{21}ti^{24}

旱地 xan^{24}ti^{24}

旱田 xan^{24}t^{h}en^{21}

水田 suəi^{55}t^{h}en^{21}

田 t^{h}en^{21}

梯田 t^{h}i^{33}t^{h}en^{21}

烂泥田 lan^{24}ni^{21}t^{h}en^{21}

看天田 k^{h}an^{24} t^{h}en^{33}t^{h}en^{21}

保水良田 pau^{55}suəi^{55}liaŋ^{21}t^{h}en^{21}

成垌田 ʦ^{h}iŋ^{21}tuŋ^{24}t^{h}en^{21} 大片田

田埂 t^{h}en^{21}kəŋ^{55}

菜地 ʦ^{h}ai^{24}ti^{24}

菜园 ʦ^{h}ai^{24}yen^{21}

荒地 xuaŋ^{33}ti^{24}

生荒 ɬəŋ^{33}xuaŋ^{33}

生地 ɬəŋ^{33}ti^{24} 未种过的地

熟地 suk^{21}ti^{24} 种过的地

沙土地 泥沙地 ni^{21}sa^{33}ti^{24}

黄土地 黄泥地 huaŋ^{21}ni^{21}ti^{24}

淤泥 烂湴泥 lan^{24}pət^{21}ni^{21}

坡地 p^{h}ɔ^{33}ti^{24}

山地 san^{33}ti^{24}

盐碱地 en^{21}ken^{33}ti^{24}

滩地 河滩地 xɔ^{21}t^{h}an^{33}ti^{24}

山 san^{33}

岭 liŋ^{35}

土山 tu^{55}san^{33}

石山 sik^{21}san^{33}

山腰 san^{33}iau^{33}

半山腰 pɔn^{24}san^{33}iau^{33}

山脚 san^{33}kiɔk^{21}

山底下 san^{33}ti^{55}xia^{24}

山坳 san^{33}ŋau^{24} 山间的平地

山谷 san^{33}kuk^{21}

山槽 san^{33}ʦ^{h}au^{21} 两山之间低洼的地带

山坡 san^{33}p^{h}ɔ^{33}

岭 liŋ^{35}

斜坡 ʦ^{h}e^{21}pɔ^{33}

斜岭 ʦ^{h}e^{21}liŋ^{35}

山头 san^{33}t^{h}əu^{21}

山顶 san^{33}tiŋ^{55}

山崖 san^{33}ŋai^{21}/iai^{21}

山岩 san^{33}ŋan^{21}

河 xɔ^{21}

江 kiaŋ^{33}

河里 江/河里头 kiaŋ^{33}/ xɔ^{21}li^{55}t^{h}əu^{21}

江/河里面 kiaŋ^{33}/ xɔ^{21}li^{55}men^{24}

小溪　siau^{55}xi^{33}

　　溪 xi^{33}

　　溪水 xi^{33}suəi^{55}

水渠　suəi^{55}k^{h}i^{21}

　　水沟 suəi^{55}kəu^{33}

　　水利沟 suəi^{55}li^{24}kəu^{33}

水沟　suəi^{55}kəu^{33}

　　沟 kəu^{33}

小水沟　siau^{55}suəi^{55}kəu^{33}

阳沟 iaŋ^{21}kəu^{33} 建筑物的排水沟

湖　xu^{21}

潭　t^{h}an^{21}

水塘　suəi^{55}t^{h}aŋ^{21}

　　鱼塘 y^{21}t^{h}aŋ^{21}

塘基　塘边 t^{h}aŋ^{21}pen^{33}

水坑　suəi^{55}k^{h}əŋ^{33}

牛窝　牛窝水 niəu^{21}ɔ^{33} suəi^{55}

牛恋坑 niəu^{21}len^{24} k^{h}əŋ^{33} 牛在泥潭打滚留下的水坑

水库　suəi^{55}k^{h}u^{24}

山塘 san^{33}t^{h}aŋ^{21} 小型简易水库

海　xai^{55}

河岸　河边 xɔ^{21}pen^{33}

　　江边 kiaŋ^{33}pen^{33}

　　岸边 ŋan^{24}pen^{33}

堤　河堤 xɔ^{21}t^{h}i^{21}

坝　pa^{24}

　　水坝 suəi^{55}pa^{24}

江底　kiaŋ^{33}ti^{55}

　　河底 xɔ^{21}ti^{55}

河滩　xɔ^{21}t^{h}an^{33}

水　suəi^{55}

死水　sɿ^{55}suəi^{55} 不流动的水

清水　ʦ^{h}iŋ^{33}suəi^{55}

浑水　xun^{21}suəi^{55}

雨水　xy^{55}suəi^{55}

洪水　xuŋ^{21}suəi^{55}

　　大水 ta^{24}suəi^{55}

洪峰　水头 suəi^{55}t^{h}əu^{21}

　　洪峰 xuŋ^{21}fuŋ^{33}

泉水　ʦ^{h}yen^{21}suəi^{55}

泉眼　ʦ^{h}yen^{21}ien^{55}

　　冒水窝 mau^{24}suəi^{55}ɔ^{33}

凉水　冷水 ləŋ^{55}suəi^{55}

热水　iet^{21}suəi^{55}

温水　暖水 nɔn^{55}suəi^{55}

开水　k^{h}ai^{33}suəi^{55} 煮沸的水

　　滚水 kun^{55}suəi^{55}

生水 ɬəŋ^{33}suəi^{55} 未煮过的水

水滚 suəi^{55}kun^{55} 水沸

滚水爊脚 kun^{55}suəi^{55}luk^{21}kiɔk^{21} 喻呆的时间短

水脚 suəi^{55}kiɔk^{21} 水的沉淀物

石头　sik^{21}t^{h}əu^{21} 通称

石子　sik^{21}tsɿ^{55}

　　石崽 sik^{21}ʦai^{55}

石板　sik^{21}pan^{55}

片石　pʰen^{24}sik^{21} 建筑用大石块

　　板石 pan^{55}sik^{21}

鹅卵石　ŋɔ^{21}lɔn^{55}sik^{21}

　　磨卵鼓 mɔ^{21}lɔn^{55}ku^{55}

风化石 fuŋ^{33}xua^{24}sik^{21}

花岗岩　xua^{33}kaŋ^{55}ŋan^{21}

石灰岩　sik^{21}xuəi^{33}ŋan^{21}

　　石灰石 sik^{21}xuəi^{33}sik^{21}

大理石　ta^{24}li^{55}sik^{21}

青石　ʦʰiŋ^{33}sik^{21}

沙子　sa^{33}ʦɿ^{55}

　　沙 sa^{33}

　　河沙 xɔ^{21}sa^{33}

沙土　沙泥 sa^{33}ni^{21} 含沙很多的土

　　泥沙 ni^{21}sa^{33}

沙滩　sa^{33}tʰan^{33}

土坯　泥砖 ni^{21}ʦyen^{33}

砖坯　泥砖 ni^{21}ʦyen^{33}

　　生砖 ɬəŋ^{33}ʦyen^{33}

砖　ʦyen^{33}

　　砖头 ʦyen^{33}thəu^{21}

　　青砖 ʦʰiŋ^{33}ʦyen^{33}

　　红砖 xuŋ^{21}ʦyen^{33}

　　空心砖 kʰuŋ^{33}ɬin^{33}ʦyen^{33}

　　水泥砖 suəi^{55}ni^{21}ʦyen^{33}

　　煤渣砖 məi^{21}ʦa^{33}ʦyen^{33}

阶砖　kai^{33}ʦyen^{33} 旧时铺地板的方砖

瓦　ua^{55}

　　青瓦 ʦʰiŋ^{33}ua^{55}

　　红瓦 xuŋ^{21}ua^{55}

　　石棉瓦 sik^{21}men^{21}ua^{55}

　　水泥瓦 suəi^{55}ni^{21}ua^{55}

　　铁皮瓦 tʰet^{21}pʰi^{21}ua^{55}

亮瓦 liaŋ^{24}ua^{55} 采光用的玻璃瓦

玻璃瓦 pɔ^{33}li^{21}ua^{55}

琉璃瓦　liəu^{21}li^{21}ua^{55}

盖瓦 kʰəp^{55}ua^{55}

瓦槽　ua^{55}ʦʰau^{24}

检漏　ken^{55}ləu^{24}

　　执瓦 ʦəp^{55}ua^{55}

　　执漏 ʦəp^{55}ləu^{24}

　　翻瓦 fan^{33}ua^{55}

碎瓦　səi^{24}ua^{55}

　　瓦渣 ua^{55}ʦa^{33}

灰尘　xuəi^{33}ʦʰin^{21}

　　烟尘 ien^{33}ʦʰin^{21}

灰尘大　xuəi^{33}ʦʰin^{21}ta^{24}

　　烟尘大 ien^{33}ʦʰin^{21}ta^{24}

烂泥　烂溢泥 lan^{24}pət^{21}ni^{21}

泥土　ni^{21}tʰu^{55}

　　泥 ni^{21}

黄泥　xuaŋ^{21}ni^{21}

塘泥　tʰaŋ^{21}ni^{21}

烂湴泥 lan^{24}pət^{21}ni^{21}

金 kin^{33}

金子 kin^{33}ʦɿ^{55}

银 in^{21}

银子 in^{21}ʦɿ^{55}

铜 tʰuŋ^{21}

铁 tʰet^{21}

铸铁 ʦy^{24}tʰet^{21}

生铁 ɬəŋ^{33}tʰet^{21}

锻造铁 熟铁 suk^{21}tʰet^{21}

锌铁ɬin^{33}tʰet^{21} 镀锌铁皮

白铁 pə^{21}tʰet^{21}

锑 tʰi^{33}

铝 ly^{55}

锡 ɬik^{21}

煤 məi^{21}

煤块 məi^{21}kʰuai^{55}

煤球 məi^{21}kʰiəu^{21}

煤饼 məi^{21}piŋ^{55}

蜂窝煤 fuŋ^{33}ɔ^{33}məi^{21}

碣煤 烟煤 ien^{33}məi^{21}

无烟煤 u^{21}ien^{33}məi^{21}

煤油 məi^{21}iəu^{21}

火油 xɔ^{55}iəu^{21}

洋油 iaŋ^{21}iəu^{21}

买火油 mai^{55}xɔ^{55}iəu^{21}

打火油 ta^{55}xɔ^{55}iəu^{21}

打洋油 ta^{55}iaŋ^{21}iəu^{21}

汽油 kʰi^{24}iəu^{21}

沥青 斑马油 pan^{33}ma^{55}iəu^{21}

石灰 sik^{21}xuəi^{33}

生石灰 ɬəŋ^{33}sik^{21}xuəi^{33} 刚出窑的石灰

熟石灰 sik^{21}xuəi^{33} 遇潮化开的石灰

石灰头 sik^{21}xuəi^{33}tʰəu^{21} 未烧透的石灰

石灰膏 sik^{21}xuəi^{33}kau^{33}

石灰池 sik^{21}xuəi^{33}ʦʰi^{21}

装窑 进窑 ʦin^{24}iau^{21}

烧窑 sau^{33}iau^{21}

出窑 ʦʰyt^{21}iau^{21}

水泥 suəi^{55}ni^{21}

红毛泥 xuŋ^{21}mau^{21}ni^{21}

磁石 磁铁 ʦʰɿ^{21}tʰet^{21}

玉 i^{24}

玉石 i^{24}sik^{21}

木炭 muk^{21}tʰan^{24}

炭 tʰan^{24}

火炭 xɔ^{55}tʰan^{24}

炭头 tʰan^{24}tʰəu^{21} 未烧透成的炭

炭筐 tʰan^{24}kʰuaŋ^{33}

炭笠 tʰan^{24}ləp^{55}

铁锈 tʰet^{21}siəu^{24}

鉎 ɬiŋ^{24}

生锈 生鉎 ɬəŋ^{33}ɬiŋ^{24}

起鉎 kʰi^{55}ɬiŋ^{24}

起锈 $k^{h}i^{55}si\partial u^{24}$

铜锈　铜绿 $t^{h}u\eta^{21}luk^{21}$

生铜锈　起铜绿 $k^{h}i^{55}t^{h}u\eta^{21}luk^{21}$

生铜绿 $ɬ\partial\eta^{33}t^{h}u\eta^{21}luk^{21}$

地方　$ti^{24}fa\eta^{33}$

城市　街上 $kai^{33}sa\eta^{24}$ 对乡村而言

城墙　$ʦ^{h}i\eta^{21}t^{h}ia\eta^{21}$

壕沟　$xau^{21}k\partial u^{33}$

护城河 $xu^{24}ʦ^{h}i\eta^{21}xɔ^{21}$

城河 $ʦ^{h}i\eta^{21}xɔ^{21}$

城内　$ʦ^{h}i\eta^{21}n\partial i^{24}$

城里头 $ʦ^{h}i\eta^{21}li^{55}t^{h}\partial u^{21}$

城里面 $ʦ^{h}i\eta^{21}li^{55}men^{24}$

城外　$ʦ^{h}i\eta^{21}uai^{24}$

城外头 $ʦ^{h}i\eta^{21}uai^{24}t^{h}\partial u^{21}$

城外面 $ʦ^{h}i\eta^{21}uai^{24}men^{24}$

城门　$ʦ^{h}i\eta^{21}m\partial n^{21}$

胡同　巷 $xa\eta^{24}$

巷子 $xa\eta^{24}ʦɿ^{55}$

小巷子　$siau^{55}xa\eta^{24}ʦɿ^{55}$

乡村　农村 $nu\eta^{21}ʦ^{h}\partial n^{33}$

乡下 $xia\eta^{33}xia^{24}$

村下 $ʦ^{h}\partial n^{33}xia^{24}$

山沟　$san^{33}k\partial u^{33}$

山角落 $san^{33}kɔk^{21}lɔk^{21}$

家乡　老家 $lau^{55}kia^{33}$

集市　墟 xy^{33}

圩场 $xy^{33}ʦ^{h}a\eta^{21}$

赶圩 $kan^{55}xy^{33}$

赶集 $kan^{55}ʦi^{21}$

街道　$kai^{33}tau^{24}$

街 kai^{33}

路　lu^{24}

大路　$ta^{24}lu^{24}$

马路 $ma^{55}lu^{24}$

土路　泥路 $ni^{21}lu^{24}$

石子路　石崽路 $sik^{21}ʦai^{55}lu^{24}$

柏油路 $p\partial^{21}i\partial u^{21}lu^{24}$

斑马油路 $pan^{33}ma^{55}i\partial u^{21}lu^{24}$

水泥路　$su\partial i^{55}ni^{21}lu^{24}$

小路　$siau^{55}lu^{24}$

牛路 $ni\partial u^{21}lu^{24}$ 乡村里牛踩出的路

路牙　$lu^{24}ia^{21}$ 马路牙子

叁　时令时间

(1)季节

季节　$ki^{24}ʦe^{21}$

春天　$ʦ^{h}yn^{33}t^{h}en^{33}$

夏天　热天 $iet^{21}t^{h}en^{33}$

夏天 xia^{24}t^{h}en^{33}

秋天 ʦ^{h}iəu^{33}t^{h}en^{33}

冬天 冷天 ləŋ^{55}t^{h}en^{33}

冬天 tuŋ^{33}t^{h}en^{33}

北风天 pə^{21}fuŋ^{33}t^{h}en^{33}

回南天 xuəi^{21}nan^{21}t^{h}en^{33} 冬天里出现转暖、潮湿的日子

阴雨天 in^{33}xy^{55}t^{h}en^{33}

立春 li^{21}ʦ^{h}yn^{33}

雨水 xy^{55}suəi^{55}

惊蛰 kiŋ^{33}sik^{21}

春分 ʦ^{h}yn^{33}fən^{33}

清明 ʦ^{h}iŋ^{33}miŋ^{21}

谷雨 kuk^{21}xy^{55}

立夏 li^{21}xia^{24}

小满 siau^{55}mɔn^{55}

芒种 maŋ^{21}ʦuŋ^{24}

夏至 xia^{24}ʦi^{24}

小暑 siau^{55}sy^{55}

大暑 ta^{24}sy^{55}

立秋 li^{21}ʦ^{h}iəu^{33}

处暑 ʦ^{h}y^{24}sy^{55}

白露 pə^{21}lu^{24}

秋分 ʦ^{h}iəu^{33}fən^{33}

寒露 xan^{21}lu^{24}

霜降 ɬiaŋ^{33}kiaŋ^{24}

立冬 li^{21}tuŋ^{33}

小雪 siau^{55}ɬye^{21}

大雪 ta^{24}ɬye^{21}

冬至 tuŋ^{33}ʦi^{24}

小寒 siau^{55}xan^{21}

大寒 ta^{24}xan^{21}

历书 li^{21}sy^{33}

日历 i^{21}li^{21}

通书 t^{h}uŋ^{33}sy^{33} 内容多

台历 t^{h}ai^{21}li^{21}

挂历 kua^{24}li^{21}

农历 老历 lau^{55}li^{21}

旧历 kiəu^{24}li^{21}

阴历 in^{33}li^{21}

公历 新历 ɬin^{33}li^{21}

阳历 iaŋ^{21}li^{21}

(2)节日及活动

节日 ʦe^{21}i^{21}

节气 ʦet^{21}k^{h}i^{24}

除夕 年三十晚 nen^{21}ɬan^{33}sit^{21}uan^{55}

年三十 nen^{21}ɬan^{33}sit^{21}

三十晚ɬan^{33}sit^{21}uan^{55}

守岁 səu^{55}ɬəi^{24}

抢头芽 ʦ^{h}iaŋ^{55}t^{h}əu^{21}ia^{21} 抢着准点第一个放炮;拔头筹

抢头水 ʦ^{h}iaŋ^{55}t^{h}əu^{21}suəi^{55} 新年抢着第一个挑水

春节 ʦ^{h}yn^{33}ʦe^{21}

过年 kɔ^{24}nen^{21}

年初一 nen^{21}ʦ^{h}u^{33}it^{21}

大年初一 ta^{24}nen^{21}ʦ^{h}u^{33}it^{21}

放鞭炮 烧炮 sau^{33}p^{h}au^{24}

拜年 pai^{24}nen^{21}

红包 封包 fuŋ^{33}pau^{33}

利是 li^{24}si^{24}

红包 xuŋ^{21}pau^{33}

分红包 发封包 fa^{21}fuŋ^{33}pau^{33}

发利是 fa^{21}li^{24}si^{24}

发红包 fa^{21}xuŋ^{21}pau^{33}

抢青 ʦ^{h}iaŋ^{55}ʦ^{h}iŋ^{33} 舞狮队给各家拜年,要拿到高挂的红包与生菜

偷青 t^{h}əu^{33}ʦ^{h}iŋ^{33} 正月十五晚上小孩到菜园里偷一两棵葱、蒜等青菜

元宵节 yen^{21}siau^{33}ʦe^{21}

正月十五 ʦin^{24}yet^{21}sit^{21}u^{55}

十五 sit^{21}u^{55}

元宵 yen^{21}siau^{33}

元宵 水圆 suəi^{55}yen^{21}

糖水馍 t^{h}aŋ^{21}suəi^{55}mɔ^{21}

二月初二 ə^{24}yet^{21}ʦ^{h}u^{33}ə^{24}

拜土地阿公 pai^{24}t^{h}u^{55}ti^{24}a^{33}kuŋ^{33}

三月三 ɬan^{33}yet^{21}ɬan^{33}

抢花炮 ʦ^{h}iaŋ^{55}xua^{33}p^{h}au^{24}

清明 ʦ^{h}iŋ^{33}miŋ^{21}

扫墓 sau^{55}mu^{24}

拜山 pai^{24}san^{33}

上坟 saŋ^{24}fən^{21}

端午节 五月初五 u^{55}yet^{21}ʦ^{h}u^{33}u^{55}

划龙船 xua^{21}luŋ^{21}ʦ^{h}yn^{21}

香包 xiaŋ^{33}pau^{33}

六月初六 luk^{21}yet^{21}ʦ^{h}u^{33}kuk^{21}

中秋节 八月十五 pa^{21}yet^{21}sit^{21}u^{55}

中秋节 ʦuŋ^{33}ʦ^{h}iəu^{33}ʦe^{21}

拜月亮 pai^{24}yet^{21}liaŋ^{24}

供月亮 kuŋ^{24}yet^{21}liaŋ^{24}

扎花灯 做灯笼 ʦɔ^{24}təŋ^{33}luŋ^{21}

□□灯 puk^{55}luk^{55}təŋ^{33} 给小孩儿用掏空的柚子皮做的花灯

七夕 七月七 ʦ^{h}iː^{21}yet^{21}ʦ^{h}iː^{21} 有午夜到河里游泳的习俗

七巧节 ʦ^{h}iː^{21}k^{h}iau^{55}ʦe^{21}

拜七姐 pai^{24}ʦ^{h}iː^{21}ʦe^{55}

中元节 鬼节 kuəi^{55}ʦe^{21}

七月十四 ʦ^{h}iː^{21}yet^{21}sit^{21}sɿ^{24}

中元节 ʦuŋ^{33}yen^{21}ʦe^{21}

鬼开门 kuəiː^{55}k^{h}aiː^{33}mən^{21}

烧衣 sau^{33}iː^{33} 烧冥衣

烧纸钱 sau^{33}ʦiː^{55}ʦ^{h}en^{21}

撒饭 sa^{55}fan^{24} 农历七月十五晚上

重阳节 ʦ^{h}uŋ^{21}iaŋ^{21}ʦe^{21}

九月九 kiəu^{55}yet^{21}kiəu^{55}

重阳 ʦ^{h}uŋ^{21}iaŋ^{21}

冬至 tuŋ^{33}ʦi^{24}

冬至大过年 tuŋ^{33}tsi^{24}ta^{24}kɔ^{24}nen^{21}

送灶 suŋ^{24}ʦa^{24} 腊月二十三

接灶 ʦet^{21}ʦau^{24} 腊月二十八 年三十晚

(3)年

今年　kin^{33}nen^{21}

去年　kʰy^{24}nen^{21}

　　旧年 kiəu^{24}nen^{21}

明年　miŋ^{21}nen^{21}

　　新年 ɬin^{33}nen^{21}

　　下一年 xia^{24}it^{21}nen^{21}

前年　ʦʰen^{21}nen^{21}

大前年　ta^{24}ʦʰen^{21}nen^{21}

后年　xəu^{24}nen^{21}

大后年　ta^{24}xəu^{24}nen^{21}

往年　旧时 kiəu^{24}si^{21}

　　往年 uaŋ^{55} nen^{21}

每年　年年 nen^{21}nen^{21}

　　每年 məi^{55}nen^{21}

年初　年头 nen^{21}tʰəu^{21}

　　年初 nen^{21}ʦʰu^{33}

年中　nen^{21}ʦuŋ^{33}

年底　nen^{21}ti^{55}

　　年尾 nen^{21}uəi^{55}

上半年　saŋ^{24}pɔn^{24}nen^{21}

下半年　xia^{24}pɔn^{24}nen^{21}

整年　论年 lən^{24}nen^{21}

　　成年 ʦʰiŋ^{21}nen^{21}

　　整年 ʦiŋ^{55}nen^{21}

一年多　年几 nen^{21}ki^{55}

　　年把 nen^{21}pa^{55}

(4)月

正月　ʦiŋ^{21}yet^{21}

腊月　la^{21}yet^{21}

　　十二月 sit^{21}ə^{24}yet^{21}

闰月　yn^{24}yet^{21}

月初　yet^{21}ʦʰu^{33}

　　月头 yet^{21}tʰəu^{21}

月半　月中 yet^{21}ʦuŋ^{33}

月底　yet^{21}ti^{55}

　　月尾 yet^{21}uəi^{55}

一个月　it^{21}kɔ^{24}yet^{21}

前个月　ʦʰen^{21}kɔ^{24}yet^{21}

前个几月　ʦʰen^{21}ki^{55}kɔ^{24}yet^{21}

上个月　saŋ^{24}kɔ^{24}yet^{21}

这个月　te^{24}kɔ^{24}yet^{21}

下个月　xia^{24}kɔ^{24}yet^{21}

每月　məi^{55}yet^{21}

　　个个月 kɔ^{24}kɔ^{24}yet^{21}

　　月月 yet^{21}yet^{21}

上旬　saŋ^{24}ʦʰin^{21}

中旬　tuŋ^{33}ʦʰin^{21}

下旬　xia^{24}ʦʰin^{21}

大建　大月 ta^{24}yet^{21}

　　月大 yet^{21}ta^{24}

小建　小月 siau^{55}yet^{21}

　　月小 yet^{21}siau^{55}

(5)日、时

今天 kin^{33}t^{h}en^{33}

今日 kin^{33}it^{21}

昨天 ʦɔ^{21}t^{h}en^{33}

今晚 kin^{33}uan^{55}

昨晚 ʦɔ^{21}uan^{55}

明天 miŋ^{21}t^{h}en^{33}

后天 xəu^{24}t^{h}en^{33}

大后天 ta^{24}xəu^{24}t^{h}en^{33}

次日 第二天 ti^{24}ə^{24}t^{h}en^{33}

前天 ʦ^{h}en^{21}t^{h}en^{33}

大前天 ta^{24}ʦ^{h}en^{21}t^{h}en^{33}

前几天 ʦ^{h}en^{21}ki^{55}t^{h}en^{33}

星期天 ɬiŋ^{33}k^{h}i^{21}t^{h}en^{33}

礼拜天 li^{55}pai^{24}t^{h}en^{33}

礼拜 li^{55}pai^{24}

双休日 suaŋ^{33}xiəu^{33}it^{21}

一星期 一个礼拜 it^{21}kɔ^{24}li^{55}pai^{24}

一个星期 it^{21}kɔ^{24}ɬiŋ^{33}k^{h}i^{21}

一周 it^{21}ʦəu^{33}

整天 论天 lən^{24}t^{h}en^{33}

成天 ʦ^{h}iŋ^{21}t^{h}en^{33}

一天 it^{21}t^{h}en^{33}

每天 天天 t^{h}en^{33}t^{h}en^{33}

每天 məi^{55}t^{h}en^{33}

十几天 sit^{21}ki^{55}t^{h}en^{33}

十零天 sit^{21}liŋ^{21}t^{h}en^{33}

十几二十天 sit^{21}ki^{55}ə^{24}sit^{21}t^{h}en^{33}

上午 早上 ʦau^{55}saŋ^{24}

上午 saŋ^{24}u^{55}

下午 xia^{24}u^{55}

半天 pɔn^{24}t^{h}en^{33}

大半天 ta^{24}pɔn^{24}t^{h}en^{33}

凌晨 鸡啼 ki^{33}miŋ^{21} 天快亮的时候

天蒙蒙亮 t^{h}en^{33}muŋ^{21}muŋ^{21}liaŋ^{24}

清晨 上午 saŋ^{24}u^{55}

天刚刚亮 t^{h}en^{33}kaŋ^{33}kaŋ^{33}liaŋ^{24}

天啱啱亮 t^{h}en^{33}ŋan^{33}ŋan^{33}liaŋ^{24}

中午 ʦuŋ^{33}u^{55}

白天 pə^{21}t^{h}en^{33}

黄昏 天准备黑 t^{h}en^{33}ʦyn^{55}pi^{24} xə^{21}

天差不多黑 t^{h}en^{33}ʦ^{h}a^{33}mə^{55}tɔ^{33}xə^{21}

霎黑 sa^{21}xə^{21}

太阳下山 t^{h}ai^{24}iaŋ^{21}xia^{21}san^{33}

太阳落山 t^{h}ai^{24}iaŋ^{21}lɔ^{21}san^{33}

夜晚 ie^{24}uan^{55}

晚上 uan^{55}saŋ^{24}

半夜 pɔn^{24}ie^{24}

半夜三更 pɔn^{24}ie^{24}ɬan^{33}kəŋ^{33}

上半夜 saŋ^{24}pɔn^{24}ie^{24}

下半夜 xia^{24}pɔn^{24}ie^{24}

整夜 论晚 lən^{24}uan^{55}

成晚 ʦ^{h}iŋ^{21}uan^{55}

整晚 ʦiŋ^{55}uan^{55}

论夜 lən^{24}ie^{24}

成夜 ʦʰiŋ^{21}ie^{24}

整夜 ʦiŋ^{55}ie^{24}

通宵 tʰuŋ^{33}siau^{33}

每天晚上　晚晚 uan^{55}uan^{55}

夜夜 ie^{24}ie^{24}

每晚 məi^{55}uan^{55}

每夜 məi^{55}ie^{24}

一天到晚　it^{21}tʰen^{33}tau^{24}uan^{55}

对时　təi^{24}si^{21} 24小时整点相对，如从12点到第二天12点

一小时　一个钟头 it^{21}kɔ^{24}ʦuŋ^{33}tʰəu^{21}

一点钟 it^{21}ten^{55}ʦuŋ^{33}

一小时 it^{21}siau^{55}si^{21}

一刻钟　it^{21}kʰə^{21}ʦuŋ^{33}

(6) 其他时间概念

日子　it^{21}ʦɿ^{55} 指日期

集日　墟日 xy^{33}it^{21}

墟天 xy^{33}tʰen^{33}

街天 kai^{33}tʰen^{33}

闲日　xen^{21}it^{21} 非集日

闲天 xen^{21}tʰen^{33}

先前　头先 tʰəu^{21}ɬen^{33}

先头 ɬen^{33}tʰəu^{21}

过去　旧时 kiəu^{24}si^{21}

以前 i^{55}ʦʰen^{21}

现在　xen^{24}ʦai^{24}

如今 i^{21}kin^{33}

这段时间 ʦe^{24}tɔn^{24}si^{21}ken^{33}

那段时间 na^{24}tɔn^{24}si^{21}ken^{33}

一阵　it^{21}ʦin^{24} 有相当一段时间

一段 it^{21}tɔn^{24}

有时　塞时 ɬək^{21}si^{21}

有时候 iəu^{55}si^{21}xəu^{24}

开始　开头 kʰai^{33}tʰəu^{21}

开始 kʰai^{33}ʦʰi^{55}

后来　后尾 xəu^{24}uəi^{55}

跟尾 kən^{33}uəi^{55}

后来 xəu^{24}lai^{21}

从今以后　ʦʰuŋ^{21}kin^{33}i^{55}xəu^{24}

今后 kin^{33}xəu^{24}

以后 i^{55}xəu^{24}

从此以后　后尾 xəu^{24}uəi^{55} 不拘过去将来

以后 i^{55}xəu^{24}

某日　塞天 ɬək^{21}tʰen^{33}

某天 məu^{55}tʰen^{33}

哪天　na^{55}tʰen^{33}

平时　pʰiŋ^{21}si^{21}

经常　kiŋ^{33}ʦʰaŋ^{21}

一会儿　一阵子 it^{21}ʦin^{24}ʦɿ^{55}

一下子 it^{21}xia^{24}ʦɿ^{55}

这次　ʦe^{24}ʦɿ^{24}

下次　xia^{24}ʦɿ^{24}

第二次 ti^{24}ə^{24}ʦɿ^{24}

到时间 tau^{24}si^{21}ken^{33}

够钟头 kəu^{24}ʦuŋ^{33}t^{h}əu^{21}

到钟点 tau^{24}ʦuŋ^{33}ten^{55}

过时间 kɔ^{24}si^{21}ken^{33}

过钟头 kɔ^{24}ʦuŋ^{33}t^{h}əu^{21}

过钟点 kɔ^{24}ʦuŋ^{33}ten^{55}

肆　农业

(1)农事

工 kuŋ^{33}

工夫 kuŋ^{33}fu^{33}

做工 ʦɔ^{24}kuŋ^{33}

做农工 ʦɔ^{24}nuŋ^{21}kuŋ^{33}

打农工 ta^{55}nuŋ^{21}kuŋ^{33}

农忙 nuŋ^{21}maŋ^{21}

春耕 ʦ^{h}yn^{33}kəŋ^{33}

春种 ʦ^{h}yn^{33}ʦuŋ^{24}

播种 pɔ^{33}ʦuŋ^{55}

夏收 xia^{24}ʦuŋ^{24}

割谷 kɔt^{21}kuk^{21}

夏收夏种 xia^{24}səu^{33}xia^{24}ʦuŋ^{24}

双抢 suaŋ^{33}ʦ^{h}iaŋ^{55}

秋收 ʦiəu^{33}səu^{33}

割禾 kɔt^{21}xɔ^{21}

冬种 tuŋ^{33}ʦuŋ^{24}

早秋 早造 ʦau^{55}ʦau^{24}

早稻 ʦau^{55}tau^{24}

晚秋 晚造 uan^{55}ʦau^{24}

晚稻 uan^{55}tau^{24}

中造 ʦuŋ^{33}ʦau^{24}

过季节 kɔ^{24}ki^{24}ʦe^{21}

当季节 taŋ^{33}ki^{24}ʦe^{21}

整地 ʦiŋ^{55}ti^{24}

锄地 ʦ^{h}u^{21}ti^{24}

犁田 li^{21}t^{h}en^{21}

犁地 li^{21}ti^{24}

耕田 kəŋ^{33}t^{h}en^{21}

耕地 ləŋ^{33}ti^{24}

浸田 ʦəm^{24}t^{h}en^{21} 冬天犁过的田在春天时放水浸泡,泡软才能耙

耙田 p^{h}a^{21}t^{h}en^{21}

松地 suŋ^{33}ti^{24}

晒田 sai^{24}t^{h}en^{21} 犁过的田翻土晒田

整秧地 ʦiŋ^{55}iaŋ^{33}ti^{24}

浸种 浸谷种 ʦəm^{24}kuk^{21}ʦuŋ^{55}

(谷子)发芽 fɔt^{21}ia^{21}

下种 撒谷种 sa^{55}kuk^{21}ʦuŋ^{55}

抛秧 p^{h}au^{33}iaŋ^{33}

拔秧 搣秧 məŋ^{33}iaŋ^{33}

拔秧 pa^{21}iaŋ^{33}

插秧 插田 ʦ^{h}a^{21}t^{h}en^{21}

插秧 ʦ^{h}a^{21}iaŋ^{33}

种田 ʦuŋ^{24}t^{h}en^{21}

薅草 锄草 ʦ^{h}u^{21}ʦ^{h}au^{55}

除草 ʦ^{h}y^{21}ʦ^{h}au^{55}

□草 ʦ^{h}en^{21}ʦ^{h}au^{55}

耘田 yn^{21}t^{h}en^{21}

稻穗 谷穗 kuk^{21}suəi^{24}

稻谷 tau^{24}kuk^{21}

扬花 iaŋ^{21}xua^{33}

(谷)结实 含胎 xəm^{21}t^{h}ai^{33}

割稻子 割谷 kɔt^{21}kuk^{21}

割麦子 割麦 kɔt^{21}mə^{21}

打场 打谷 ta^{55}kuk^{21} 把稻谷收回晒场上用牛拉石滚脱粒

谷桶 kuk^{21}t^{h}uŋ^{55} 打谷用木桶

□谷 fət^{55}kuk^{21} 人工手甩脱粒

场院 晒场 sai^{24}ʦaŋ^{21}

晒谷场 sai^{24}kuk^{21}ʦaŋ^{21}

晒谷 sai^{24}kuk^{21}

谷耙 kuk^{21}p^{h}a^{21} 刮除碎稻草的竹齿耙

耙 p^{h}a^{21} 板刮,拢稻谷用

碾米 nen^{55}mi^{55}

锄地 ʦ^{h}u^{21}ti^{24}

□地 k^{h}uək^{55}ti^{24}

松土 suŋ^{33}t^{h}u^{55}

培土 p^{h}əi^{21}t^{h}u^{55}

施肥 放肥 faŋ^{24}fəi^{21}

放屎 faŋ^{24}si^{55}

施肥 si^{33}fəi^{21}

浇粪 淋屎 lin^{21}si^{55}

粪坑 fən^{24}k^{h}əŋ^{33}

屎坑 si^{55}k^{h}əŋ^{33}

尿缸 niau^{24}kaŋ^{33}

积肥 ʦi^{21}fəi^{21}

攒肥 ʦən^{55}fəi^{21}

拾粪 si^{21}fən^{24}

捡…屎 ken^{55}…si^{55}

粪肥 农家肥 nuŋ^{21}kia^{33}fəi^{21}

屎 si^{55} 指人粪

牛粪 牛屎 niəu^{21}si^{55}

猪粪 猪屎 ʦy^{33}si^{55}

鸡粪 鸡屎 ki^{33}si^{55}

鸡屎麻糖 ki^{33}si^{55}ma^{21}t^{h}aŋ^{21}

麻糖鸡屎 ma^{21}t^{h}aŋ^{21}ki^{33}si^{55}

鸭粪 鸭屎 ia^{21}si^{55}

秽土 □□ləp^{21}səp^{21}

粪草 fən^{24}ʦ^{h}au^{55}

垃圾 la^{33}ki^{21}

塘泥 t^{h}aŋ^{21}ni^{21}

灰 xuəi^{33}

铲草皮 ʦ^{h}an^{55}ʦ^{h}au^{55}p^{h}i^{21} 做肥料

烧草皮 sau^{33}ʦ^{h}au^{55}p^{h}i^{21}

草皮灰 ʦ^{h}au^{55}p^{h}i^{21}xuəi^{33}

□草皮 əm^{33}ʦ^{h}au^{55}p^{h}i^{21} 把铲好的草皮堆起沤肥

花生麸 xua^{33}ɬəŋ^{33}fu^{33}

浇水　淋水 jin^{21}suəi^{55}

灌水　kɔn^{24}suəi^{55}

排水　开田水 k^{h}ai^{33}t^{h}en^{21}suəi^{55}把田水排出

　　排水 p^{h}ai^{21}suəi^{55}

打水　ta^{55}suəi^{55}

接水　等水 təŋ^{55}suəi^{55}

水井　suəi^{55}ʦiŋ^{55}

　　井 ʦiŋ^{55}

(2)农具

桶　t^{h}uŋ^{55}通称

　水桶 suəi^{55}t^{h}uŋ^{55}

　饭桶 fan^{24}t^{h}uŋ^{55}

　潲桶 sau^{24}t^{h}uŋ^{55}

　屎桶 si^{55}t^{h}uŋ^{55}

　尿桶 niau^{24}t^{h}uŋ^{55}

　木桶 muk^{21}t^{h}uŋ^{55}

　铁桶 t^{h}et^{21}t^{h}uŋ^{55}

　泥桶 ni^{21}t^{h}uŋ^{55}

箍桶　k^{h}u^{33}t^{h}uŋ^{55}动宾

桶箍　t^{h}uŋ^{55}k^{h}u^{33}

桶底　t^{h}uŋ^{55}ti^{55}

桶柄　t^{h}uŋ^{55}piŋ^{55}木桶手提或绑绳处

水车　suəi^{55}ʦ^{h}e^{33}

　　龙骨车 luŋ^{21}kut^{21}ʦ^{h}e^{33}

戽斗　xu^{24}təu^{55}

戽水　xu^{24}suəi^{55}

大车　牛车 niəu^{21}ʦ^{h}e^{33}南方农村的大车一般用牛拉

牛绳　niəu^{21}siŋ^{21}

牛笼嘴　牛笼头 niəu^{21}luŋ^{21}t^{h}əu^{21}

犁　li^{21}

犁身　li^{21}sin^{33}

犁把　犁欛 li^{21}pa^{24}

　　犁把 li^{21}pa^{55}

犁铧　犁头 li^{21}t^{h}əu^{21}

耙子　耙 p^{h}a^{21}

　　竹耙 tuk^{21}p^{h}a^{21}

　　木耙 muk^{21}p^{h}a^{21}

耙齿　p^{h}a^{21}ʦ^{h}i^{55}

耙把手　把手 pa^{55}səu^{55}

茓子 谷围 kuk^{21}uəi^{21}

谷柜 kuk^{21}kuəi^{24}存放粮食的器具

扇车　风车 fuŋ^{33}ʦ^{h}e^{33}

　　风柜 fuŋ^{33}kuəi^{24}

石磙　石碾 sik^{21}nen^{55}

砻　竹泥磨 ʦuk^{21}ni^{21}mɔ^{24}脱去稻谷外皮的农具，用黄泥、竹片做成

石磨　sik^{21}mɔ^{24}

　　磨 mɔ^{24}

磨盘　mɔ^{24}p^{h}ɔn^{21}

　　磨底 mɔ^{24}ti^{55}

磨顶　mɔ^{24}tiŋ^{55}

磨窿　mɔ^{24}luŋ^{33}

磨把儿　磨手 mɔ^{24}səu^{55}

　　磨柄 mɔ^{24}piŋ^{55}

磨把 mɔ^{24}pa^{55}

连枷 磨手 mɔ^{24}səu^{55}

磨耳 mɔ^{24}ə^{55} 插磨把的地方

磨槽 mɔ^{24}tsʰau^{21}

磨脐儿 磨心 mɔ^{24}ɬin^{33}

磨轴 mɔ^{24}tsu^{21}

磨眼 mɔ^{24}ien^{55} 放食物进去的小洞

筛子 筛箕 sai^{33}ki^{33}

筛子 sai^{33}tsɿ^{55}

粗筛 tsʰu^{33}sai^{33} 粗眼筛

细筛 ɬi^{24}sai^{33} 细眼筛

箩 箩斗 lɔ^{21}təu^{55} 筛粉末状细物用

碓 tsuəi^{33}

碓臼 碓窝 tsuəi^{33}ɔ^{33}

舂杵 舂杆 tsʰuŋ^{33}kan^{55}

钉钯 tin^{33}pʰa^{21}

猪屎耙 tsy^{33}si^{55}pʰa^{21}

镐 十字锄 sit^{21}tsɿ^{24}tsʰu^{21}

丁字锄 tiŋ^{33}tsɿ^{24}tsʰu^{21}

锄 锄头 tsʰu^{21}tʰəu^{21} 通称

□头 kʰuək^{55}tʰəu^{21}

平头锄 pʰiŋ^{21}tʰəu^{21}tsʰu^{21}

宽口锄 kʰɔn^{33}kʰəu^{55}tsʰu^{21}

铡刀 闸刀 tsa^{21}tau^{33}

镰刀 len^{21}tau^{33}

禾镰 xɔ^{21}len^{21}

砍刀 kʰan^{55}tau^{33}

柴刀 tsʰai^{21}tau^{33}

铁锨 锹 kʰiau^{33}

铲 tsʰan^{55}

洋铲 iaŋ^{21}tsʰan^{55}

铁铲 tʰet^{21}tsʰan^{55}

平头铲 pʰiŋ^{21}tʰəu^{21}tsʰan^{55}

尖头铲 tsen^{33}tʰəu^{21}tsʰan^{55}

簸箕 pɔ^{55}ki^{33}

撮箕 铲箕 tsʰan^{55}ki^{33}

□箕 tsʰɔt^{21}ki^{33}

泥箕 ni^{21}ki^{33}

垃圾 la^{33}ki^{21}

粪草 fən^{24}tsʰau^{55}

筐 kʰuaŋ^{33}

箩筐 lɔ^{21}kʰuaŋ^{33}

笠 ləp^{55} 疏眼筐

扁担 pen^{55}tan^{24}

尖扁担 tsen^{33}pen^{55}tan^{24} 两头尖的扁担，用来挑稻子、茅草用

挑担子 tʰiau^{33}tan^{24}tsɿ^{55}

挑担 tʰiau^{33}tan^{24}

换肩 xɔn^{24}ken^{33}

扫帚 扫把 sau^{55}pa^{55} 通称

高粱扫 kau^{33}liaŋ^{21}sau^{55}

骨扫 kut^{21}sau^{55} 用一种灌木枝条做的扫把

竹扫 tsuk^{21}sau^{55} 用竹枝扎成，扫场子、马路用

棕毛扫 tsuŋ^{33}mau^{21}sau^{55}

锅帚 锅刷 kɔ^{33}sua^{21}

墩布 拖把 tʰɔ^{33}pa^{55}

伍　植物

(1)农作物

粮食　liaŋ^{21}si^{21}

五谷　u^{55}kuk^{21}

麦　mə^{21}

　麦子 mə^{21}tsɿ^{55}

荞麦　三角麦 ɬan^{33}kɔk^{21}mə^{21}

　荞麦 k^{h}iau^{24}mə^{21}

小米儿　黄小米 xuaŋ^{21}siau^{55}mi^{55}

　小黄米 siau^{55}xuaŋ^{21}mi^{55}

谷子　kuk^{21}tsɿ^{55}

玉米　i^{24}mi^{55}

　黄玉米 xuaŋ^{21}i^{24}mi^{55}

　白玉米 pə^{21}i^{24}mi^{55}

　糯玉米 nɔ^{24}i^{24}mi^{55}

　甜玉米 ts^{h}en^{21}i^{24}mi^{55}

玉米碴儿　玉米头 i^{24}mi^{55}t^{h}əu^{21}

　玉米心 i^{24}mi^{55}ɬin^{33}

　玉米碴 i^{24}mi^{55}tsa^{33}

玉米面　玉米粉 i^{24}mi^{55}fən^{55}

高粱　kau^{33}liaŋ^{21}

稻　禾 xɔ^{21} 植株

稻子　谷 kuk^{21} 子实

　稻谷 tau^{24}kuk^{21}

　谷子 kuk^{21}tsɿ^{55}

早稻　早造 tsau^{55}tsau^{24}

晚稻　晚造 uan^{55}tsau^{24}

中造　tsuŋ^{33}tsau^{24} 只种一季，在早稻之后

稗子　稗 pai^{24}

　稗谷 pai^{24}kuk^{21}

秕子　刨谷 p^{h}au^{21}kuk^{21}

糠　k^{h}aŋ^{33}

　米糠 mi^{55}kaŋ^{33}

　粗糠 ts^{h}u^{33}kaŋ^{33} 用谷壳磨成

　细糠 ɬi^{24}kaŋ^{33} 带有米皮、碎米

米　mi^{55}

　糯米　nɔ^{24}mi^{55}

　大糯 ta^{24}nɔ^{24}

　小糯 siau^{55}nɔ^{24}

　黑糯 xə^{21}nɔ^{24}

　香糯 xiaŋ^{33}nɔ^{24}

大米　米 mi^{55} 通称

籼米　尖米 tsen^{33}mi^{55}

大米　ta^{24}mi^{55} 米粒较大，多为早造米

　油尖细米 iəu^{21}tsen^{33}ɬi^{24}mi^{55}

早稻米　早造米 tsau^{55}tsau^{24}mi^{55}

　早稻米 tsau^{55}tau^{24}mi^{55}

晚稻米　晚造米 uan^{55}tsau^{24}mi^{55}

　晚稻米 uan^{55}tau^{24}mi^{55}

粳米　kəŋ^{33}mi^{55} 北方产

糙米　ʦau^{24}mi^{55}

新米　ɬin^{33}mi^{55} 当年产的米

陈米　旧米 kiəu^{24}mi^{55}

二号米 ə^{24}xau^{24}mi^{55} 粮食配给时期节日供应的大米

三号米 ɬan^{33}xau^{24}mi^{55} 粮食配给时期正常供应的大米

棉花　men^{21}xua^{33}

棉花桃儿　棉桃 men^{21}t^{h}au^{21}

麻　ma^{21}

　黄麻 xuaŋ^{21}ma^{21}

麻秆　ma^{21}kan^{55}

　麻梗 ma^{21}kəŋ^{55}

麻叶　ma^{21}iet^{21} 黄麻的嫩叶，可食

　麻叶菜 ma^{21}iet^{21}ʦ^{h}ai^{24}

麻绳　ma^{21}siŋ^{21}

刮麻凳　kɔt^{21}ma^{21}təŋ^{24}

麻袋　ma^{21}tai^{24}

　麻包 ma^{21}pau^{33}

苎麻　ʦy^{24}ma^{21}

剑麻　ken^{24}ma^{21}

芝麻　ʦi^{33}ma^{21}

　黑芝麻 xə^{21}ʦi^{33}ma^{21}

　白芝麻 pə^{21}ʦi^{33}ma^{21}

向日葵　xiaŋ^{24}it^{21}k^{h}uəi^{21}

　葵花 k^{h}uəi^{21}xua^{33}

葵花子儿　葵花子 k^{h}uəi^{21}xua^{33}ʦɿ^{55}

甘薯　番薯 fan^{33}sy^{21}

　白番薯 pə^{21}fan^{33}sy^{21}

　红番薯 xuŋ^{21}fan^{33}sy^{21}

　花心番薯 xua^{33}ɬin^{33}fan^{33}sy^{21}

　黄心番薯 xuaŋ^{21}ɬin^{33}fan^{33}sy^{21}

　红薯 xuŋ^{21}sy^{21}

臭瘴番薯 ʦ^{h}əu^{24}ʦaŋ^{33}fan^{33}sy^{21} 红薯被虫蛀而变坏

大番薯 ta^{24}fan^{33}sy^{21} 比喻蠢笨的人

土豆　马铃薯 ma^{55}liŋ^{21}sy^{21}

芋　芋头 y^{24}t^{h}əu^{21} 指植物

芋头　y^{24}t^{h}əu^{21} 芋块茎

　荔浦芋 li^{24}p^{h}u^{55}y^{24}

芋头娘 y^{24}t^{h}əu^{21}niaŋ^{21} 主块根

芋头崽 y^{24}t^{h}əu^{21}ʦai^{55} 芋艿

芋蒙 y^{24}muŋ^{21} 芋叶茎，可食

酸蒙 ɬɔn^{33}muŋ^{21} 腌酸的芋茎

魔芋　芭蕉芋 pa^{33}ʦiau^{33}y^{24}

　旱藕 xan^{24}ŋəu^{55}

狗爪芋 kəu^{55}ʦau^{55}y^{24}

毛薯 mau^{21}sy^{21}

木薯　muk^{21}sy^{21}

土木薯 t^{h}u^{55}muk^{21}sy^{21} 有微毒，浸泡去毒才能食用，主要用作淀粉原料

面包木薯　men^{24}pau^{33}muk^{21}sy^{21} 无毒，食用

慈姑　ʦ^{h}ɿ^{21}ku^{33}

山药　淮山 xuai^{21}san^{33}

凉薯　凉薯 liaŋ^{21}sy^{21}

　葛薯 kɔ^{21}sy^{21}

葛根　kɔ^{21}kən^{33}

藕　ŋəu^{55}

莲藕 len^{21}ŋəu^{55}

□藕　muŋ^{33}ŋəu^{55} 很面的藕，适合煲汤用

脆藕 ʦʰəi^{24}ŋəu^{55} 嫩藕，适合炒食

藕节　ŋəu^{55}ʦet^{21} 用盐渍，治咽喉痛

莲子　len^{21}ʦɿ^{55}

(2) 豆类、蔬菜

黄豆　xuaŋ^{21}təu^{24}

绿豆　luk^{21}təu^{24}

黑豆　xə^{21}təu^{24}

红小豆　红豆 xuŋ^{21}təu^{24}

竹豆　ʦuk^{21}təu^{24}

饭豆　fan^{24}təu^{24}

白饭豆 pə^{21}fan^{24}təu^{24}

黑饭豆 xə^{21}fan^{24}təu^{24}

豌豆　兰豆 lan^{33}təu^{24}

荷兰豆 xɔ^{21}lan^{33}təu^{24}

豇豆　豆角 təu^{24}kiɔk^{21}

四月豆 sɿ^{24}yet^{21}təu^{24} 早熟品种

八月豆 pa^{21}yet^{21}təu^{24} 迟熟品种

蚕豆　ʦʰan^{21}təu^{24}

荷包豆　xɔ^{21}pau^{33}təu^{24}

猫豆 miau^{33}təu^{24} 微毒，浸泡去毒方可食用

刀豆　tau^{33}təu^{24}

四季豆　sɿ^{24}ki^{24}təu^{24}

豆芽　təu^{24}ia^{21} 通称

绿豆芽 luk^{21}təu^{24}ia^{21}

黄豆芽 xuaŋ^{21}təu^{24}ia^{21}

黑豆芽 xə^{21}təu^{24}ia^{21}

花生芽　xua^{33}ɬəŋ^{33}ia^{21}

茄子　茄瓜 ke^{21}kua^{33}

茄子 ke^{21}ʦɿ^{55}

黄瓜　xuaŋ^{21}kua^{33} 通称

本地黄瓜 pən^{55}ti^{24}xuaŋ^{21}kua^{33}

刺黄瓜 ʦʰɿ^{24}xuaŋ^{21}kua^{33}

青黄瓜 ʦʰiŋ^{33}xuaŋ^{21}kua^{33}

丝瓜　sɿ^{33}kua^{33}

水瓜 suəi^{55}kua^{33}

瓜络　丝/水瓜渣 sɿ^{33}/suəi^{55}kua^{33}ʦa^{33}

苦瓜　kʰu^{55}kua^{33}

南瓜　nan^{21}kua^{33}

南瓜子　nan^{21}kua^{33}ʦɿ^{55}

南瓜仁 nan^{21}kua^{33}in^{21}

冬瓜　tuŋ^{33}kua^{33} 个儿大，绿皮

节瓜 ʦet^{21}kua^{33} 冬瓜的一种，个儿细长，表皮起白粉

佛手瓜　fɔ^{21}səu^{55}kua^{33}

葫芦　xu^{21}lu^{21}

西葫芦　ɬi^{33}xu^{21}lu^{21}

葱　ʦʰuŋ^{33}

香葱　xiaŋ^{33}ʦʰuŋ^{33} 茎叶较细，香味浓

鸡葱 ki^{33}ʦʰuŋ^{33}

大葱　ta^{24}ʦʰuŋ^{33} 北方产

洋葱　iaŋ^{21}ʦʰuŋ^{33}

　　洋葱头 iaŋ^{21}ʦʰuŋ^{33}tʰəu^{21}

葱叶　ʦʰuŋ^{33}iet^{21}

葱花　ʦʰuŋ^{33}xua^{33}

葱白　ʦʰuŋ^{33}pə^{21}

　　葱头 ʦʰuŋ^{33}tʰəu^{21}

蒜　ɬɔn^{24}

　大蒜 ta^{24}ɬɔn^{24}

　米蒜 mi^{55}ɬɔn^{24} 茎叶较细，香味浓

　草蒜 ʦʰau^{55}ɬɔn^{24} 个头大

蒜头　ɬɔn^{24}tʰəu^{21}

蒜瓣　蒜米 ɬɔn^{24}mi^{55}

蒜苗　蒜心 ɬɔn^{24}ɬin^{33}

蒜泥　蒜融 ɬɔn^{24}uŋ^{21}

韭菜　扁菜 pen^{55}ʦʰai^{24}

细扁菜 ɬi^{24}pen^{55}ʦʰai^{24} 长得较细，较香的韭菜

大扁菜 ta^{24}pen^{55}ʦʰai^{24} 长得较粗，香味不浓的韭菜

韭菜花　kiəu^{55}ʦʰai^{24}xua^{33}

　扁菜花 pen^{55}ʦʰai^{24}xua^{33}

苋菜　xen^{24}ʦʰai^{24}

　白苋菜 pə^{21}xen^{24}ʦʰai^{24}

　红苋菜 xuŋ^{21}xen^{24}ʦʰai^{24}

　野苋菜 ie^{55}xen^{24}ʦʰai^{24}

西红柿　番茄 fan^{33}kʰe^{21}

金橘果 kin^{33}ki^{21}kɔ^{55} 本地产的小番茄

西红柿 ɬi^{33}xuŋ^{21}si^{24}

姜　姜 kiaŋ^{33}

　黄姜 xuaŋ^{21}kiaŋ^{33}

　砂姜 sa^{33}kiaŋ^{33}

老姜　lau^{55}kiaŋ^{33}

嫩姜　子姜 ʦɿ^{55}kiaŋ^{33}

　　生姜 ɬəŋ^{33}kiaŋ^{33}

　　嫩姜 nən^{24}kiaŋ^{33}

姜丝　kiaŋ^{33}ɬɿ^{33}

姜末　kiaŋ^{33}mɔ^{21}

辣椒　lət^{21}ʦiau^{33} 通称

红辣椒　xuŋ^{21}lət^{21}ʦiau^{33}

柿子椒　灯笼椒 təŋ^{33}luŋ^{21}ʦiau^{33}

　　柿子椒 si^{24}ʦɿ^{55}ʦiau^{33}

　　菜椒 ʦʰai^{24}ʦiau^{33}

牛角椒 niəu^{21}kɔk^{21}ʦiau^{33}

朝天椒　指天椒 ʦi^{55}tʰen^{33}ʦiau^{33}

　米椒 mi^{55}ʦiau^{33} 个小的指天椒

辣椒叶　lət^{21}ʦiau^{33}iet^{21} 可作蔬菜

辣椒面儿　辣椒粉 lət^{21}ʦiau^{33}fən^{55}

芥菜　kai^{24}ʦʰai^{24} 通称

　　大肉芥菜 ta^{24}iuk^{21}kai^{24}ʦʰai^{24}

　　肉芥菜 iuk^{21}kai^{24}ʦʰai^{24}

　　花边芥菜 xua^{33}pen^{33}kai^{24}ʦʰai^{24}

　　红芥菜 xuŋ^{21}kai^{24}ʦʰai^{24}

呛菜　ʦʰiaŋ^{24}ʦʰai^{24} 芥菜焯过水后捂一天制成

　辣菜 lət^{21}ʦʰai^{24}

胡椒　xu^{33}ʦiau^{33}

胡椒面儿　胡椒粉 xu^{33}ʦiau^{33}fən^{55}

菠菜　pɔ^{33}ʦʰai^{24}

白菜　pə^{21}ʦʰai^{24}

洋白菜　椰菜 ie^{21}ʦʰai^{24}

　　包心芥蓝 pau^{33}ɬin^{33}kai^{24}lan^{21}

大白菜　ta^{24}pə^{21}ʦʰai^{24}

　　京白菜 kiŋ^{33}pə^{21}ʦʰai^{24}

卷筒青　kyen^{55}tʰuŋ^{21}ʦʰiŋ^{33} 筒状大白菜

　天津菜 tʰen^{33}ʦin^{33}ʦʰai^{24}

小白菜　siau^{55}pə^{21}ʦʰai^{24}

调羹白　tʰiau^{21}kəŋ^{33}pə^{21}

上海青　saŋ^{24}xai^{55}ʦʰiŋ^{33}

白菜心　pə^{21}ʦʰai^{24}ɬin^{33}

　菜心　ʦʰai^{24}ɬin^{33}

莴笋　ɔ^{33}sən^{55} 茎部

苦麦菜 kʰu^{55}mək^{21}ʦʰai^{24}

甜麦菜 ʦʰen^{21}mək^{21}ʦʰai^{24}

生菜　ɬəŋ^{33}ʦʰai^{24}

　玻璃生菜 pɔ^{33}li^{21}ɬəŋ^{33}ʦʰai^{24}

　包心生菜 pau^{33}ɬin^{33}ɬəŋ^{33}ʦʰai^{24}

　牛俐生菜 niəu^{21}li^{24}ɬəŋ^{33}ʦʰai^{24} 尖叶生菜

生菜包ɬəŋ^{33}ʦʰai^{24}pau^{33} 一种传统吃法，用生菜叶包炒饭、碎肉、菜等食用

锅鱸菜 kɔ^{33}lau^{33}ʦʰai^{24}

君荙菜　牛皮菜 niəu^{21}pʰi^{21}ʦʰai^{24}

芹菜　kʰin^{21}ʦʰai^{24}

　　香芹 xiaŋ^{33}kʰin^{21}

　　西芹 ɬi^{33}kʰin^{21}

芫荽　ien^{21}sy^{33}

　　香菜 xiaŋ^{33}ʦʰai^{24}

　　广东香菜 kuaŋ^{55}tuŋ^{33}xiaŋ^{33}ʦʰai^{24} 引进品种

紫苏　ʦɿ^{55}su^{33}

茴香　xuəi^{21}xiaŋ^{33}

蒌叶　葭蒌 kia^{55}ləu^{33}

蒿子秆儿　茼蒿 tʰuŋ^{21}xau^{33}

萝卜　lɔ^{21}puk^{21}

白萝卜　pə^{21}lɔ^{21}puk^{21}

红萝卜　xuŋ^{21}lɔ^{21}puk^{21}

（萝卜）糠了　□心 pʰəu^{33}ɬin^{33}

萝卜缨儿　萝卜缨 lɔ^{21}puk^{21}iŋ^{33}

　　萝卜叶 lɔ^{21}puk^{21}iet^{21}

萝卜干儿　萝卜干 lɔ^{21}puk^{21}kan^{33}

胡萝卜　xu^{21}lɔ^{21}puk^{21}

苤蓝　卡啦头 kʰa^{55}la^{55}tʰəu^{21}

　　芥蓝头 kai^{24}lan^{21}tʰəu^{21}

芥蓝　kai^{24}lan^{21}

椰菜花 ie^{21}ʦʰai^{24}xua^{33} 白色或淡黄色的球状菜花

西兰花 ɬi^{33}lan^{21}xua^{33} 绿色的球状菜花

菜花 ʦʰai^{24}xua^{33}

油菜　iəu^{21}ʦʰai^{24}

　　菜心 ʦʰai^{24}ɬin^{33}

油菜籽　iəu^{21}ʦʰai^{24}ʦɿ^{55} 榨油用

蕹菜　uŋ^{24}ʦʰai^{24}

　　空心菜 kuŋ^{33}ɬin^{33}ʦʰai^{24}

枸杞菜 kəu^{55}ki^{55}ʦʰai^{24} 枸杞叶

　　枸杞 kəu^{55}ki^{55}

豌豆苗　兰豆苗 lan^{33}təu^{24}miau^{21}

　　豌豆苗 uɔn^{55}təu^{24}miau^{21}

薯菜 ʦy^{21}ʦʰai^{24} 专门种植用作蔬菜的红薯叶

红薯叶 xuŋ^{21}ʦy^{21}iet^{21}

藤菜 tʰəŋ^{21}ʦʰai^{24} 有的地方叫木耳菜

（以下为当地野菜）

白花菜 pə^{21}xua^{33}ʦʰai^{24}

雷公根 ləi^{21}kuŋ^{33}kən^{33}

　金钱菜 kin^{33}ʦʰen^{21}ʦʰai^{24}

马齿苋　瓜子菜 kua^{33}ʦɿ^{55}ʦʰai^{24}

　　马齿苋 ma^{55}ʦʰi^{55}xen^{24}

紫背菜 ʦɿ^{55}pəi^{24}ʦʰai^{24}

羊咩菜 iaŋ^{21}mie^{33}ʦʰai^{24}

狗肝菜 kəu^{55}kan^{33}ʦʰai^{24}

油盐菜 iəu^{21}ien^{21}ʦʰai^{24}

一点红 it^{21}ten^{55}xuŋ^{21}

白头翁 pə^{21}tʰəu^{21}uŋ^{33} 艾的一种，做粢粑用

艾草 ŋai^{24}ʦʰau^{55}

千里香 ʦʰen^{33}li^{55}xiaŋ^{33} 一种藤蔓植物的花，可食

蕨菜 kye^{21}ʦʰai^{24}

番拐莲 fan^{33}kuai^{55}len^{21} 也叫龙骨花，广东叫剑花

(3) 树木

树 sy^{24}

　木 muk^{21}

树林 sy^{24}lin^{21}

　林 lin^{21}

树苗 sy^{24}miau^{21}

树干　树杆 sy^{24}kan^{55}

树梢 sy^{24}sau^{33}

　树顶 sy^{24}tiŋ^{55}

树根 sy^{24}kən^{33}

　树脚 sy^{24}kiɔk^{21}

树叶 sy^{24}iet^{21}

树枝 sy^{24}ʦi^{33}

树杈　树丫杈 sy^{24}ŋa^{33}ʦʰa^{33}

树节疤　树疤 sy^{24}pa^{33}

　　树疙瘩 sy^{24}kək^{21}ta^{33}

树皮 sy^{24}pʰi^{21}

浆 ʦiaŋ^{33} 植物的浆

树胶　树浆 sy^{24}ʦiaŋ^{33}

种树 ʦuŋ^{24}sy^{24}

砍树 kʰan^{55}sy^{24}

松树 suŋ^{33}sy^{24}

　松木 suŋ^{33}muk^{21}

松针　松毛 suŋ^{33}mau^{21}

松球　松果 suŋ^{33}kɔ^{55}

松香 suŋ^{33}xiaŋ^{33}

柏树 pə^{21}sy^{24}

杉树 ʦʰan^{24}sy^{24}

　杉木 ʦʰan^{24}muk^{21}

　沙木 sa^{33}muk^{21}

　桑木 saŋ^{33}muk^{21}

杉树皮　杉木皮 ʦʰan^{24}muk^{21}pʰi^{21}

桑树　saŋ^{33}sy^{24}

桑葚儿　桑果 saŋ^{33}kɔ^{55}

桑叶　saŋ^{33}iet^{21}

杨树　iaŋ^{21}sy^{24}

柳树　liəu^{55}sy^{24}

杨柳 iaŋ^{21}liəu^{55}

荆条　簕刺 lək^{21}ʦ^{h}ɿ^{24}

桐油树　t^{h}uŋ^{21}iəu^{21}sy^{24}

桐子　桐油果 t^{h}uŋ^{21}iəu^{21}kɔ^{55}

桐油　t^{h}uŋ^{21}iəu^{21}

苦楝树　k^{h}u^{55}len^{24}sy^{24}

苦楝子　苦楝果 k^{h}u^{55}len^{24}kɔ^{55}

红豆树　相思树 ɬiaŋ^{33}sɿ^{33}sy^{24}

相思子　红豆 xuŋ^{21}təu^{24}

榕树　iuŋ^{21}sy^{24}

大叶榕 ta^{24}iet^{21}iuŋ^{21}

小叶榕 siau^{55}iet^{21}iuŋ^{21}

厚皮榕 xəu^{24}p^{h}i^{21}iuŋ^{21}

象皮榕 ɬiaŋ^{24}p^{h}i^{21}iuŋ^{21}

鸡腿榕 ki^{33}t^{h}əi^{55}iuŋ^{21}

桉树　ŋan^{33}sy^{24}

大叶桉 ta^{24}iet^{21}ŋan^{33}

细叶桉 ɬi^{24}iet^{21}ŋan^{33}

柠檬桉 niŋ^{21}muŋ^{24}ŋan^{33}

凤尾桉 fuŋ^{24}uəi^{55}ŋan^{33}

速生桉 su^{21}ɬəŋ^{33}ŋan^{33}

夹竹桃　kia^{21}ʦuk^{21}t^{h}au^{21}

樟树　ʦaŋ^{33}sy^{24}

樟脑　ʦaŋ^{33}nau^{55}

樟脑油 ʦaŋ^{33}nau^{55}iəu^{21}

枫树　fuŋ^{33}sy^{24}

枫叶　fuŋ^{33}iet^{21}

木棉　muk^{21}men^{21}

木棉花　muk^{21}men^{21}xua^{33}

凤凰树 fuŋ^{24}xuaŋ^{21}sy^{24}

洋槐树 iaŋ^{21}xuai^{24}sy^{24}

漆树　ʦ^{h}i^{21}sy^{24}

洗手果 ɬi^{55}səu^{55}kɔ^{55} 木本植物，果实可当肥皂用

寄生　ki^{24}ɬəŋ^{33}

树寄生 sy^{24}ki^{24}ɬəŋ^{33}

竹子　ʦuk^{21}ʦɿ^{55}

南竹　nan^{21}ʦuk^{21}

文竹　uən^{21}ʦuk^{21}

凤尾竹 fuŋ^{24}uəi^{55}ʦuk^{21}

龟背竹 kuəi^{33}pəi^{24}ʦuk^{21}

竹枝　ʦuk^{21}ʦi^{33}

竹笋　ʦuk^{21}sən^{55}

冬笋 tuŋ^{33}sən^{55}

春笋 ʦ^{h}yn^{33}sən^{55}

甜笋 t^{h}en^{21}sən^{55}

酸笋 ɬon^{33}sən^{55}

干笋　kan^{33}sən^{55}

笋干 sən^{55}kan^{33}

笋片 sən^{55}p^{h}en^{24}

笋丝 sən^{55}ɬɿ^{33}

笋壳　sən^{55}k^{h}ɔk^{21}

竹竿儿　竹竿 ʦuk^{21}kan^{55}

竹叶儿　竹叶 ʦuk^{21}iet^{21}

篾片　竹篾 ʦuk^{21}met^{21}

篾黄　竹肚 ʦuk^{21}tu^{24}

篾青　竹青 ʦuk^{21}ʦ^{h}iŋ^{33}

竹皮 ʦuk^{21}p^{h}i^{21}

(4)瓜果(注:水果和果树一般用同一称说)

水果　suəi^{55}kɔ^{55}

　　果 kɔ^{55}

干果　kan^{33}kɔ^{55}

桃　桃子 t^{h}au^{21}ʦɿ^{55}

　　桃果 t^{h}au^{21}kɔ^{55}

　　水蜜桃 suəi^{55}mit^{21}t^{h}au^{21}

　　油桃 iəu^{21}t^{h}au^{21}

　　土桃 t^{h}u^{55}t^{h}au^{21}

　　猕猴桃 mi^{21}xəu^{21}t^{h}au^{21}

杏　siŋ^{24}

杏仁　siŋ^{24}in^{21}

　　白果 pə^{21}kɔ^{55}

李子　李果 li^{55}kɔ^{55}

　　李子 li^{55}ʦɿ^{55}

　三华李 ɬan^{33}xua^{21}li^{55}

　三月李 ɬan^{33}yet^{21}li^{55}

苹果　p^{h}iŋ^{21}kɔ^{55}

枣儿　枣子 ʦau^{55}ʦɿ^{55} 生的

　　枣 ʦau^{55}

　红枣　xuŋ^{21}ʦau^{55} 干的

　蜜枣　mit^{21}ʦau^{55}

　黑枣　xə^{21}ʦau^{55}

　大青枣 ta^{24}ʦ^{h}iŋ^{33}ʦau^{55}

　蜜丝枣 mit^{21}sɿ^{33}ʦau^{55}

梨　li^{21} 通称

　沙梨 sa^{33}li^{21} 本地产的梨

蜜梨 mit^{21}li^{21} 一种本地产的梨,很甜

鸭梨 ia^{21}li^{21}

青皮梨 ʦ^{h}iŋ^{33}p^{h}i^{21}

酸沙梨 ɬɔn^{33}sa^{33}li^{21}

雪梨　ɬye^{21}li^{21}

枇杷　p^{h}i^{21}p^{h}a^{21}

柿子　si^{24}ʦɿ^{55}

　　柿果 si^{24}kɔ^{55}

　　京柿果(小)kiŋ^{33}si^{24}kɔ^{55}

柿饼　si^{24}piŋ^{55}

石榴　sik^{21}liəu^{21}

胶捻 kiau^{33}nen^{33} 本地产的番石榴

　捻仔 nen^{33}ʦai^{55}

番石榴 fan^{33}sik^{21}liəu^{21} 近年引进的新品种,个儿大

柚子　□□puk^{55}luk^{55}

沙田柚 sa^{33}t^{h}en^{24}iəu^{24} 沙田柚的音变,已成甜柚子的通称

甜柚子　t^{h}en^{24}iəu^{24}ʦɿ^{55}

酸柚子　ɬɔn^{33}iəu^{24}ʦɿ^{55}

酸□□ɬɔn^{33}puk^{55}luk^{55}

红柚子　xuŋ^{21}iəu^{24}ʦɿ^{55}

　　红□□xuŋ^{21}puk^{55}luk^{55}

金钱□kin^{33}ʦʰen^{21}tuk^{55} 甜柚子、橙子底部的铜钱状突痕

柚子皮　iəu^{24}ʦɿ^{55}pʰi^{21}

　　□□皮 puk^{55}luk^{55}pʰi^{21} 可作菜

橘子　柑子 kan^{33}ʦɿ^{55}

　　柑果 kan^{33}kɔ^{55}

　　扁柑 pen^{35}kan^{33}

　　椪柑 pʰuŋ^{24}kan^{33}

桔kit^{21} 比柑小，味酸

　蜜桔 mit^{21}kit^{21}

橘络　筋 kin^{33}

金橘　金桔 kin^{33}kit^{21}

橙子　橙果 ʦʰən^{21}kɔ^{55}

　　橙子 ʦʰən^{21}ʦɿ^{55}

　　白橙 pe^{21}ʦʰən^{21}

　　红橙 xuŋ^{21}ʦʰən^{21}

木瓜 muk^{21}kua^{33}

蕉ʦiau^{33} 通称

　芭蕉 pa^{33}ʦiau^{33}

牛蕉 niəu^{21}ʦiau^{33} 一种个大、品质较次的芭蕉

牛角蕉 niəu^{21}kɔk^{21}ʦiau^{33}

鸡蕉 ki^{33}ʦiau^{33} 一种个小、较香甜的芭蕉

　香蕉 xiaŋ^{33}ʦiau^{33}

　西贡蕉 ɬi^{33}kuŋ^{24}ʦiau^{33}

龙眼　luŋ^{21}ien^{55}

　　龙眼果 luŋ^{21}ien^{55}kɔ^{55}

龙眼干 luŋ^{21}ien^{55}kan^{33} 带壳的

　干龙眼 kan^{33}luŋ^{21}ien^{55}

桂圆 kuəi^{24}yen^{21}

龙眼肉　luŋ^{21}ien^{55}iuk^{21}

桂圆肉 kuəi^{24}yen^{21}iuk^{21} 去壳去核的龙眼干

荔枝　li^{24}ʦi^{33}

　三月荔枝 ɬan^{33}yet^{21}li^{24}ʦi^{33}

　毛荔枝 mau^{21}li^{24}ʦi^{33}

芒果　maŋ^{33}kɔ^{55}

　土芒 tʰu^{55}maŋ^{33}

　象牙芒 ɬiaŋ^{24}ia^{21}maŋ^{33}

　香芒 xiaŋ^{33}mɔŋ^{33}

扁桃　pen^{33}tʰau^{21}

菠萝　pɔ^{33}lɔ^{21}

菠萝蜜　木菠萝 muk^{21}pɔ^{33}lɔ^{21}

橄榄　kan^{55}lan^{55}

　　榄 lan^{55}

　　榄子 lan^{55}ʦɿ^{55}

　青橄榄　青榄 ʦʰiŋ^{33}lan^{55}

　黑橄榄　乌榄 u^{33}lan^{55}

　黄橄榄　黄榄 xuaŋ^{21}lan^{55}

橄榄核　榄核 lan^{55}xɔt^{21}

榄子 lan^{55}ʦɿ^{55} 多指黑橄榄的仁，月饼原料

榄角　lan^{55}kɔk^{21}

乌榄 u^{33}lan^{55} 盐渍黑橄榄，做下饭的小菜

甘草榄 kan^{33}ʦʰau^{55}lan^{55} 橄榄果脯

杨桃 iaŋ^{21}t^{h}au^{21}

黄皮　xuaŋ^{21}p^{h}i^{21}

黄皮果 xuaŋ^{21}p^{h}i^{21}kɔ^{55}

山黄皮 san^{33}xuaŋ^{21}p^{h}i^{21} 可作香料

无花果　u^{21}xua^{33}kɔ^{55}

万寿果　uan^{24}səu^{24}kɔ^{55}

柠檬　niŋ^{33}muŋ^{24}

梅　梅子 məi^{21}ʦɿ^{55}

酸梅 ɬɔn^{33}məi^{21}

土梅 t^{h}u^{55}məi^{21}

肉梅 iuk^{21}məi^{21}

五眼果 u^{55}en^{55}kuck^{55}

罗汉果 lɔ^{21}xan^{24}kɔ^{55}

葡萄　p^{h}u^{21}t^{h}au^{21}

提子 t^{h}i^{21}ʦɿ^{55} 引进品种

山葡萄 san^{33}p^{h}u^{21}t^{h}au^{21}

杨梅 iaŋ^{21}məi^{21}

红杨梅 xuŋ^{21}iaŋ^{21}məi^{21}

白杨梅 pə^{21}iaŋ^{21}məi^{21}

银杏　白果 pə^{21}kɔ^{55}

栗子　板栗 pan^{55}lik^{21}

毛板栗 mau^{21}pan^{55}lik^{21}

核桃 xə^{21}t^{h}au^{21}

薄皮核桃 pɔk^{21}p^{h}i^{21}xə^{21}t^{h}au^{21}

铁心核桃 t^{h}et^{21}ɬin^{33}xə^{21}t^{h}au^{21}

西瓜　ɬi^{33}kua^{33}

无籽西瓜 u^{21}ʦɿ^{55}ɬi^{33}kua^{33}

黑皮瓜 xə^{21}p^{h}i^{21}kua^{33}

花皮瓜 xua^{33}p^{h}i^{21}kua^{33}

瓜瓤　kua^{33}naŋ^{21}

瓜肉 kua^{33}iuk^{21}

沙瓤　sa^{33}naŋ^{21}

倒瓤 tau^{55}naŋ^{21} 熟得过了

瓜子儿　瓜子 kua^{33}ʦɿ^{55}

西瓜子 ɬi^{33}kua^{33}ʦɿ^{55}

红瓜子 xuŋ^{21}kua^{33}ʦɿ^{55}

黑瓜子 xə^{21}kua^{33}ʦɿ^{55}

南瓜子 nan^{21}kua^{33}ʦɿ^{55}

蒂　□tiŋ^{35}

瓜□kua^{33}tiŋ^{35}

甜瓜　香瓜 xiaŋ^{33}kua^{33}

荸荠　马蹄 ma^{55}t^{h}i^{21}

水蹄 suəi^{55}t^{h}i^{21}

粉蹄 fən^{55}t^{h}i^{21}

甘蔗　kan^{33}ʦe^{24}

果蔗 kɔ^{55}ʦe^{24} 当水果吃的

肉蔗 iuk^{21}ʦe^{24} 绿皮的果蔗

米蔗 mi^{55}ʦe^{24}

糖甘蔗 t^{h}aŋ^{21}kan^{33}ʦe^{24}

黑皮蔗 xə^{21}p^{h}i^{21}ʦe^{24}

酸咪果　ɬɔn^{33}mi^{33}kɔ^{55}

野草莓　喏捏头 nɔ^{21}ne^{33}t^{h}əu^{21}

墨水果 mɔ^{21}suəi^{55}kɔ^{55}

厚皮楠果 xəu^{24}p^{h}i^{21}nan^{21}kɔ^{55}

花生　xua^{33}ɬəŋ^{33}

花生仁　花生米 xua^{33}ɬəŋ^{33}mi^{55}

　　花生仁 xua^{33}ɬəŋ^{33}in^{21}

花生壳　xua^{33}ɬəŋ^{33}kʰɔk^{21}

花生皮　花生衣 xua^{33}ɬəŋ^{33}i^{33} 花生米外面的红皮

(5)花草、菌类

桂花　kuəi^{24}xua^{33}

菊花　ky^{21}xua^{33}

鸡冠花 ki^{33}kɔn^{33}xua^{33}

牛屎花 niəu^{24}si^{55}xua^{33}

万寿菊 uan^{24}səu^{24}ky^{21}

大丽菊 ta^{24}li^{24}ky^{21}

梅花　məi^{21}xua^{33}

桃花　tʰau^{21}xua^{33}

玫瑰　玫瑰花 məi^{21}kuəi^{24}xua^{33}

凤仙花　指甲花 tsi^{55}ket^{21}xua^{33}

荷花　xɔ^{21}xua^{33}

　　莲花 len^{21}xua^{33}

荷叶　xɔ^{21}et^{21}

莲蓬　len^{21}pʰəŋ^{21}

水仙(花) suəi^{55}sen^{33}

茉莉花儿　茉莉花 mɔ^{21}li^{24}xua^{33}

含羞草　xan^{21}siəu^{33}tsʰau^{55}

牵牛花　kʰen^{33}niəu^{21}xua^{33}

　　喇叭花 la^{33}pa^{33}xua^{33}

杜鹃花　tu^{24}kyen^{33}xua^{33}

木芙蓉　muk^{21}fu^{21}iuŋ^{21}

芍药　tsɔ^{21}iɔ^{21}

　　芍药花 tsɔ^{21}iɔ^{21}xua^{33}

地雷花 ti^{24}ləi^{21}xua^{33}

茶花 tʰa^{21}xua^{33}

山茶花 san^{33}tsʰa^{21}xua^{33}

向日葵 xiaŋ^{24}it^{21}kʰuəi^{21}

万年青　uan^{24}nen^{21}tsʰiŋ^{33}

冬青　tuŋ^{33}tsʰiŋ^{33}

美人蕉　məi^{55}in^{21}tsiau^{33}

仙人掌　sen^{33}in^{21}tsaŋ^{55}

仙人球　sen^{33}in^{21}kʰiəu^{21}

芦荟　油葱 iəu^{21}tsʰuŋ^{33} 当地品种，较小

芦荟 lu^{21}xuəi^{24} 引进品种，植株大

三角梅 ɬan^{33}kɔk^{21}məi^{21}

吊钟花 tiau^{24}tsuŋ^{33}xua^{33}

茱萸花　扶桑花 fu^{21}saŋ^{33}xua^{33}

紫荆花　屁股叶花 pʰi^{24}ku^{55}iet^{21}xua^{33}

太阳花　tʰai^{24}iaŋ^{21}xua^{33}

一品红 it^{21}pʰin^{55}xuŋ^{21}

夜来香 ie^{24}lai^{21}xiaŋ^{33}

金银花　kin^{33}in^{21}xua^{33}

花蕾　花咕嘟 xua^{33}ku^{33}tu^{33}

花瓣儿　花瓣 xua^{33}pɔn^{24}

花蕊　花心 xua^{33}ɬin^{33}

芦苇　lu^{21}uəi^{21}

罗裙带 lɔ^{21}kyn^{21}tai^{24} 叶可用于跌打扭伤

灯芯草　təŋ^{33}ɬin^{33}ʦʰau^{55}

车前草　ʦʰe^{33}ʦʰen^{21}ʦʰau^{55}

　　马鞭草 ma^{55}pen^{33}ʦʰau^{55}

蒲公英　pʰu^{21}kuŋ^{33}iŋ^{33}

金钱草 kin^{33}ʦʰen^{21}ʦʰau^{55}

狗尾草 kəu^{55}uəi^{55}ʦʰau^{55}

茅根 mau^{21}kən^{33}

田基黄 tʰen^{21}ki^{33}xuaŋ^{21}

五色梅 u^{55}sə^{21}məi^{21}

鹅不吃 ŋɔ^{21}mə^{55}ʦʰit^{21}

酸咪咪 ɬɔn^{33}mi^{33}mi^{33}

水萝卜 suəi^{55}lɔ^{21}puk^{21} 酸咪咪的根茎，可食

香菇　xiaŋ^{33}ku^{33} 肉质较厚

　　冬菇 tuŋ^{33}ku^{33}

　　花菇 xua^{33}ku^{33}

香信 xiaŋ^{33}sin^{24} 肉质较薄

（以上是干菇）

蘑菇mɔ^{21}ku^{33} 人工栽培

　　凤尾菇 fuŋ^{24}uəi^{55}ku^{33}

　　草菇 ʦʰau^{55}ku^{33}

　　鸡腿菇 ki^{33}tʰəi^{55}ku^{33}

　　松毛菇 suŋ^{33}mau^{21}ku^{33}

　　金针菇 kin^{33}ʦin^{33}ku^{33}

（以上是新鲜菇）

菌 kyn^{24} 野生蘑菇

青苔　ʦʰiŋ^{33}tʰai^{33}

地衣　雷公屎 ləi^{21}kuŋ^{33}si^{55} 可食

浮萍　薸 pʰiau^{21}

　　浮薸 fəu^{21}pʰiau^{21}

　　浮萍 fəu^{21}pʰiŋ^{21}

水葫芦　水葫芦 suəi^{55}xu^{21}lu^{21}

　　葫芦薸 xu^{21}lu^{21}pʰiau^{21}

陆　动物

(1)牲畜

牲口　ɬəŋ^{33}kʰəu^{55}

　　畜生 ʦʰu^{21}ɬəŋ^{33}

公马　kuŋ^{33}ma^{55}

母马　mu^{55}ma^{55}

公牛　kuŋ^{33}niəu^{21}

母牛　mu^{55}niəu^{21}

黄牛　xuaŋ^{21}niəu^{21}

水牛　suəi^{55}niəu^{21}

奶牛　nai^{55}niəu^{21}

牛犊　牛崽 niəu^{21}ʦai^{55}

菜牛　ʦʰai^{24}niəu^{21} 肉牛

驴　ly^{21}

公驴　kuŋ^{33}ly^{21}

母驴　mu^{55}ly^{21}

骡　lɔ^{21}

马骡　骡马 lɔ^{21}ma^{55} 驴父马母

骆驼　lɔ^{21}t^{h}ɔ^{21}

绵羊　men^{21}iaŋ^{21}

山羊　san^{33}iaŋ^{21}

羊羔　羊崽 iaŋ^{21}ʦai^{55}

狗　kəu^{55}

　狗□□kəu^{55}wəu^{35}wəu^{35} 童语

公狗　kuŋ^{33} kəu^{55}

母狗　mu^{55}kəu^{55}

小狗儿　狗崽 kəu^{55}ʦai^{55}

　小狗 siau^{55}kəu^{55}

哈巴狗　ha^{33}pa^{33}kəu^{55}

狼狗　laŋ^{21}kəu^{55}

疯狗　fuŋ^{33}kəu^{55}

　癫狗 ten^{33}kəu^{55}

狗打□kəu^{55}ta^{55}nəŋ^{35} 狗交配

猫　miau^{33}

　猫公 miau^{33}kuŋ^{33}

公猫　kuŋ^{33}miau^{33}

母猫　mu^{55}miau^{33}

波斯猫　pɔ^{33}sʅ^{33}miau^{33}

小猫　猫崽 miau^{33}ʦai^{55}

猪　ʦy^{33}

　猪□□ʦy^{33}nɔ^{21}nɔ^{35} 童语

公猪　kuŋ^{33}ʦy^{33}

种猪　ʦuŋ^{55}ʦy^{33}

母猪　mu^{55}ʦy^{33}

小猪　猪崽 ʦy^{33}ʦai^{55}

陆川猪 luk^{21}ʦ^{h}yen^{33}ʦy^{33} 产于陆川，黑白相间，腰弯肚凸

香猪 xiaŋ^{33}ʦy^{33} 产于环江、巴马

阉猪　ien^{33}ʦy^{33}

兔子　兔 t^{h}u^{24}

　白兔 pə^{21}t^{h}u^{24}

鸡　ki^{33}

公鸡　kuŋ^{33} ki^{33}

　鸡头 ki^{33}t^{h}əu^{21}

鸡角　公鸡崽 kuŋ^{33}ki^{33}ʦai^{55}

阉鸡（名词）　骟鸡 sen^{24}ki^{33}

　阉鸡 ien^{33}ki^{33}

杂生鸡 ʦa^{21}ɬəŋ^{33}ki^{33} 没阉好的鸡

阉鸡（动词）　ien^{33}ki^{33}

母鸡　mu^{55}ki^{33}

　杭鸡 xaŋ^{24}ki^{33} 未下过蛋的小母鸡

抱窝鸡　赖菢鸡 lai^{24}pu^{24}ki^{33}

小鸡儿　鸡崽 ki^{33}ʦai^{55}

土鸡 t^{h}u^{55}ki^{33} 农村放养的鸡

饲料鸡 ʦ^{h}ʅ^{21}liau^{24}ki^{33}

小董鸡 siau^{55}tuŋ^{55}ki^{33}

芦花鸡　lu^{21}xua^{33}ki^{33}

　花罗鸡 xua^{33}lɔ^{21}ki^{33}

小黄鸡 siau^{55}xuaŋ^{21}ki^{33}

大黄鸡 ta^{24}xuaŋ^{21}ki^{33}

三黄鸡 ɬan^{33}xuaŋ^{21}ki^{33}

乌鸡 u^{33}ki^{33}

黑肉鸡 xə^{21}iuk^{21}ki^{33}

踩红 ʦʰai^{55}xuŋ^{21} 禽类交配

鸡蛋 ki^{33}tan^{24}

软壳蛋 yen^{55}kʰɔk^{21}tan^{24}

散黄蛋 san^{55}xuaŋ^{21}tan^{24} 散黄、要坏的蛋

臭蛋 ʦʰəu^{24}tan^{24}

烂蛋 lan^{24}tan^{24}

白皮鸡蛋 pə^{21}pʰi^{21}ki^{33}tan^{24}

红皮鸡蛋 xuŋ^{21}pʰi^{21}ki^{33}tan^{24}

下蛋　生蛋 ɬəŋ^{33}tan^{24}

屙蛋 ɔ^{33}tan^{24}

下蛋 xia^{24}tan^{24}

孵　菢 pu^{24}

孵 fu^{33}

鸡冠　ki^{33}kɔn^{33}

鸡爪子　鸡爪 ki^{33}ʦau^{55}

鸭　ia^{21}

公鸭　kuŋ^{33}ia^{21}

母鸭　mu^{55}ia^{21}

小鸭子　鸭崽 ia^{21}ʦai^{55}

麻鸭 ma^{21}ia^{21} 羽毛杂花色

西洋鸭 ɬi^{33}iaŋ^{21}ia^{21}

木鸭 muk^{21}ia^{21} 土鸭与西洋鸭杂交品种

北京鸭　pə^{21}kiŋ^{33}ia^{21} 羽毛白色

水鸭 suəi^{55}ia^{21} 人工饲养的野鸭

鸭掌　ia^{21}ʦaŋ^{55}

鸭蛋　ia^{21}tan^{24}

青皮鸭蛋 ʦʰiŋ^{33}pʰi^{21}ia^{21}tan^{24}

白皮鸭蛋 pə^{21}pʰi^{21}ia^{21}tan^{24}

鹅 ŋɔ^{21}

狮头鹅(个头大)ɬɿ^{33}tʰəu^{21}ŋɔ^{21}

本地鹅(个头小)pən^{55}ti^{24}ŋɔ^{21}

小鹅儿　鹅崽 ŋɔ^{21}ʦai^{55}

天鹅　tʰen^{33}ŋɔ^{21}

(2)鸟、兽

野兽　ie^{55}səu^{24}

狮子　ɬɿ^{33}ʦɿ^{55}

老虎　lau^{55}xu^{55}

母老虎　mu^{55}lau^{55}xu^{55}

大象　ta^{24}ɬiaŋ^{24}

猴子　犸骝 ma^{55}ləu^{55}

猴子 xəu^{21}ʦɿ^{55}

黑叶猴　乌猿 u^{33}yen^{21}

黑叶猴 xə^{21}iet^{21}xəu^{21}

熊　狗熊 kəu^{55}xiuŋ^{21}

豹　pau^{24}

金钱豹 kin^{33}ʦʰen^{21}pau^{24}

狐狸　xu^{21}li^{21}

黄鼠狼　xuaŋ^{21}sy^{55}laŋ^{21}

抓鸡虎 ʦua^{33}ki^{33}xu^{55}

果子狸　kɔ^{55}ʦɿ^{55}li^{21}

老鼠　lau^{55}sy^{55} 通称

家鼠　kia^{33}sy^{55}

田鼠 t^{h}en^{21}sy^{55}

竹鼠 tsuk^{21}sy^{55}

洋鼠 iaŋ^{21}sy^{55} 一种人工饲养的鼠

蛇 se^{21} 通称

长虫 ts^{h}aŋ^{21}ts^{h}uŋ^{21}

眼镜蛇 ien^{55}kiŋ^{24}se^{21}

吹风蛇 ts^{h}uəi^{33}fuŋ^{33}se^{21}

竹叶青 tsuk^{21}iet^{21}ts^{h}iŋ^{33}

金环蛇 kin^{33}xuan^{21}se^{21}

金包铁 kin^{33}pau^{33}t^{h}et^{21}

银环蛇 in^{21}xuan^{21}se^{21}

银包铁 in^{21}pau^{33}t^{h}et^{21}

过树龙 kɔ^{24}sy^{24}luŋ^{21}

泥蛇 ni^{21}se^{21}

水蛇 suəi^{55}se^{21}

草花蛇 t^{h}au^{55}xua^{33}se^{21}

蟒蛇 maŋ^{55}se^{21}

铁线蛇 盲蛇 maŋ^{21}se^{21} 一种小形黑色的蛇，像铁丝

五步蛇 u^{55}pu^{24}se^{21}

蜥蜴 马鬃蛇 ma^{55}tsuŋ^{33}se^{21}

变色龙 pen^{24}sə^{21}luŋ^{21}

鸟儿 鸟 niau^{55}

乌鸦 u^{33}ia^{33}

喜鹊 xi^{55}ts^{h}yɔ^{21}

麻雀 ma^{21}ts^{h}yɔ^{21}

绿豆鸟 luk^{21}təu^{24}niau^{55}

燕子 ien^{24}tsɿ^{55}

雁 大雁 ta^{24}ien^{24}

斑鸠 pan^{33}kiəu^{33}

鸽子 kɔ^{21}tsɿ^{55}

白鸽 pə^{21}kɔ^{21}

灰鸽 xuəi^{33}kɔ^{21}

鹌鹑 ŋan^{33}syn^{21}

鹧鸪 tse^{24}ku^{33}

啄木鸟 tsɔk^{21}muk^{21}niau^{55}

猫头鹰 miau^{33}t^{h}əu^{21}iŋ^{33}

田鸡鸟 t^{h}en^{21}ki^{33}niau^{55}

画眉 画眉鸟 xua^{24}mi^{21}niau^{55}

鹦鹉 iŋ^{33}u^{55}

八哥儿 了哥 liau^{55}kɔ^{33}

八哥 pa^{21}kɔ^{33}

鹤 白鹤 pə^{21}xɔ^{24}

鹤 xɔ^{24}

仙鹤 sen^{33}xɔ^{24}

老鹰 lao^{55}iŋ^{33}

野鸡 ie^{55}ki^{33}

山鸡 san^{33}ki^{33}

野鸭 ie^{55}ia^{21}

野水鸭 ie^{55}suəi^{55}ia^{21}

鸬鹚 鱼鹰 y^{21}iŋ^{33}

鹭鸶 白鹭 pə^{21}lu^{24}

翠鸟 ts^{h}əi^{24}niau^{55}

钉鱼鸟 tiŋ^{33}y^{21}niau^{55}

蝙蝠 飞鼠 fəi^{33}sy^{55}

蝙蝠 pen^{33}fu^{21}

翅膀　ʦʰe^{24}paŋ^{55}

嘴　鸟嘴 niau^{55}ʦəi^{55}

鸟窝　niau^{55}ɔ^{33}

　　鸟窦 niau^{55}təu^{24}

(3)虫类

虫豸　虫蚁 ʦʰuŋ^{21}i^{55}

蚕　ʦʰan^{21}

　　蚕虫 ʦan^{21}ʦʰuŋ^{21}

木薯蚕 muk^{21}sy^{21}ʦʰan^{21}

桑蚕 saŋ^{33}ʦʰan^{21}

蚕蛹　ʦʰan^{21}iuŋ^{55}

蚕沙　蚕屎 ʦʰan^{21}si^{55}

蜘蛛 ʦi^{33}ʦy^{33}

卡拉网　kʰa^{21}la^{21}uaŋ^{55}

水蜘蛛　水巴虫 suəi^{55}pa^{33}ʦʰuŋ^{21}

蚂蚁　ma^{55}i^{55} 统称

　　黄丝蚁 xuaŋ^{21}si^{33}i^{55}

　　小黄蚁 siau^{55}xuaŋ^{21}i^{55}

　　黑蚁 xə^{21}i^{55}

飞蚁　fəi^{33}i^{55}

白蚁　pə^{21}i^{55}

蝼蛄　土狗 tʰu^{55}kəu^{55}

蚯蚓　虫蝗 ʦuŋ^{21}sen^{24}

　　蚯蚓 ʦiəu^{33}in^{55}

蜗牛　ɔ^{33}niəu^{21}

　　黄狗狗 xuaŋ^{21}kəu^{55}kəu^{55}

鼻涕虫 pit^{21}tʰi^{24}ʦʰuŋ^{21}

蜣螂　闷屎虫 mən^{24}si^{55}ʦʰuŋ^{21}

牛角虫 niəu^{21}kɔk^{21}ʦʰuŋ^{21}

蜈蚣　百足 pə^{21}ʦuk^{21}

臭屁虫 ʦʰəu^{24}pʰi^{24}ʦʰuŋ^{21}

壁虎　pi^{21}xu^{55}

毛虫　毛毛虫 mau^{21}mau^{21}ʦʰuŋ^{21}

　　松毛虫 suŋ^{33}mau^{21}tʰuŋ^{21}

大青虫 ta^{24}ʦʰiŋ^{33}ʦʰuŋ^{21}

肉虫　米虫 mi^{55}ʦʰuŋ^{21} 米里的米色虫

黑米虫 xə^{21}mi^{55}ʦʰuŋ^{21} 米里的黑色小虫

蚜虫　ia^{21}ʦʰuŋ^{21}

苍蝇　ʦʰaŋ^{33}iŋ^{33}

绿豆蝇　大头苍蝇 ta^{24}tʰəu^{21}ʦʰaŋ^{33}iŋ^{33}

　　绿头苍蝇 luk^{21}tʰəu^{21} ʦʰaŋ^{33}iŋ^{33}

蛆　kʰy^{33}

　　屎虫 si^{55}ʦʰuŋ^{21}

蚊子　uən^{21}ʦɿ^{55}

　　蚊虫 uən^{21}ʦʰuŋ^{21}

　　花蚊 xua^{33}uən^{21}

蠓子 muŋ^{55}ʦɿ^{55}

长脚蚊 ʦʰaŋ^{21}kiɔk^{21}uən^{21}

墨蚊 mɔ^{21}uən^{21}

(蚊子)叮　tiŋ^{33}

　　咬 ŋau^{55}

　　□nɔ^{35}

孑孓　沙虫 sa^{33}ʦʰuŋ^{21}

孑孓 ke^{21}kye^{21}

虱子 sək^{21}ʦɿ^{55}

猫虱 miau^{33}sək^{21}

臭虫 t^{h}əu^{24}ʦ^{h}uŋ^{21}

跳蚤 t^{h}iau^{24}ʦau^{55}

狗虱 kəu^{55}sək^{21}

牛虻 niəu^{24}maŋ^{21}

牛蝇 niəu^{24}iŋ^{33}

牛虱 niəu^{24}sək^{21}

蟋蟀 □□kɔk^{55}lɔk^{55}

蟑螂 骚夹 sau^{33}ket^{21}

蝗虫 蜢蚱 maŋ^{55}ʦa^{33}

油蜢蚱 iəu^{21}maŋ^{55}ʦa^{33}

螳螂 马螂扛 ma^{55}laŋ^{21}kaŋ^{21}

蝉 ʦ^{h}an^{21}

知了 ʦi^{33}liau^{55}

蝉蜕 蝉壳 ʦ^{h}an^{21}k^{h}ɔk^{21}

蜜蜂 mit^{21}fuŋ^{33}

土蜂 t^{h}u^{55}fuŋ^{33}

野蜂 ie^{55}fuŋ^{33}

意大利蜂 i^{24}ta^{24}li^{24}fuŋ^{33}

中国蜂 ʦuŋ^{33}kɔ^{21}fuŋ^{33}

黄蜂 xuaŋ^{21}fuŋ^{33}

黑蜂 xə^{21}fuŋ^{33}

马蜂 ma^{55}fuŋ^{33}

(马蜂)蜇 □nɔ^{35}

蜂窝 fuŋ^{33}ɔ^{33}

蜂蜜 fuŋ^{33}mit^{21}

蜜糖 mit^{21}t^{h}aŋ^{21}

野蜂蜜 ie^{55}fuŋ^{33}mit^{21}

萤火虫 iŋ^{21}xɔ^{55}ʦ^{h}uŋ^{21}

臭大姐 臭屁虫 ʦ^{h}əu^{24}p^{h}i^{24}ʦ^{h}uŋ^{21}

灯蛾 飞蛾 fəi^{33}ŋɔ^{21}

蝴蝶 xu^{21}tet^{21}

蜻蜓 □□nɔ^{21}nɛ^{33}

金边□□kin^{33}pen^{33}nɔ^{21}nɛ^{33}

秤砣□□ʦ^{h}iŋ^{24}t^{h}ɔ^{21}nɔ^{21}nɛ^{33}

□□王 nɔ^{21}nɛ^{33}uaŋ^{21}

瓢虫 p^{h}iau^{21}ʦ^{h}uŋ^{21}

南瓜虫 nan^{21}kua^{33}ʦ^{h}uŋ^{21}

(4)鱼虾类

鱼儿 鱼 y^{21}

河鱼 xɔ^{21}y^{21}

网箱鱼 uaŋ^{55}ɬiaŋ^{33}y^{21}

塘鱼 t^{h}aŋ^{21}y^{21}

水库鱼 suəi^{55}k^{h}u^{24}y^{21}

海鱼 xai^{55}y^{21}

鲤鱼 li^{55}y^{21}

鲫鱼 ʦək^{55}y^{21}

非洲鲫 fəi^{33}ʦəu^{33}ʦək^{55}

鲢鱼 len^{21}y^{21}

青竹鱼 ʦ^{h}iŋ^{33}ʦuk^{21}y^{21}

鳊鱼 水打鳊 suəi^{55}ta^{55}pen^{55}

草鱼 ʦ^{h}au^{55}y^{21}

乌草 u^{33}ʦ^{h}au^{55}

胖头鱼　大头鱼 ta^{24}t^{h}əu^{21}y^{21}

鲮鱼　liŋ^{21}y^{21}

野鲮 ie^{55}liŋ^{21}

土鲮 t^{h}u^{55}liŋ^{21}

禾花鱼 xɔ^{21}xua^{33}y^{21} 在稻田养殖的一种鱼

老虎鱼 lau^{55}xu^{55}y^{21}

蓝刀鱼 lan^{21}tau^{33}y^{21}

条鱼 t^{h}iau^{21}y^{21}

沙沟鱼 sa^{33}kəu^{33}y^{21}

菩萨鱼 p^{h}u^{21}sa^{21}y^{21} 一种田边水沟长的小鱼，一般不吃

骨鱼 kut^{21}y^{21}

黄鱼　xuaŋ^{21}y^{21}

鳜鱼　kuəi^{24}y^{21}

鳗鱼　man^{24}y^{21}

带鱼　tai^{24}y^{21}

鲈鱼　lu^{21}y^{21}

塘角鱼 t^{h}aŋ^{21}kɔk^{21}y^{21}

鲶鱼　nen^{21}y^{21}

连拐鱼 len^{21}kuai^{55}y^{21}

花鱼　xua^{33}y^{21}

墨鱼　mɔ^{21}y^{21}

鱿鱼　iəu^{21}y^{21}

章鱼　ʦaŋ^{33}y^{21}

八爪鱼 pa^{24}ʦau^{55}y^{21}

仓鱼　ʦ^{h}aŋ^{33}y^{21}

白仓鱼 pe^{21}ʦ^{h}aŋ^{33}y^{21}

石斑鱼　sik^{21}pan^{33}y^{21}

黄花鱼　xuaŋ^{21}xua^{33}y^{21}

金鱼　kin^{33}y^{21}

虎头金鱼 xu^{55}t^{h}əu^{21}kin^{33}y^{21}

泥鳅　ni^{21}ʦ^{h}iəu^{33}

鳝鱼　黄鳝 xuaŋ^{21}sen^{24}

白鳝 pə^{21}sen^{24}

鲞　鱼干 y^{21}kan^{33} 剖开晒干的

鱼鳞　y^{21}lin^{21}

鱼刺　y^{21}ʦɿ^{24}

鱼骨 y^{21}kut^{21}

鱼鳔儿　鱼□y^{21}pəp^{55}

鳍　脊龙骨 ʦi^{21}luŋ^{21}kut^{21}

鱼鳃　y^{21}sai^{33}

鱼子　鱼蛋 y^{21}tan^{24}

鱼生 y^{21}ɬəŋ^{33} 生鱼片，生吃

鱼苗儿　鱼花 y^{21}xua^{33}

鱼苗 y^{21}miau^{21}

钓鱼　tiau^{24}y^{21}

钓鱼竿儿　钓竿 tiau^{24}kan^{55}

钓鱼钩儿　鱼钩 y^{21}ŋəu^{33}

浮子　浮筒 fəu^{21}t^{h}uŋ^{21}

鱼漂 y^{21}p^{h}iau^{33}

浮漂 fəu^{21}p^{h}iau^{33}

鱼篓儿　鱼篓 ləu^{55}y^{21}ləu^{55}

渔网　y^{21}uaŋ^{55}

罾　捞搅 lau^{21}kiau^{55}

虾　xia^{33}

　　虾弓 xia^{33}kuŋ^{33}

　河虾 xɔ^{21}xia^{33}

　土虾 tʰu^{55}xia^{33}

　海虾 xai^{55}xia^{33}

濑尿虾 lai^{33}niau^{24}xia^{33}

　对虾 təi^{24}xia^{33}

　龙虾 luŋ^{21} xia^{33}

（鲜）虾仁儿　虾仁 xia^{33}in^{21}

　　　　　　虾肉 xia^{33}iuk^{21}

（干）虾米　xia^{33}mi^{55}

虾头 xia^{33}tʰəu^{21}

虾皮　xia^{33}pʰi^{21}

干贝　瑶柱 iau^{21}ʦy^{24}

带子 tai^{24}ʦɿ^{55}

虾子　虾蛋 xia^{33}tan^{24}

龟　kuəi^{33}

　　乌龟 u^{33}kuəi^{33}

　山龟 san^{33}kuəi^{33}

　巴西龟 pa^{33}ɬi^{33}kuəi^{33}

　金钱龟 ki^{33}ʦʰen^{21}kuəi^{33}

　海龟 xai^{55}kuəi^{33}

鳖　水鱼 suəi^{55}y^{21} 养殖鳖

螃蟹　螃钳 pʰaŋ^{21}kʰen^{21}

　　螃凯 pʰaŋ^{21}kʰai^{55}

螃钳 pʰaŋ^{21}kʰen^{21} 河沟里的小蟹

蟹黄　蟹黄 se^{24}xuaŋ^{21}

蟹肉　螃钳肉 pʰaŋ^{21}kʰen^{21}iuk^{21}

青蛙　蚂蜗 ma^{33}kuai^{55}

　　　青蛙 ʦʰiŋ^{33}ua^{33}

大青蛙　大蚂蜗 ta^{24}ma^{33}kuai^{55}

　　　　田鸡 tʰen^{21}ki^{33}

小青蛙　小蚂蜗 siau^{55}ma^{33}kuai^{55}

树蛙　上树蜗 saŋ^{24}sy^{24}kuai^{55}

犁头蛙 li^{21}tʰəu^{21}ua^{33} 一种尖头小青蛙

牛蛙　□□uŋ^{33}aŋ^{33} 拟牛蛙叫声为名，大雨后发出这样声音的蛙

牛蛙 niəu^{21}ua^{33} 从美国引进的养殖肉蛙

长腰拐 ʦʰaŋ^{21}iau^{33}kuai^{55}

蝌蚪　kʰɔ^{33}təu^{55}

蟾蜍　癞蛤蟆 lai^{24}xa^{21}ma^{21}

蛤蚧　kɔ^{21}kai^{24}

　　　□□ək^{55}e^{21} 拟蛤蚧叫声为名

水蛭　蚂蟥 ma^{55}xuaŋ^{21}

　　金边蚂蟥 kin^{33}pen^{33}ma^{55}xuaŋ^{21} 一种有金边的大蚂蟥

　　黑蚂蟥 xə^{21}ma^{55}xuaŋ^{21}

　　山蚂蟥 san^{33}ma^{55}xuaŋ^{21}

螺蛳　lɔ^{21}ɬɿ^{33}

　　　田螺 tʰen^{21}lɔ^{21} 长在田里

　　　石螺 sik^{2}lɔ^{21} 长在江河

　　　福寿螺 fuk^{21}səu^{24}lɔ^{21}

螺肉　lɔ^{21}iuk^{21}

吃螺蛳　嘞田螺 ɬɔk^{21}tʰen^{21}lɔ^{21}

　　　　吃螺蛳 ʦʰit^{21}lɔ^{21}ɬɿ^{33}

蛤蜊　蚬壳 xen^{55}kʰɔk^{21}

青口螺 ʦ^{h}iŋ^{33}k^{h}əu^{55}lɔ^{21}

带子螺 tai^{24}ʦɿ^{55}lɔ^{21}

蛏子螺 siŋ^{24}ʦɿ^{55}lɔ^{21}

牡蛎　蠔 xau^{21}

蚬　蚬壳 xen^{55}k^{h}ɔk^{21}

蚬壳肉 xen^{55}k^{h}ɔk^{21}iuk^{21}

柒　房舍

(1)房子

住宅　宅子 ʦə^{21}ʦɿ^{55}

　　房子 faŋ^{21}ʦɿ^{55}

　　房 faŋ^{21}

(整座)房子　faŋ^{21}ʦɿ^{55}

院子　yen^{24}ʦɿ^{55}

　　后院 xəu^{24}yen^{24}

　　后园 xəu^{24}yen^{21}

院墙　围墙 uəi^{21}ʦ^{h}iaŋ^{21}

天井　t^{h}en^{33}ʦiŋ^{55}

(单间)屋子　房间 faŋ^{21}ken^{33}

外间　uai^{24}ken^{33}

里间　li^{55}ken^{33}

正房　ʦiŋ^{24}faŋ^{21}

　　右边房 iəu^{24}pen^{33}faŋ^{21}

厢房　ɬiaŋ^{33}faŋ^{21}

　　左边房 ʦɔ^{55}pen^{33}faŋ^{21}

客厅　堂屋 t^{h}aŋ^{21}u^{21}

　　客厅 k^{h}ə^{21}ʦ^{h}iŋ^{33}

头进 t^{h}əu^{21}ʦin^{24}

二进 ə^{24}ʦin^{24}

三进 ɬan^{33}ʦin^{24}

平房　p^{h}iŋ^{21}faŋ^{21}

　　瓦房 ua^{55}faŋ^{21}

楼房　ləu^{21}faŋ^{21}

洋房　洋楼 iaŋ^{21}ləu^{21} 旧指新式楼房

楼上　ləu^{21}saŋ^{24}

楼下　ləu^{21}xia^{24}

楼梯下　楼梯脚 ləu^{21}t^{h}i^{33}kiɔk^{21}

骑楼　k^{h}i^{21}ləu^{21}

门楼儿　mən^{21}ləu^{21} 大门上边牌楼式的顶

楼梯　ləu^{21}t^{h}i^{33}

梯子　t^{h}i^{33}ʦɿ^{55} 可移动的

阳台　iaŋ^{21}t^{h}ai^{21}

草房　茅草房 mau^{21}ʦ^{h}au^{55}faŋ^{21}

　　草房 ʦ^{h}au^{55}faŋ^{21}

(2)房屋结构

房脊　屋脊 u^{21}ʦi^{21}

房顶　faŋ^{21}tiŋ^{55}

　　屋顶 u^{21}tiŋ^{55}

房檐儿　屋檐 u^{21}ien^{21}

瓦檐 ua^{55}ien^{21}

梁　liaŋ^{21}

横梁 xəŋ^{21}liaŋ^{21}

大梁 ta^{24}liaŋ^{21}

小梁 siau^{55}liaŋ^{21}

挑手 tʰau^{33}səu^{55} 顶托屋檐横梁用

檩　横条 xəŋ^{21}tʰiau^{21}

椽子　角子 kiɔk^{21}tsɿ^{55}

格子 kək^{21}tsɿ^{55}

前皮 tsʰen^{21}pʰi^{21}

八字 pa^{21}tsɿ^{24}

葫芦顶 xu^{21}lu^{21}tiŋ^{55}

柱　柱子 tsy^{24}tsɿ^{55}

柱头 tsy^{24}tʰəu^{21}

砖柱 tsyen^{33}tsy^{24}

柱下石　石墩 sik^{21}ten^{33}

柱墩 tsy^{24}ten^{33}

台阶儿　码头□ma^{55}tʰəu^{21}kʰək^{55}

天花板　天花板 tʰen^{33}xua^{33}pan^{55}

正门　大门 ta^{24}mən^{21}

正门 tsiŋ^{24}mən^{21}

后门　xəu^{24}mən^{21}

小门 siau^{55}mən^{21}

边门儿　侧门 tsʰə^{21}mən^{21}

小门 siau^{55}mən^{21}

门坎儿　门坎 mən^{21}kʰan^{55}

门后　门背 mən^{21}pəi^{24} 门扇的后面

门背后 mən^{21}pəi^{24}xau^{24}

门角 mən^{21}kɔk^{21}

门洞　mən^{21}tuŋ^{24}

门栓　门闩 mən^{21}syen^{33}

门　门扇 mən^{21}sen^{24}

锁　ɬɔ^{55}

锁头 ɬɔ^{55}tʰəu^{21}

密码锁 mit^{21}ma^{55}ɬɔ^{55}

保险锁　暗锁 ŋan^{24}ɬɔ^{55}

铁锁 tʰet^{21}ɬɔ^{55}

铜锁 tʰuŋ^{21}ɬɔ^{55}

钥匙　锁匙 ɬɔ^{55}si^{21}

窗子　窗口 tsʰuaŋ^{33}kʰəu^{55}

窗棂　窗框 tsʰuaŋ^{33}kʰuaŋ^{33}

窗条 tsʰuaŋ^{33}tʰiau^{21}

窗扇　tsʰuaŋ^{33}sen^{24}

窗门 tsʰuaŋ^{33}mən^{21}

窗台　tsʰuaŋ^{33}tʰai^{21}

走廊　tsəu^{55}laŋ^{21}

过道 kɔ^{24}tau^{24}

楼道　走廊 tsəu^{55}laŋ^{21}

楼板　ləu^{21}pan^{55}

出水口　水洞口 suəi^{55}tuŋ^{24}kʰəu^{55}

出水口 tʰyt^{21}suəi^{55}kʰəu^{55}

排水沟　阳沟 iaŋ^{21}kəu^{33}

沟坑 kəu^{33}kʰəŋ^{33}

阴沟 in^{33}kəu^{33}

沉沙井 ʦ^{h}in^{21}sa^{33}ʦiŋ^{55}

阴沟角落 in^{33}kəu^{33}kɔk^{21}lɔk^{21}

(3)其他设施

厨房　灶边 ʦau^{24}pen^{33}

　　厨房 ʦ^{h}y^{21}faŋ^{21}

灶　火灶 xɔ^{55}ʦau^{24}

　　灶 ʦau^{24}

锅台　灶台 ʦau^{24}t^{h}ai^{21}

灶角 ʦau^{24}kɔk^{21}

灶口 ʦau^{24}k^{h}əu^{55}

烟道 ien^{33}tau^{24}

火炉　风炉 fuŋ^{33}lu^{21}

　　火炉 xɔ^{55}lu^{21}

　　煤炉 məi^{21}lu^{21}

　　煤油炉 məi^{21}iəu^{21}lu^{21}

　　煤气灶 məi^{21}k^{h}i^{24}ʦau^{24}

　　煤气炉 məi^{21}k^{h}i^{24}lu^{21}

炉门　lu^{21}mən^{21}

炉心 lu^{21}ɬin^{33}

烟囱　烟通 ien^{33}t^{h}uŋ^{33}

　　烟囱 ien^{33}ʦ^{h}uŋ^{33}

厕所　屎坑 si^{55}k^{h}əŋ^{33}

　　厕所 ʦ^{h}ə^{21}ɬɔ^{55}

磨房　碾米房 nen^{55}mi^{55}faŋ^{21}

　　磨房 mɔ^{24}faŋ^{21}

油坊　榨油坊 ʦa^{24}iəu^{21}faŋ^{21}

马棚　ma^{55}p^{h}əŋ^{21}

牛圈　牛栏 niəu^{21}lan^{21}

　　牛圈 niəu^{21}kyen^{24}

猪圈　猪栏 ʦy^{33}lan^{21}

　　猪圈 ʦy^{33}kyen^{24}

猪笼　猪笼 ʦy^{33}luŋ^{21}

猪食槽　潲槽 sau^{24}ʦ^{h}au^{21}

　　潲盆 sau^{24}p^{h}ən^{21}

　潲水桶 sau^{24}suəi^{55}t^{h}uŋ^{55}

　潲桶 sau^{24}t^{h}uŋ^{55}

羊圈　羊栏 iaŋ^{21}lan^{21}

　　羊圈 iaŋ^{21}kyen^{24}

狗窝　狗窦 kəu^{55}təu^{24}

　　狗窝 kəu^{55}ɔ^{33}

鸡窝　鸡窦 ki^{33}təu^{24}

　　鸡窝 ki^{33}ɔ^{33}

鸡笼　鸡笼 ki^{33}luŋ^{21}

鸡罩 ki^{33}ʦau^{24} 竹子编的,罩鸡的器具

猫窝　猫窦 miau^{33}təu^{24}

　　猫窝 miau^{33}ɔ^{33}

柴草垛　柴堆 ʦ^{h}ai^{21}təi^{33}

　草堆 ʦ^{h}au^{33}təi^{33}

稻草堆　tau^{24}ʦ^{h}au^{33}təi^{33}

捌 器具、用品

(1)一般家具

家具 kia^{33}ky^{24}

家伙 kia^{33}sɿ^{33}

柜 kuəi^{24}

柜子 kuəi^{24}ʦɿ^{55}

衣柜 i^{33}kuəi^{24}

钱柜 ʦ^{h}en^{21}kuəi^{24}

书柜 sy^{33}kuəi^{24}

碗柜 uɔn^{55}kuəi^{24}

鞋柜 xai^{21}kuəi^{24}

立柜 li^{21}kuəi^{24}

高柜 kau^{33}kuəi^{24}

矮柜 ŋai^{55}kuəi^{24}

电视柜 ten^{24}si^{24}kuəi^{24}

高低柜 kau^{33}ti^{33}kuəi^{24}

橱柜 ʦ^{h}y^{21}kuəi^{24}

壁柜 pi^{21}kuəi^{24}

桌子 ʦɔ^{21}ʦɿ^{55}

圆桌 lɔn^{21}ʦɔ^{21}

方桌 四方桌 sɿ^{24}faŋ^{33}ʦɔ^{21}

八仙桌 pa^{21}sen^{33}ʦɔ^{21}

条案 神台 sin^{21}t^{h}ai^{21} 一种狭长的桌子,一般用来供奉

办公桌 pan^{24}kuŋ^{33} ʦɔ^{21}

书桌 sy^{33}ʦɔ^{21}

保险柜 pau^{55}xen^{55}kuəi^{24}

饭桌 fan^{24}ʦɔ^{21}

桌布 ʦɔ^{21}pu^{24}

抽屉 柜桶 kuəi^{24}t^{h}uŋ^{55}

拖桶 t^{h}ɔ^{33}t^{h}uŋ^{55}

椅子 i^{55}ʦɿ^{55}

躺椅 懒人椅 lan^{55}in^{21}i^{55}

懒椅 lan^{55}i^{55}

躺椅 t^{h}aŋ^{55}i^{55}

椅子背儿 靠背 k^{h}au^{24}pəi^{24}

板凳 pan^{55}təŋ^{24}

长凳 ʦ^{h}aŋ^{21}təŋ^{24} 长条形

方凳 独头凳 tuk^{21}t^{h}əu^{21}təŋ^{24}

方凳 faŋ^{33}təŋ^{24}

小板凳儿 siau^{55}pan^{55}təŋ^{24}

凳崽 təŋ^{24}ʦai^{55}

矮凳 ŋai^{55}təŋ^{24}

圆凳 lɔn^{21}təŋ^{24}

高凳子 高凳 kau^{33}təŋ^{24}

床凳 ʦ^{h}uaŋ^{21}təŋ^{24} 架床板用的长凳

马扎 ma^{55}ʦa^{21}

蒲团 草墩 ʦ^{h}au^{55}tən^{33}

(2)卧室用具

床　tsʰuaŋ^{21}

床铺 tsʰuaŋ^{21}pʰu^{33}

铺板　床板 tsʰuaŋ^{21}pan^{55}

木床　木板床 muk^{21}pan^{55}tsʰuaŋ^{21}

竹床　tsuk^{21}tsʰuaŋ^{21}

高低床　kau^{33}ti^{33}tsʰuaŋ^{21}

弹簧床　tʰan^{21}xuaŋ^{21}tsʰuaŋ^{21}

床边 tsʰuaŋ^{21}pen^{33}

床头边 tsʰuaŋ^{21}tʰəu^{21}pen^{33}

床尾边 tsʰuaŋ^{21}uəi^{55}pen^{33}

帐子　蚊帐 uən^{21}tsaŋ^{24} 通称

纱蚊帐 sa^{33}uən^{21}tsaŋ^{24}

麻蚊帐 ma^{21} uən^{21}tsaŋ^{24}

棉蚊帐 men^{21}uən^{21}tsaŋ^{24}

方顶蚊帐 faŋ^{33}tiŋ^{55}uən^{21}tsaŋ^{24}

圆顶蚊帐 lɔn^{21}tiŋ^{55}uən^{21}tsaŋ^{24}

帐钩　蚊帐钩 uən^{21}tsaŋ^{24}ŋəu^{33}

蚊帐杆　uən^{21}tsaŋ^{24}kan^{55}

蚊帐竹 uən^{21}tsaŋ^{24}tsuk^{21} 挂蚊帐的竹竿

毯子　毯 tʰan^{55}

毯子 tʰan^{55}tsɿ^{55}

被子　pəi^{24}tsɿ^{55}

棉被 men^{21}pəi^{24}

被窝儿　被窝 pəi^{24}ɔ^{33}

被里　pəi^{24}li^{55}

被面　pəi^{24}men^{24}

被套 pəi^{24}tʰau^{24}

棉花胎　棉胎 men^{21}tʰai^{33}

床单　tsʰuaŋ^{21}tan^{33}

床毯 tsʰuaŋ^{21}tʰan^{55}

毛巾被　mau^{21}kin^{33}pəi^{24}

毛巾毯 mau^{21}kin^{33}tʰan^{55}

毛毯　mau^{21}tʰan^{55}

毡 tsen^{33}

棉毯　棉毡 men^{21}tsen^{33}

棉毯 men^{21}tʰan^{55}

褥子　垫被 ten^{24}pəi^{24}

席子　sik^{21}tsɿ^{55}

凉席 liaŋ^{21}sik^{21}

草席　tsʰau^{55}sik^{21}

竹席 tsuk^{21}sik^{21}

藤席　tʰəŋ^{21}sik^{21}

枕头 tsin^{55}tʰəu^{21}

枕套儿　枕头套 tsin^{55}tʰəu^{21}

枕头心儿　枕心 tsin^{55}ɬin^{33}

枕头心 tsin^{55}tʰəu^{21}ɬin^{33}

梳妆台　su^{33}tsuaŋ^{33}tʰai^{21}

镜子　kiŋ^{24}tsɿ^{55}

手提箱　səu^{55}tʰi^{21}ɬiaŋ^{33}

衣架 i^{33}kia^{24} 立在地上的

晾衣架　liaŋ^{24}i^{33}kia^{24}

衣架 i^{33}kia^{24}

晾竿　晾衣竿 liaŋ^{24}i^{33}kan^{55}

马桶　粪桶 fən^{24}tʰuŋ^{55}

　　尿桶 si^{55}tʰuŋ^{55}

　　尿桶 niau^{24}tʰuŋ^{55}

夜壶　尿罐 niau^{24}kɔn^{24}

　　痰罐 tʰan^{21}kɔn^{24}

手炉　火笼 xɔ^{55}luŋ^{21}

火盆　xɔ^{55}pʰən^{21}

热水袋　iet^{21}suəi^{55}tai^{24}

暖水瓶　暖壶 nɔn^{55}xu^{21}

(3) 炊事用具

风箱　fuŋ^{33}ɬiaŋ^{33}

通条 tʰuŋ^{33}tʰiau^{21} 通炉子的

火钳　xɔ^{55}kʰen^{21}

火筒　xɔ^{55}tʰuŋ^{21}

火铲子　灰铲 xuəi^{33}ʦʰan^{55} 铲炉灰用

柴草　柴 ʦʰai^{21}

　　柴火 ʦʰai^{21}xɔ^{55}

　　柴草 ʦʰai^{21}ʦʰau^{55}

　　松柴 suŋ^{33}ʦʰai^{21}

　　杂柴 ʦa^{21}ʦʰai^{21}

松木 suŋ^{33}muk^{21}

茅草　mau^{21} ʦʰau^{55}

稻秆　tau^{24}kan^{55}

麦秸　麦秆 mə^{21}kan^{55}

高粱秆儿　高粱梗 kau^{33}liaŋ^{21}kəŋ^{55}

　　高粱秆 kau^{33}liaŋ^{21}kan^{55}

玉米秆儿　玉米梗 i^{24}mi^{55}kəŋ^{55}

　　玉米秆 i^{24}mi^{55}kan^{55}

豆秸　豆梗 təu^{24}kəŋ^{55}

　　豆秆 təu^{24}kan^{55}

锯末　木糠 muk^{21}kʰaŋ^{33}

刨花　pʰau^{21}xua^{33}

油柴 iəu^{21}ʦʰai^{21} 有松油的松木劈柴，引火用

火柴　xɔ^{55}ʦʰai^{21}

锅头碗盏 kɔ^{33}tʰəu^{21}uɔn^{55}ʦan^{55} 泛指炊具

锅　kɔ^{33}

　　锅头 kɔ^{33}tʰəu^{21}

饭锅　fan^{24}kɔ^{33}

　　电饭锅 ten^{24}fan^{24}kɔ^{33}

　　电饭煲 ten^{24}fan^{24}pau^{33}

鼎锅 tiŋ^{55}kɔ^{33} 铸铁做的，底部小

　　钢锅 kaŋ^{33}kɔ^{33}

铜锅　tʰuŋ^{21}kɔ^{33}

锑锅　tʰi^{33}kɔ^{33}

铝锅　ly^{55}kɔ^{33}

砂锅　sa^{33}kɔ^{33}

　　瓦煲 ua^{55}pau^{33}

药煲　药煲罐 iɔk^{21}pau^{33}kɔn^{24} 熬中药的瓦锅

　　药罐 iɔk^{21}kɔn^{24}

炒菜锅 ʦʰau^{55}ʦʰai^{24}kɔ^{33} 用铸铁做的

　　大锅 ta^{24}kɔ^{33}

铁锅 tʰet^{21}kɔ^{33} 用锻造铁做的

小锅　siau^{55}kɔ^{33}

锅盖 kɔ^{33}kai^{24}

锅铲 kɔ^{33}ʦ^{h}an^{55}

锅灰 锅□kɔ^{33}lau^{33}

锅底 kɔ^{33}ti^{55}

水壶 suəi^{55}xu^{21} 烧开水用

烧水壶 sau^{33}suəi^{55}xu^{21}

暖壶 nɔn^{55}xu^{21}

开水壶 k^{h}ai^{33}suəi^{55}xu^{21}

洒水壶 sa^{55}suəi^{55}xu^{21}

碗 uɔn^{55}

饭碗 fan^{24}uɔn^{55}

瓷碗 ʦ^{h}ɿ^{21}uɔn^{55}

金边碗 kin^{33}pen^{33}uɔn^{55}

搪瓷碗 洋瓷碗 iaŋ^{21}ʦ^{h}ɿ^{21}uɔn^{55}

陶瓷碗 t^{h}au^{21}ʦ^{h}ɿ^{21}uɔn^{55}

海碗 xai^{55}uɔn^{55}

八角碗 pa^{21}kɔk^{21}uɔn^{55}

土碗 t^{h}u^{55}uɔn^{55}

小碗 siau^{55}uɔn^{55}

盬子 盬 ku^{55} 盛汤用

盬子 ku^{55}ʦɿ^{55}

茶杯 ʦ^{h}a^{21}pəi^{33} 瓷的带把儿的

杯子 pəi^{33}ʦɿ^{55}

茶缸 口盅 k^{h}əu^{55}ʦuŋ^{33}

玻璃杯 pɔ^{33}li^{21}pəi^{33}

碟子 碟 tet^{21}

碟子 tet^{21}ʦɿ^{55}

酱油碟 ʦiaŋ^{24}iəu^{21}tet^{21}

味碟 uəi^{24}tet^{21}

盘子 盘 p^{h}ɔn^{33}

盘子 p^{h}ɔn^{33}ʦɿ^{55}

大碟 ta^{24}tet^{21}

饭勺 饭瓢 fan^{24}p^{h}iau^{21}

汤瓢 t^{h}aŋ^{33}p^{h}iau^{21}

羹匙 瓷羹 ʦ^{h}ɿ^{21}kəŋ^{33}

匙羹 si^{21}kəŋ^{33}

条羹 t^{h}iau^{21}kəŋ^{33}

瓢羹 p^{h}iau^{21}kəŋ^{33}

筷子 k^{h}uai^{24}ʦɿ^{55}

竹筷 ʦuk^{21}k^{h}uai^{24}

木筷 muk^{21}k^{h}uai^{24}

银筷 in^{21}k^{h}uai^{24}

塑料筷 ɬɔ^{21}liau^{24}k^{h}uai^{24}

象牙筷 ɬiaŋ^{24}ia^{21}k^{h}uai^{24}

筷笼 筷筒 k^{h}uai^{24}t^{h}uŋ^{21}

托盘 t^{h}ɔk^{21}p^{h}ɔn^{21}

茶托 ʦ^{h}a^{21}t^{h}ɔk^{21}

果盘 kɔ^{55}p^{h}ɔn^{21}

酒杯 ʦiəu^{55}pəi^{33}

酒壶 ʦiəu^{55}xu^{21}

酒坛子 酒坛 ʦiəu^{55}t^{h}an^{21}

坛子 t^{h}an^{21}ʦɿ^{55}

坛 t^{h}an^{21}

罐子 kɔn^{24}ʦɿ^{55}

瓦罐 ua^{55}kɔn^{24}

酸坛 ɬɔn^{33}t^{h}an^{21}

坛坛罐罐 t^{h}an^{21}t^{h}an^{21}kɔn^{24}kɔn^{24}

油罐子 油罐 iəu^{21}kɔn^{24}

盐罐子 盐罐 ien^{21}kɔn^{24}

瓦盆 ua^{55}p^{h}ən^{21}

脸盆 len^{55}p^{h}ən^{21}

洗碗盆 ɬi^{55}uɔn^{55}p^{h}ən^{21}

洗脸盆 ɬi^{55}len^{55}p^{h}ən^{21}

洗手盆 ɬi^{55}səu^{55}p^{h}ən^{21}

洗脚盆 ɬi^{55}kiɔk^{21}p^{h}ən^{21}

瓢 p^{h}iau^{21}

水瓢 suəi^{55}p^{h}iau^{21}

笊篱 捞篱 lau^{21}li^{24}

瓶子 p^{h}iŋ^{21}ʦɿ^{55}

瓶盖儿 瓶盖 p^{h}iŋ^{21}kai^{24}

礤床 刨子 p^{h}au^{21}ʦɿ^{55}

刨刀 p^{h}au^{21}tau^{33}

粉利刨 fən^{55}li^{24}p^{h}au^{21}

菜刀 ʦ^{h}ai^{24}tau^{33}

杀猪刀 劏猪刀 t^{h}aŋ^{33}ʦy^{33}tau^{33}

杀猪刀 sa^{21}ʦy^{33}tau^{33}

水果刀 水果刀 suəi^{55}kɔ^{55}tau^{33}

小刀 刀崽 tau^{33}ʦai^{55}

小刀 siau^{55}tau^{33}

电工刀 ten^{24}kuŋ^{33}tau^{33}

砧板 砧板 ʦiŋ^{33}pan^{55}

铁木砧板 t^{h}et^{21}muk^{21}ʦiŋ^{33}pan^{55}

竹砧板 ʦuk^{21}ʦiŋ^{33}pan^{55}

面板 men^{24}pan^{55} 做面食用的

水桶 suəi^{55}t^{h}uŋ^{55} 挑水用

挑水桶 t^{h}iau^{33}t^{h}uŋ^{55}

木桶 muk^{21}t^{h}uŋ^{55}

锑桶 t^{h}i^{33}t^{h}uŋ^{55} 提水、洗澡用的铁桶

饭桶 fan^{24}t^{h}uŋ^{55}

蒸笼 ʦiŋ^{33}luŋ^{21}

箅子 蒸格 ʦiŋ^{33}kək^{21} 蒸食物用的

箅子 pi^{24}ʦɿ^{55}

水缸 suəi^{55}kaŋ^{33}

米缸 mi^{55}kaŋ^{33}

泔水缸 潲水缸 sau^{24}suəi^{55}kaŋ^{33}

泔水 潲水 sau^{24}suəi^{55}

抹布 抹桌布 mət^{21}ʦɔ^{21}pu^{24}

抹布 mət^{21}pu^{24}

洗碗布 ɬi^{55}uɔn^{55}pu^{24}

(4)工匠用具

刨子 刨 p^{h}au^{21}

刨子 p^{h}au^{21}ʦɿ^{55}

长刨 ʦ^{h}aŋ^{21}p^{h}au^{21}

短刨 tɔn^{55}p^{h}au^{21}

弯刨 uan^{33}p^{h}au^{21}

槽刨 ʦ^{h}au^{21}p^{h}au^{21}

线刨 sen^{24}p^{h}au^{21}

电刨 ten^{24}p^{h}au^{21}

斧子 斧头 fu^{55}t^{h}əu^{21}

手斧 səu^{55}fu^{55}

木工斧 muk^{21}kuŋ^{33}fu^{55}

劈柴斧 pik^{21}tsʰai^{21}fu^{55}

砍树斧 kʰan^{55}sy^{24}fu^{55}

锯子 ky^{24}tsɿ^{55}

锯 ky^{24}

开板锯 kʰai^{33}pan^{55}ky^{24}

榫头锯 ɬən^{55}tʰəu^{21}ky^{24}

大锯 ta^{24}ky^{24}

细牙锯 ɬi^{24}ia^{21}ky^{24}

粗牙锯 tsʰu^{33}ia^{21}ky^{24}

钢锯 kaŋ^{33}ky^{24}

带锯 tai^{24}ky^{24}

电锯 ten^{24}ky^{24} 电动的

凿子 tsɔk^{21}tsɿ^{55}

凿 tsɔk^{21}

两分凿 liaŋ^{55}fən^{33}tsɔk^{21}

四分凿 ɬi^{24}fən^{33} tsɔk^{21}

六分凿 luk^{21}fən^{33} tsɔk^{21}

八分凿 pa^{21}fən^{33}tsɔk^{21}

圆凿 lɔn^{21}tsɔk^{21}

铲凿 tsʰan^{55}tsɔk^{21}

尺子 尺 tsʰik^{21}

摺尺 tset^{21}tsʰik^{21}

角尺 kɔk^{21}tsʰik^{21}

木工尺 muk^{21}kuŋ^{33}tsʰik^{21}

卷尺 钢卷尺 kaŋ^{33}kyen^{55}tsʰik^{21}

卷尺 kyen^{55}tsʰik^{21}

皮尺 软尺 yen^{55}tsʰik^{21}

皮尺 pʰi^{21}tsʰik^{21}

墨斗 mɔ^{21}təu^{55}

墨线 墨斗线 mɔ^{21}təu^{55}sen^{24}

墨线 mɔ^{21}sen^{24}

弹墨线 tʰan^{21}mɔ^{21}sen^{24}

钻 钻头 tsyen^{24}tʰəu^{21}

手钻 səu^{55}tsyen^{24}

电钻 ten^{24}tsyen^{24}

开板 解板 kai^{55}pan^{55}

开板 kʰai^{33}pan^{55}

斗木 təu^{24}muk^{21} 做木工活

斗桌（椅）子 təu^{24}tsɔ^{21}（i^{55}）tsɿ^{55}

斗衣柜 təu^{24}i^{33}kuəi^{24}

钉子 tiŋ^{33}tsɿ^{55}

钢钉 kaŋ^{33}tiŋ^{33}

木钉 muk^{21}tiŋ^{33}

铁钉 tʰet^{21}tiŋ^{33}

木屐钉 muk^{21}kʰek^{55}tiŋ^{33} 方形小铁钉，钉鞋、木屐用

鞋钉 xai^{21}tiŋ^{33}

五分钉 u^{55}fən^{33}tiŋ^{33}

一寸钉 it^{21}tsʰən^{24}tiŋ^{33}

寸五钉 tsʰən^{24}u^{55}tiŋ^{33}

搭直 təp^{21}tsik^{21} 把弯的钉子锤直

螺丝钉 lɔ^{21}ɬɿ^{33}tiŋ^{33}

螺母 lɔ^{21}mu^{55}

起子　螺丝批 lɔ^{21}ɬɿ^{33}pʰi^{33}

拧螺丝　上螺丝 saŋ^{24}lɔ^{21}ɬɿ^{33}

扭螺丝 niəu^{55}lɔ^{21}ɬɿ^{33}

马钉　ma^{55}tiŋ^{33}

蚂蟥钉 ma^{55}xuaŋ^{21}tiŋ^{33}

水泥钉 suəi^{55}ni^{21}tiŋ^{33}

膨胀钉 pəŋ^{21}tsaŋ^{24}tiŋ^{33}

钳子　钳 kʰen^{21}

钳子 kʰen^{21}tsɿ^{55}

胶钳 kiau^{33}kʰan^{21}

尖嘴钳 tsen^{33}tsəi^{55}kʰen^{21}

钉锤　锤子 tsʰuəi^{21}tsɿ^{55}

搭锤 təp^{21}tsʰuəi^{21}

铁锤 tsʰet^{21}tsʰuəi^{21}

羊角锤 iaŋ^{21}kɔk^{21}tsʰuəi^{21}

手锤 səu^{55}tsʰuəi^{21}

镊子　net^{21}tsɿ^{55}

绳子　siŋ^{21}tsɿ^{55}

合叶 xɔ^{21}iet^{21}

瓦刀　砖刀 tsyen^{33}tau^{33}

瓦刀 ua^{55}tau^{33}

抹子　灰批 xuəi^{33}pʰi^{33}

灰刀 xuəi^{33}tau^{33}小的

泥水刀 suəi^{55}ni^{21}tau^{33}

批灰刀 pʰi^{33}xuəi^{33}tau^{33}

泥板　灰托 xuəi^{33}tʰɔk^{21}瓦工用来盛抹墙物的木板

泥托 ni^{21}tʰɔk^{21}

灰斗子　灰桶 xuəi^{33}tʰuŋ^{55}

造房子　起房子 ki^{55}faŋ^{21}tsɿ^{55}

盖房子 kai^{24}faŋ^{21}tsɿ^{55}

挖墙脚 ua^{33}tsʰiaŋ^{21}kiɔk^{21}

砌砖 tsʰi^{24}tsyen^{33}

舂墙tsʰuŋ^{33}tsʰiaŋ^{21}旧时农村多用泥巴筑墙

舂泥墙 tsʰuŋ^{33}ni^{21}tsʰiaŋ^{21}

墙桶 tsʰiaŋ^{21}tʰuŋ^{55}舂墙用的

舂槌 tsʰuŋ^{33}tsʰuəi^{21}夯土用

舂泥槌 tsʰuŋ^{33}ni^{21}tsʰuəi^{21}

批趟 pʰi^{33}tʰaŋ^{24}用抹子抹平

批灰 pʰi^{33}xuəi^{33}

刷灰 sua^{21}xuəi^{33}

过灰水 kɔ^{24}xuəi^{33}suəi^{55}

刷灰水 suə^{21}suəi^{55}粉刷石灰

过油漆 kɔ^{24}iəu^{21}tsʰi^{21}上油漆

刷油漆 sua^{21}iəu^{21}tsʰi^{21}

上油漆 saŋ^{24}iəu^{21}tsʰi^{21}

检漏 ken^{55}ləu^{24}上房顶检漏

执漏 tsəp^{55}ləu^{24}

砧子　铁枕 tʰet^{21}tsin^{55}打铁时垫铁块用

剃刀　剃刀 tʰi^{24}tau^{33}

剃头刀 tʰi^{24}tʰəu^{21}tau^{33}

胡鬚刀 xu^{21}ɬy^{33}tu^{33}刀片刮鬚刀

推子　飞剪 fəi^{33}tsen^{55}

理髮剪　理髮剪 li^{55}fət^{21}tsen^{55}

梳子　梳子 su^{33}tsɿ^{55}

木梳 muk^{21}su^{33}

桃木梳 t^{h}au^{21}muk^{21}su^{33}

塑料梳 ɬɔ^{21}liau^{24}su^{33}

骨梳 kut^{21}su^{33}

牛角梳 niəu^{21}kɔk^{21}su^{33}

羊角梳 iaŋ^{21}kɔk^{21}su^{33}

篦子　篦子 pi^{24}tsɿ^{55}

鐾刀布　刷刀布 sua^{21}tau^{33}pu^{24}

理髮椅　理髮凳 li^{55}fət^{21}təŋ^{24}

缝纫机　衣车 i^{33}ts^{h}e^{33}

马蹄 ma^{55}t^{h}i^{21} 缝纫机用

车脚 ts^{h}e^{33}kiɔk^{21}

衣车牙 i^{33}ts^{h}e^{33}ia^{21}

踩脚 ts^{h}ai^{55}kiɔk^{21} 缝纫机踏板

剪子　剪刀 tsen^{55}tau^{33}

裁缝剪　裁缝剪 ts^{h}ai^{21}fuŋ^{21}tsen^{55}

熨斗　烫斗 t^{h}aŋ^{24}təu^{55}

电烫斗 ten^{24}t^{h}aŋ^{24}təu^{55}

烙铁　烙铁 lɔ^{21}t^{h}et^{21}

弓子　棉花弓 men^{21}xua^{33}kuŋ^{33}

棉花弹 men^{21}xua^{33}t^{h}an^{21}

弹棉锤 t^{h}an^{21}men^{21}ts^{h}uəi^{21}

纺车　纺车 faŋ^{55}ts^{h}e^{33}

织布机　织布机 tsik^{21}pu^{24}ki^{33} 旧式的

梭　梭 ɬɔ^{33}

(5)其他生活用品

东西　东西 tuŋ^{33}si^{33}

洗脸水　洗脸水 ɬi^{55}len^{55}suəi^{55}

脸盆　脸盆 len^{55}p^{h}ən^{21}

洗脸盆 ɬi^{55}len^{55}p^{h}ən^{21}

脸盆架　脸盆架 len^{55}p^{h}ən^{21}kia^{24}

澡盆　洗凉盆 ɬɿ^{55}liaŋ^{21}p^{h}ən^{21}

猪腰盆 tsy^{33}iau^{33}p^{h}ən^{21} 一种洗澡用的椭圆形大铁盆

大锑盆 ta^{24}t^{h}i^{33}p^{h}ən^{21}

大木盆 ta^{24}muk^{21}p^{h}ən^{21}

木盆 muk^{21}p^{h}ən^{21}

洗脚盆 ɬi^{55}kiɔk^{21}p^{h}ən^{21} 洗脚用

香皂　香皂 xiaŋ^{33}tsau^{24}

肥皂　肥皂 fəi^{21}tsau^{24}

灰水　灰水 xuəi^{33}suəi^{55}

洗衣粉　洗衣粉 ɬi^{55}i^{33}fən^{55}

茶麸 ts^{h}a^{21}ku^{33} 茶子榨油后的渣滓，洗头或洗衣用

茶麸饼 ts^{h}a^{21}ku^{33}piŋ^{55}

花生麸 xua^{33}ɬəŋ^{33}ku^{33}

毛巾　毛巾 mau^{21}kin^{33}

手巾 səu^{55}kin^{33}

脸巾 len^{55}kin^{33}

大毛巾　大毛巾 ta^{24}mau^{21}kin^{33}

擦脚布　抹脚巾 mət^{21}kiɔk^{21}kin^{33}

抹脚布 mət^{21}kiɔk^{21}pu^{24}

气灯　气灯 k^{h}i^{24}təŋ^{33}

马灯 ma^{55}təŋ^{33}

蜡烛　蜡烛 lət^{21}ʦuk^{21}

蜡烛芯 lət^{21}ʦuk^{21}ɬin^{33}

蜡烛油 lət^{21}ʦuk^{21}iəu^{21}

烛台　烛台 ʦuk^{21}tʰai^{21}

煤油灯　煤油灯 məi^{21}iəu^{21}təŋ^{33}

火油灯 xɔ^{55}iəu^{21}təŋ^{33}

油灯 iəu^{21}təŋ^{33} 用花生油点的

灯芯　灯芯 təŋ^{33}ɬin^{33}

灯罩　灯罩 təŋ^{33}ʦau^{24}

灯盏　灯盏 təŋ^{33}ʦan^{55}

灯草　灯芯草 təŋ^{33}ɬin^{33}ʦʰau^{55}

灯草 təŋ^{33}ʦʰau^{55}

灯油　灯油 təŋ^{33}iəu^{21}

灯笼　灯笼 təŋ^{33}luŋ^{21}

手提包　手提包 səu^{55}tʰi^{21}pau^{33}

手提袋 səu^{55}tʰi^{21}tai^{24}

提包 tʰi^{21}pau^{33}

提袋 tʰi^{21}tai^{24}

手篮 səu^{55}lan^{21} 买菜用的一种提篮

菜篮　菜篮 ʦʰai^{24}lan^{21}

钱包　钱包 ʦʰen^{21}pau^{33}

银钱包 ŋən^{21}ʦʰen^{21}pau^{33}

图章　私章 sɿ^{33}ʦaŋ^{33} 私人用的

公章 kuŋ^{33}ʦaŋ^{33}

盖章　盖章 kai^{24}ʦaŋ^{33}

望远镜　望远镜 uaŋ^{24}yen^{55}kiŋ^{24}

千里镜 ʦʰen^{33}li^{55}kiŋ^{24}

浆糊　浆糊 ʦiaŋ^{33}xu^{21}

香糊 xiaŋ^{33}xu^{21}

顶针儿　顶针 tiŋ^{55}ʦin^{33}

顶指 tiŋ^{55}ʦi^{55}

线轴儿　车线 ʦʰe^{33}sen^{24}

线碌 sen^{24}luk^{55}

车碌 ʦʰe^{33}luk^{55}

车碌线 ʦʰe^{33}luk^{55}sen^{24}

缝衣针　缝衣针 fuŋ^{21}i^{33}ʦin^{33}

衣车针 i^{33}ʦʰe^{33}ʦin^{33} 缝纫机用

毛线针 mau^{21}sen^{24}ʦin^{33}

鞋底针 xai^{21}ti^{55}ʦin^{33}

麻袋针 ma^{21}tai^{24}ʦin^{33}

针鼻儿　针眼 ʦin^{33}ien^{55} 针上引线的孔

针窿 ʦin^{33}luŋ^{33}

针尖　针尖 ʦin^{33}ʦen^{33}

针脚　针脚 ʦin^{33}kiɔk^{21}

穿针　穿针 ʦʰyen^{33}ʦin^{33}

穿针引线 ʦʰyen^{33}ʦin^{33}in^{55}sen^{24}

锥子　锥子 ʦuəi^{33}ʦɿ^{55}

勾锥 ŋəu^{33}ʦuəi^{33}

空心锥 kʰuŋ^{33}ɬin^{33}ʦuəi^{33}

圆锥 lɔn^{21}ʦuəi^{33}

耳挖子　挖耳勺 ua^{33}ə^{55}sau^{21}

洗衣板儿　洗衣板 ɬi^{55}i^{33}pan^{55}

搓衣板 ʦʰɔ^{33}i^{33}pan^{55}

搓板 ʦʰɔ^{33}pan^{55}

棒槌　洗衣槌 ɬi^{55}i^{33}ʦʰuəi^{21}

鸡毛掸子　鸡毛扫 ki^{33}mau^{21}sau^{55}

扇子　扇子 sen^{24}ʦɿ^{55}

蒲扇　蒲扇 pʰu^{21}sen^{24}

　　葵扇 kʰuəi^{21}sen^{24}

　　大葵扇 ta^{24}kʰuəi^{21}sen^{24}

草扇　ʦʰau^{55}sen^{24}

纸扇　纸扇 ʦi^{55}sen^{24}

　　折扇 ʦet^{21}sen^{24}

扇扇子　扇扇子 sen^{33}sen^{24}ʦɿ^{55}

拐杖　拐棍 kuai^{55}kuən^{24} 中式的

手杖　拐棍 kuai^{55}kuən^{24} 西式的

　　手杖 səu^{55}ʦaŋ^{24}

拄手杖　撑拐棍 ʦʰəŋ^{33}kuai^{55}kuən^{24}

　　顶拐棍 tiŋ^{55}kuai^{55}kuən^{24}

手纸　草纸 ʦʰau^{55}ʦi^{55}

　　手纸 səu^{55}ʦi^{55}

　　卫生纸 uəi^{24}ɬəŋ^{33}ʦi^{55}

　　抹屎纸 mət^{21}si^{55}ʦi^{55}

　　屙屎纸 ɔ^{33}si^{55}ʦi^{55}

卫生球　卫生球 uəi^{24}ɬəŋ^{33}kʰiəu^{21}

　　臭珠 ʦʰəu^{24}ʦy^{33}

玖　称谓

(1)一般称谓

男人　男人 nan^{21}in^{21}

　　男人公 nan^{21}in^{21}kuŋ^{33}

女人　女人 ny^{55}in^{21}

　　女人婆 ny^{55}in^{21}pʰɔ^{21}

婴儿　小娃娃 siau^{55}ua^{21}ua^{35}

　　娃娃仔 ua^{21}ua^{35}ʦai^{55}

小孩儿　小娃仔 siau^{55}ua^{21}ʦai^{55}

　　娃仔 ua^{21}ʦai^{55}

　　鬼仔 kuəi^{55}ʦai^{55}

　　小鬼仔 siau^{55}kuəi^{55}ʦai^{55}

　　小屁股 siau^{55}pʰi^{24}ku^{55}

男孩儿　男仔 nan^{21}ʦai^{55}

　　男娃仔 nan^{21}ua^{21}ʦai^{55}

　　弟弟 ti^{21}ti^{35}

女孩儿　女仔 ny^{55}ʦai^{55}

　　妹仔 məi^{24}ʦai^{55}

　　女娃仔 ny^{55}ua^{21}ʦai^{55}

　　妹妹 məi^{21}məi^{35}

老头儿　阿公 a^{33}kɔŋ^{35}

　　老头子 lau^{55}tʰəu^{21}ʦɿ^{55}

老太婆　阿婆 a^{33}pʰɔ^{21}

　　老太婆 lau^{55}tʰai^{24}pʰɔ^{21}

老人家　老人家 lau^{55}in^{21}kia^{33}

　　老人 lau^{55}in^{21}

　　老屁股 lau^{55}pʰi^{24}ku^{55} 贬意

小伙子　后生崽 xəu^{24}ɬəŋ^{33}ʦai^{55}

后生人 xəu^{24}ɬəŋ^{33}in^{21}

年轻崽 nen^{21}k^{h}iŋ^{33}ʦai^{55}

姑娘　姑娘 ku^{33}niaŋ^{33}

姑娘仔 ku^{33}niaŋ^{33}ʦai^{55}

妹仔 məi^{24}ʦai^{55}

阿妹 a^{33}məi^{35}

城里人　街上人 kai^{55}saŋ^{24}in^{21}

乡巴佬　土佬 ʦ^{h}u^{55}lau^{55}

乡巴佬 xiaŋ^{33}pa^{33}lau^{55}

□佬 pɔk^{55}lau^{55}

村佬 ʦ^{h}ən^{33}lau^{55}

乡下佬 xiaŋ^{33}xia^{24}lau^{55}

乡下人　农村人 nuŋ^{21}ʦ^{h}ən^{33}in^{21}

乡下佬 xiaŋ^{33}xia^{24}lau^{55}

一家子　本家 pən^{55}kia^{33} 同宗同姓的

外地人　外地人 uai^{24}ʦi^{24}in^{21}

外地佬 uai^{24}ʦi^{24}lau^{55}

本地人　本地人 pen^{55}ti^{24}in^{21}

外国人　外国佬 uai^{24}kɔ^{21}lau^{55}

鬼佬 kuəi^{55}lau^{55}

番佬 fan^{33}lau^{55}

自己人　自己人 ʦɿ^{24}ki^{55}in^{21}

外人　外人 uai^{24}in^{21}

外头人 uai^{24}t^{h}əu^{21}in^{21}

生人　生人 ɬəŋ^{33}in^{21}

生脸人 ɬəŋ^{33}len^{55}in^{21}

熟人　熟人 suk^{21}in^{21}

熟脸人 suk^{21}len^{55}in^{21}

客人　客人 k^{h}ə^{21}in^{21}

客 k^{h}ə^{21}

同庚　同年 t^{h}uŋ^{21}nen^{21}

老同 lau^{55}t^{h}uŋ^{21}

内行　在行 ʦai^{24}xaŋ^{21}

熟行 suk^{21}xaŋ^{21}

内行 nəi^{24}xaŋ^{21}

老行 lau^{55}xaŋ^{21}

老辣 lau^{55}lət^{21}

外行　外行 uai^{24}xaŋ^{21}

不熟行 mə^{55}suk^{21}xaŋ^{21}

不老辣 mə^{55}lau^{55}lət^{21}

不在行 mə^{55}ʦai^{24}xaŋ^{21}

半瓶醋　半桶水 pən^{24}t^{h}uŋ^{55}suəi^{55}

荐头　介绍人 kai^{24}sau^{24}in^{21} 介绍佣人、奶妈等的介绍人

中间人 ʦuŋ^{33}ken^{33}in^{21}

九八佬 kiəu^{55}pa^{21}lau^{55}

中介 ʦuŋ^{33}kai^{24}

单身汉　寡佬 kua^{55}lau^{55}

寡公佬 kua^{55}kuŋ^{33}lau^{55}

单身汉 tan^{33}sin^{33}xan^{24}

单身寡佬 tan^{33}sin^{33}kua^{55}lau^{55}

老姑娘　老女人 lau^{55}ny^{55}in^{21}

老姑娘 lau^{55}ku^{33}niaŋ^{33}

童养媳　童养媳 t^{h}uŋ^{21}iaŋ^{55}si^{21}

二婚头　二婚 ə^{24}xuən^{33}

寡妇　寡母 kua^{55}mu^{55}

　　寡妇 kua^{55}fu^{24}

婊子　鸡婆 ki^{33}p^{h}ɔ^{21}

　　鸡 ki^{33}

　　老举婆 lau^{55}ky^{55}p^{h}ɔ^{21}

妓女　鸡婆 ki^{33}p^{h}ɔ^{21}

　　鸡 ki^{33}

　　老举婆 lau^{55}ky^{55}p^{h}ɔ^{21}

色狼 sə^{21}laŋ^{21} 好色、下流的男人

　踏灰佬 t^{h}a^{21}xuəi^{33}lau^{55}

姘头　野佬 e^{55}lau^{55}

　　野婆 e^{55}p^{h}ɔ^{21}

　　姘头 p^{h}iŋ^{24}t^{h}əu^{21}

找男人 ʦau^{55}nan^{21}in^{21} 找汉子

找野佬（婆）ʦau^{55}ie^{55}lau^{55}（p^{h}ɔ^{21}） 找姘头

三八婆 ɬan^{33}pa^{21}p^{h}ɔ^{21} 爱管闲事的女人，饶舌妇

　多嘴婆 tɔ^{33}ʦəi^{55}p^{h}ɔ^{21}

　扯咧婆 ʦ^{h}e^{33}le^{33}p^{h}ɔ^{21}

私生子　野仔 ie^{55}ʦai^{55}

囚犯　劳改犯 lau^{21}kai^{55}fan^{24}

　　犯人 fan^{24}in^{21}

衙役　县差 xen^{24}ʦ^{h}ai^{33} 旧时

暴发户儿　暴发户 pau^{24}fa^{21}xu^{24}

有钱人　有钱人 iəu^{55}ʦ^{h}en^{21}in^{21}

　　有钱佬 iəu^{55}ʦ^{h}en^{21}lau^{55}

穷人　穷人 k^{h}iuŋ^{21}in^{21}

　　穷鬼 k^{h}iuŋ^{21}kuəi^{55}

吝啬鬼　□屎佬 ŋet^{21}si^{55}lau^{55}

　　小气鬼 siau^{55}k^{h}i^{24}kuəi^{55}

败家子　败家仔 pai^{24}kia^{33}ʦai^{55}

乞丐　靠化子 k^{h}au^{24}xua^{24}ʦɿ^{55}

　　讨饭佬 t^{h}au^{55}fan^{24}lau^{55}

　　乞丐 k^{h}i^{24}kai^{24}

走江湖的　江湖佬 kiaŋ^{33}xu^{21}lau^{55}

骗子　骗子 p^{h}en^{24}ʦɿ^{55}

　　哄人嗌 xuŋ^{55}in^{21}e^{33}

流氓　烂仔 lan^{24}ʦai^{55}

　　烂仔头 lan^{24}ʦai^{55}t^{h}əu^{21}

　　流氓 liəu^{21}maŋ^{21}

　　散仔 san^{55}ʦai^{55}

　　流氓烂（散）仔 liəu^{21}maŋ^{21} lan^{24}（san^{55}）ʦai^{55}

　　留头浪荡 liəu^{21}t^{h}əu^{21}laŋ^{24}taŋ^{24}

土匪　土匪 t^{h}u^{55}fəi^{55}

强盗　强盗 k^{h}iaŋ^{21}tau^{24}

贼　小偷 siau^{55}t^{h}əu^{33}

扒手　小偷 siau^{55}t^{h}əu^{33}

　　三只手 ɬan^{33}ʦi^{33}səu^{55}

　　钳工 k^{h}en^{21}kuŋ^{33}

鸦片鬼 ia^{33}p^{h}en^{24}kuəi^{55} 旧时抽鸦片的人

　大烟鬼 ta^{24}ien^{33}kuəi^{55}

粉仔 fən^{55}ʦai^{55} 吸毒男青年

粉妹 fən^{55}məi^{24} 吸毒女青年

牛骨仔 niəu^{21}kut^{21}ʦai^{55} 淘气的孩子

犟仔 kiaŋ^{24}ʦai^{55}

赖哭猫 lai^{24}k^{h}uk^{21}miau^{33} 爱哭闹的孩子

猫西鬼 miau^{33}si^{33}kuəi^{55}

搅屎棍 kiau^{55}si^{55}kun^{24} 调皮捣蛋、挑拨离间的人

□囊 ɬəm^{21}naŋ^{33} 没有主见的人

两头蛇 liaŋ^{55}t^{h}əu^{21}se^{21} 喻指善于投机、两面三刀的人

笨蛋　□瓜 səm^{21}kua^{33}

蠢材 ʦ^{h}yn^{55}ʦ^{h}ai^{21}

□瓜 ɬɔ^{21}kua^{33}

大番薯 ta^{24}fan^{33}sy^{21}

笨卵 pən^{24}lɔn^{55} 詈语

□囊 ɬɔ^{21}naŋ^{33}

草包　□包仔 nəm^{21}pau^{33}ʦai^{55}

家伙　野仔 ie^{55}ʦai^{55}

卵仔 lɔn^{55}ʦai^{55}

卵野仔 lɔn^{55}ie^{55}ʦai^{55}

相家 ɬiaŋ^{24}kia^{33} 能干的人

大个子　大□ ta^{24}kəu^{21}

大碌 ta^{24}lɔk^{55}

矮个子　三寸钉 ɬan^{33}ʦ^{h}ən^{24}tiŋ^{33}

矮仔 ŋai^{55}ʦai^{55}

老结丁 lau^{55}ket^{21}tiŋ^{33}

十年养九斤 sit^{21}nen^{21}

iaŋ^{55}kiəu^{55}kin^{33}

大人物　大人物 ta^{24}in^{21}u^{21}

老好人　和事佬 xɔ^{21}ɬɿ^{24}lau^{55}

老好人 lau^{55}xau^{55}in^{21}

(2)职业称谓

工作　工 kuŋ^{33}

工作 kuŋ^{33}ʦɔ^{21}

事 ɬi^{24}

工人　工仔 kuŋ^{33}ʦai^{55}

工人 kuŋ^{33}in^{21}

雇工　工仔 kuŋ^{33}ʦai^{55}

长工　长工 ʦ^{h}aŋ^{21}kuŋ^{33}

短工　短工 tɔn^{55}kuŋ^{33}

零工　零工 liŋ^{21}kuŋ^{33}

散工 san^{55}kuŋ^{33}

农民　种田佬 ʦuŋ^{24}t^{h}en^{21}lau^{55}

农民 nuŋ^{21}min^{21}

放牛的　放牛的 faŋ^{24}niəu^{21}e^{33}

做买卖的　生意佬 ɬəŋ^{33}i^{24}lau^{55}

做生意的 ʦɔ^{24}ɬəŋ^{33}i^{24}e^{33}

开店的 k^{h}ai^{33}ten^{24}e^{33}

老板　老板 lau^{55}pan^{55}

老板娘　老板娘 lau^{55}pan^{55}niaŋ^{21}

伙计　伙计 xɔ^{55}ki^{24} 店员或长工

学徒　学徒 xic^{21}t^{h}u^{21}

顾客　顾客 ku^{24}k^{h}ə^{21}

常客　熟客 suk^{21}k^{h}ə^{21}

老顾客 lau^{55}ku^{24}k^{h}ə^{21}

小贩　贩子 fan^{24}ʦɿ^{55}

贩子手 fan^{24}ʦɿ^{55}səu^{55}

贩手 fan^{24}səu^{55}

小商贩 siau^{55}saŋ^{33}fan^{24}

摊贩 t^{h}an^{33}fan^{24}

(私塾)教书先生　先生 sen^{33}ɬəŋ^{33}

(学校)教员　老师 lau^{55}ɬɿ^{33}

学生　学生 xiɔ^{21}ɬəŋ^{33}

同学　同学 t^{h}uŋ^{21}xiɔ^{21}

朋友　朋友 p^{h}əŋ^{21}iəu^{55}

老伙计 lau^{55}fɔ^{55}ki^{24}

好朋友　老友 lau^{55}iəu^{55}

老伙 lau^{55}fɔ^{55}

老伙计 lau^{55}fɔ^{55}ki^{24}

友仔 iəu^{55}ʦai^{55}

友女 iəu^{55}ny^{55}

阿友 a^{33}iəu^{35}

兵　兵佬 piŋ^{33}lau^{55}

兵 piŋ^{33}

当兵的 taŋ^{33}piŋ^{33}e^{33}

兵仔 piŋ^{33}ʦai^{55}

军佬 kyn^{33}lau^{55}

警察　警察 kiŋ^{55}ʦ^{h}a^{21}

黑狗 xə^{21}kəu^{55} 旧时

医生　医生 i^{33}ɬəŋ^{33}

医师 i^{33}ɬɿ^{33}

司机　司机 ɬɿ^{33}ki^{33}

开车的 k^{h}ai^{33}ʦ^{h}e^{33}e^{33}

手艺人　手艺人 səu^{55}i^{24}in^{21}

木匠　木工佬 muk^{21}kuŋ^{33}lau^{55}

瓦匠　泥水佬 ni^{21}suəi^{55}lau^{55} 砌墙、抹墙的

大师傅　大工 ta^{24}kuŋ^{33}

大师傅 ta^{24}ɬɿ^{33}fu^{24}

铁匠　打铁佬 ta^{55}t^{h}et^{21}lau^{55}

补锅的　补锅佬 pu^{55}kɔ^{33}lau^{55}

焊洋铁壶的　搭铁佬 təp^{21}t^{h}et^{21} lau^{55}

洋铁佬 iaŋ^{21}t^{h}et^{21}

裁缝　裁缝佬 ʦ^{h}ai^{21}fuŋ^{21}lau^{55}

理发员　剃头佬 t^{h}i^{24}t^{h}əu^{21}lau^{55}

剃头的 t^{h}i^{24}t^{h}əu^{21}e^{33}

屠户　劏猪佬 t^{h}aŋ^{33}ʦy^{33}lau^{55}

劏牛佬 t^{h}aŋ^{33}niəu^{21}lau^{55}

卖肉的　猪肉佬 ʦy^{33}iuk^{21}lau^{55}

卖菜的　卖菜的 mai^{24}ʦ^{h}ai^{24}e^{33}

贩菜的 fan^{24}ʦ^{h}ai^{24}e^{33}

卖鸡的　鸡贩子 ki^{33}fan^{24}ʦɿ^{55}

卖鸡的 mai^{24}ki^{33}e^{33}

卖鸭的　鸭贩子 ia^{21}fan^{24}ʦɿ^{55}

卖鸭的 mai^{24}ia^{21}e^{33}

卖鱼的　鱼贩子 y^{21}fan^{24}ʦɿ^{55}

卖鱼的 mai^{24}y^{21}e^{33}

脚夫　拱揵 ŋuŋ^{55}ket^{21}

挑夫　拱揵 ŋuŋ^{55}ket^{21}

轿夫　抬轿的 t^{h}ai^{21}kiau^{24}e^{33}

收破烂的　□□niŋ^{55}nɔŋ^{33}

收废品的 səu^{33}fəi^{24}pin^{55}e^{33}

艄公　开船的 k^{h}ai^{33}ʦ^{h}yen^{21}e^{33}

艄公 sau^{24}kuŋ^{33}

管家　管家 kɔn^{55}kia^{33}

师爷 ɬɿ^{33}ie^{21}

伙计　伙计 fɔ^{55}ki^{24} 合作的人

□手 kəm^{55}səu^{55}

夹伙 kia^{21}xɔ^{55}

□伙 kəm^{55}xɔ^{55}

厨师　厨师 ʦ^{h}y^{21}ɬɿ^{33}

火猫 xɔ^{55}miau^{33}

奶妈　奶妈 nai^{55}ma^{33}

仆人　佣人 iuŋ^{24}in^{21}

仆人 p^{h}u^{21}in^{21}

女仆　女佣人 ny^{55}iuŋ^{24}in^{21}

丫鬟　丫鬟 ia^{33}xuan^{21}

丫头 ia^{33}t^{h}əu^{21}

接生婆　接生婆 ʦet^{21}ɬəŋ^{33}p^{h}ɔ^{21}

和尚　和尚 xɔ^{21}saŋ^{24}

尼姑　尼姑 ni^{21}ku^{33}

道士　道士 tau^{24}ɬɿ^{24} 出家的道教徒

道公 tau^{24}kuŋ^{33}

师公　师公 ɬɿ^{33}kuŋ^{33}

巫婆　仙婆 sen^{33}p^{h}ɔ^{21}

拾　亲属

(1)长辈

长辈　长辈 ʦaŋ^{55}pəi^{24}

老一趟 lau^{55}it^{21}t^{h}aŋ^{24}

曾祖父　太公 t^{h}ai^{24}kuŋ^{33}

曾祖母　太婆 t^{h}ai^{24}p^{h}ɔ^{21}

阿太 a^{33}t^{h}ai^{24}

祖父　阿公 a^{33}kɔŋ^{35} 也泛称老人

老阿公 lau^{55}a^{33}kɔŋ^{35}

祖母　阿婆 a^{33}p^{h}ɔ^{21} 也泛称老人

老阿婆 lau^{55}a^{33}p^{h}ɔ^{21}

外祖父　外公 uai^{24}kuŋ^{33}

公□kɔŋ^{35}tai^{35}

外祖母　外婆 uai^{24}p^{h}ɔ^{21}

阿□a^{33}tai^{35}

父亲　阿爸 a^{33}pa^{35}

老头 lau^{55}t^{h}əu^{21}

老头子 lau^{55}t^{h}əu^{21}ʦɿ^{55} 叙称

母亲　阿妈 a^{33}ma^{33}

老妈子 lau^{55}ma^{33}ʦɿ^{55} 叙称

老娘 lau^{55}niaŋ^{21} 叙称

岳父　外父佬 uai^{24}fu^{24}lau^{55} 叙称

岳父佬 iɔ^{21}fu^{24}lau^{55} 叙称

岳母　外母娘 uai^{24}mu^{55}niaŋ^{21} 叙称

岳母娘 iɔ^{21}mu^{55}niaŋ^{21} 叙称

公公　家公 kia^{33}kuŋ^{33} 夫之父，叙称

婆婆　家婆 kia^{33}p^{h}ɔ^{21} 夫之母，叙称

继父　继父 ki^{24}fu^{24}

　　后爸 xəu^{24}pa^{33} 叙称

继母　后娘 xəuniaŋ^{21} 叙称

　　后妈 xəu^{24}ma^{33} 叙称

　　继母 ki^{24}mu^{55}

干爹　干爹 kan^{33}te^{33}

　　契爷 k^{h}i^{24}ie^{21}

干妈　干妈 kan^{33}ma^{33}

　　契妈 k^{h}i^{24}ma^{33}

伯父　阿伯 a^{33}pə^{21} 父之兄，也用于对一般长辈的敬称

　　阿爷 a^{33}ie^{21}

　　（儿）伯 pə^{21}

　　（儿）伯爷 pə^{21}ie^{21}

伯母　伯娘 pə^{21}niaŋ^{21} 父之嫂，也用于对一般长辈的敬称

　　阿娘 a^{33}niaŋ^{21}

　　伯母 pə^{21}mu^{55}

叔父　阿叔 a^{33}su^{21}

　　（儿）叔 su^{21}

叔母　阿婶 a^{33}sin^{55}

　　（儿）婶 sin^{55}

叔公 su^{21}kuŋ^{33} 父之叔

叔婆 su^{21}p^{h}ɔ^{21} 父之叔婶

舅父　舅爷 kiəu^{24}ie^{21}

　　阿舅 a^{33}kiəu^{24}

舅母　舅娘 kiəu^{24}niaŋ^{21}

姑妈　姑妈 ku^{33}ma^{33} 父之姐

姑姑　阿姑 a^{33}ku^{35} 父之妹

　　（儿）姑 ku^{33}

姨妈　姨妈 xi^{21}/i^{21}ma^{33} 母之姐

　　大姨 ta^{21}xi^{21}/i^{21}

　　大姨妈 ta^{21}xi^{21}/i^{21}ma^{33}

姨娘　阿姨 a^{33}xi^{21} 母之妹

　　阿孃 a^{33}niaŋ^{33}

　　（儿）姨 xi^{21}

姑夫　姑丈 ku^{33}ʦaŋ^{24}

　　阿丈 a^{33}ʦaŋ^{24}

姨夫　姨丈 xi^{21}ʦaŋ^{24}

　　阿丈 a^{33}ʦaŋ^{24}

姑奶奶　姑婆 ku^{33}p^{h}ɔ^{21} 父母之姑母

姨奶奶　姨婆 xi^{21}p^{h}ɔ^{21} 父母之姨母

（2）平辈

平辈　同辈 t^{h}uŋ^{21}pəi^{24}

夫妻　夫妻 fu^{33}ʦ^{h}i^{33}

　　两公婆 liaŋ^{55}kuŋ^{33}p^{h}ɔ^{21}

夫　老公 lau^{55}kuŋ^{33}

妻　老婆 lau^{55}p^{h}ɔ^{21}

大老婆　大老婆 ta^{24}lau^{55}p^{h}ɔ^{21}

小老婆　小老婆 siau^{55}lau^{55}p^{h}ɔ^{21}

大伯子　大伯 ta^{24}pə^{21} 夫之兄

　　大伯爷 ta^{24}pə^{21}ie^{21}

小叔子　小叔 siau^{55}su^{21} 夫之弟

　　小叔子 siau^{55}su^{21}ʦɿ^{55}

大姑子　姑姐 ku^{33}ʦe^{55} 夫之姐

大姑 ta^{24}ku^{33}

姑妈 ku^{33}ma^{33}

小姑子　小姑 siau^{55}ku^{33} 夫之妹

内兄弟　内兄弟 nəi^{24}xiuŋ^{33}ti^{24} 妻之兄弟

内兄　大舅 ta^{24}kiəu^{24}

内弟　小舅 siau^{55}kiəu^{24}

内弟媳　舅娘 kiəu^{24}niaŋ^{21}

内弟媳 nəi^{24}ti^{24}si^{21}

大姨子　大姐 ta^{24}ʦe^{55}

阿姐 a^{33}ʦe^{55}

大姨 ta^{24}xi^{21}/i^{21}

姨妈 xi^{21}/i^{21}ma^{33}

小姨子　小姨 siau^{55}xi^{21}/i^{21}

阿妹 a^{33}məi^{35}

弟兄　兄弟 xiuŋ^{33}ti^{24}

姊妹　姊妹 ʦɿ^{55}məi^{24}

姐妹 ʦe^{55}məi^{24}

哥哥　阿哥 a^{33}kɔ^{35}/kɔ^{33}

(几)哥 kɔ^{33}

嫂子　阿嫂 a^{33}sau^{55}

大嫂 ta^{24}sau^{55}

弟弟　阿弟 a^{33}ti^{35}

弟弟 ti^{21}ti^{35}

小弟 siau^{55}ti^{24}

弟媳　弟媳 ti^{24}si^{21}

姐姐　阿姐 a^{33}ʦe^{55}

阿□a^{33}ka^{35}

姐姐 ʦe^{55}ʦe^{55}

大姐 ta^{24}ʦe^{55} 叙称

姐夫　姐夫 ʦe^{55}fu^{33}

妹妹　阿妹 a^{33}məi^{35} 叙称

妹妹 məi^{21}məi^{35}

小妹 siau^{55}məi^{24}

妹夫　妹夫 məi^{24}fu^{33}

堂兄弟　堂兄弟 t^{h}aŋ^{21}xiuŋ^{33}ti^{24}

叔伯兄弟 su^{21}pə^{21}xiuŋ^{33}ti^{24}

堂兄　堂哥 t^{h}aŋ^{21}kɔ^{33} 叙称,面称均称“阿哥”

堂弟　堂弟 t^{h}aŋ^{21}ti^{24} 叙称,面称均称“阿弟”

堂姊妹　堂姊妹 t^{h}aŋ^{21}ʦɿ^{55}məi^{24}

堂姐妹 t^{h}aŋ^{21}ʦe^{55}məi^{24}

堂姐　堂姐 t^{h}aŋ^{21}ʦe^{55} 叙称,面称均称“阿姐”

堂妹　堂妹 t^{h}aŋ^{21}məi^{24} 叙称,面称均称“阿妹”或呼名

表兄弟　老表 lau^{55}piau^{55} 叙称

表兄　表哥 piau^{55}kɔ^{33}

表嫂　表嫂 piau^{55}sau^{55}

表弟　表弟 piau^{55}ti^{24}

表姊妹　老表 lau^{55}piau^{55} 叙称

表姐　表姐 piau^{55}ʦe^{55}

表妹　表妹 piau^{55}məi^{24}

(3)晚辈

晚辈　晚辈 uan^{55}pəi^{24}

子女　仔女 ʦai^{55}ny^{55}

娃仔 ua^{21}ʦai^{55}

鬼仔 kuəi^{55}ʦai^{55}

小鬼 siau^{55}kuəi^{55}

儿子 仔 ʦai^{55}

大儿子 大仔 ta^{24}ʦai^{55}

小儿子 小仔 siau^{55}ʦai^{55}

晚仔 uan^{55}ʦai^{55} 最小的儿子

满仔 man^{55}ʦai^{55} 最小的儿子

养子 养仔 iaŋ^{55}ʦai^{55}

儿媳妇 媳妇 si^{21}fu^{24}

女儿 女 ny^{55}

大女儿 大女 ta^{24}ny^{55}

小女儿 小女 siau^{55}ny^{55}

晚女 uan^{55}ny^{55}

满女 man^{55}ny^{55}

女婿 姑爷 ku^{33}ie^{21}

干儿子 契仔 k^{h}i^{24}ʦai^{55}

干仔 kan^{33}ʦai^{55}

干女儿 契女 k^{h}i^{24}ny^{55}

干女 kan^{33}ny^{55}

孙子 孙 sən^{33}

孙仔 sən^{33}ʦai^{55}

孙子 sən^{33}ʦɿ^{55}

孙媳妇 孙媳妇 sən^{33}si^{21}fu^{24}

孙女 孙女 sən^{33}ny^{55}

孙女婿 孙姑爷 sən^{33}ku^{33}ie^{21}

重孙 重孙 ʦ^{h}uŋ^{21}sən^{33}

重孙女 重孙女 ʦ^{h}uŋ^{21}sən^{33}ny^{55}

外孙 外孙 uai^{24}sən^{33} 女之子

外孙女 外孙女 uai^{24}sən^{33}ny^{55} 女之女

外甥 外甥 uai^{24}ɬəŋ^{33} 姐妹之子

外甥 外甥女 uai^{24}ɬəŋ^{33}ny^{55} 姐妹之女

侄子 侄仔 ʦi^{21}ʦai^{55}

侄女 侄女 ʦi^{21}ny^{55}

内侄 内侄 nəi^{24}ʦi^{21} 妻的兄弟之子

内侄女 内侄女 nəi^{24}ʦi^{21}ny^{55} 妻的兄弟之女

(4)其他称谓

连襟 连襟 len^{21}kin^{33}

亲家 亲家 ʦ^{h}in^{24}kia^{33}

亲家母 亲家母 ʦ^{h}in^{24}kia^{33}mu^{55}

亲家翁 亲家公 ʦ^{h}in^{24}kia^{33}kuŋ^{33}

亲戚 亲戚 ʦ^{h}in^{33}ʦ^{h}i^{21}

三姑六婆 ɬan^{33}ku^{33}luk^{21}p^{h}ɔ^{21}

带犊儿 拖油瓶 t^{h}ɔ^{33}iəu^{21}p^{h}iŋ^{21} 妇女改嫁带的子女

爷儿们 男人 nan^{21}in^{21}

男人公 nan^{21}in^{21}kuŋ^{33}

娘儿们 女人 ny^{55}in^{21}

女人婆 ny^{55}in^{21}p^{h}ɔ^{21}

娘家 外家 uai^{24}kia^{33}

婆家 婆家 p^{h}ɔ^{21}kia^{33}

男方家 nan^{21}faŋ^{33}kia^{33}

女家 外家 uai^{24}kia^{33}

女方家 ny^{55}faŋ^{33}kia^{33}

姥姥家 外婆家 uai^{24}p^{h}ɔ^{21}kia^{33}

阿□家 a^{33}tai^{35}kia^{33}

丈人家　外家 uai^{24}kia^{33}

外母娘家 uai^{24}mu^{55}niaŋ^{21}kia^{33}

拾壹　身体

(1)五官

身体　身体 sin^{33}t^{h}i^{55}

身材　身材 sin^{33}ʦ^{h}ai^{21}

头　头 t^{h}əu^{21}

　　脑壳 nau^{55}k^{h}ɔk^{21}

奔儿头　□头 tɔk^{55}t^{h}əu^{21} 前额生得向前突

前□金，后□银 ʦ^{h}en^{21} tɕk^{55} kin^{33}，xəu^{24} tɕk^{55}in^{21}

秃头　光头 kuaŋ^{33}t^{h}əu^{21}

秃顶　秃顶 t^{h}u^{21}tiŋ^{55}

头顶　头顶 t^{h}əu^{21}tiŋ^{55}

脖子　脖子 pɔ^{21}ʦɿ^{55}

　　脖颈 pɔ^{21}kiŋ^{55}

后脑窝子　后颈窝 xəu^{24}kiŋ^{55}ɔ^{33} 颈后凹处

头髮　头髮 t^{h}əu^{21}fət^{21}

少白头　少年白 sau^{24}nen^{21}pə^{21}

　　少白头 sau^{24}pə^{21}t^{h}əu^{21}

掉头髮　跌头髮 te^{21}t^{h}əu^{21}fət^{21}

　　头髮脱 t^{h}əu^{21}fət^{21}t^{h}ɔt^{21}

额　额头 ŋək^{21}t^{h}əu^{21}

囟门　信门 ɬin^{24}mən^{21}

鬓角　滴水 tik^{21}suəi^{55}

辫子　辫子 pen^{24}ʦɿ^{55}

鬏 □ʦəp^{55}

椰子头 ie^{21}ʦɿ^{55}t^{h}əu^{21} 女子短发型

刘海儿　披英 p^{h}i^{33}iŋ^{33}

　　刘海 liəu^{21}xai^{55}

锅盖头 kɔ^{33}kai^{24}t^{h}əu^{21}

锅铲头 kɔ^{33}ʦ^{h}an^{55}t^{h}əu^{21}

脸蛋儿　脸 len^{55}

颧骨　面骨 men^{24}kut^{21}

　　颧骨 k^{h}yen^{21}kut^{21}

酒窝　酒窝 ʦiəu^{55}ɔ^{33}

人中　人中 in^{21}ʦuŋ^{33}

腮帮子　腮帮 sai^{33}baŋ^{33}

眼睛　眼 ien^{55}

　　眼睛 ien^{55}ʦiŋ^{33}

眼眶　眼眶 ien^{55}k^{h}uaŋ^{33}

　　眼窝 ien^{55}ɔ^{33}

眼珠儿　眼珠 ien^{55}ʦy^{33}

白眼珠儿　白眼核 pə^{21}ien^{55}xə^{21}

　　眼白 ien^{55}pə^{21}

　　白眼珠 ien^{55}ʦy^{33}

黑眼珠儿　黑眼核 xə^{21}ien^{55}xə^{21}

黑眼珠 xə^{21}ien^{55}ʦy^{33}

眼角儿　眼角 ien^{55}kck^{21} 上下眼睑的结合处

大眼角　眼角 ien^{55}kck^{21} 眼角儿靠近鼻的部位

眼圈儿　眼眶 ien^{55}kʰuaŋ^{33}

眼圈 ien^{55}kʰyen^{33}

眼泪　眼泪 ien^{55}ləi^{24}

眼泪水 ien^{55}ləi^{24}suəi^{55}

眼眵　眼屎 ien^{55}si^{55}

眼皮儿　眼皮 ien^{55}pʰi^{21}

单眼皮儿　单眼皮 tan^{33}ien^{55}pʰi^{21}

双眼皮儿　双眼皮 suaŋ^{33}ien^{55}pʰi^{21}

眼睫毛　眼毛 ien^{55}mau^{21}

眼睫毛 ien^{55}ke^{21}mau^{21}

睫毛 ke^{21}mau^{21}

眉毛　眉毛 mi^{21}mau^{21}

皱眉头 ʦəu^{24}mi^{21}tʰəu^{21}

眼尖 ien^{55}ʦen^{33} 眼力好

眼睛利 ien^{55}tiŋ^{33}li^{24}

眼水够 ien^{55}suəi^{55}kəu^{24}

眼水不够 ien^{55}suəi^{55}mə^{55}kəu^{24} 眼力不好

鼻子　鼻哥 pit^{21}kɔ^{55}

鼻子 pit^{21}ʦɿ^{55}

鼻涕 pit^{21}tʰi^{24}

鼻涕水 pit^{21}tʰi^{24}suəi^{55}

干鼻涕(鼻垢)　鼻屎 pit^{21}si^{55}

鼻孔　鼻哥窿 pit^{21}kɔ^{55}luŋ^{33}

鼻毛 pit^{21}mau^{21}

鼻哥毛 pit^{21}kɔ^{55}mau^{21}

鼻子尖儿　鼻哥尖 pit^{21}kɔ^{55}ʦen^{33}

鼻子尖　鼻子尖 pit^{21}ʦɿ^{55}ʦen^{33} 嗅觉灵敏

鼻梁儿　鼻梁 pit^{21}liaŋ^{21}

鼻梁骨 pit^{21}liaŋ^{21}kut^{21}

酒糟鼻子　酒糟鼻 ʦiəu^{55}ʦau^{33}pit^{21}

红鼻哥 xuŋ^{21}pit^{21}kɔ^{55}

扁鼻 pen^{55}pit^{21} 塌鼻子

鹰钩鼻　钩鼻 ŋəu^{33}pit^{21}

嘴　嘴巴 ʦəi^{55}pa^{33}

嘴巴利 ʦəi^{55}pa^{33}li^{24}

嘴唇儿　嘴唇 ʦəi^{55}sin^{21}

嘴唇皮 ʦəi^{55}sin^{21}pʰi^{21}

唾沫　口水 kʰəu^{55}suəi^{55}

唾沫星儿　口水 kʰəu^{55}suəi^{55}

涎水　口水 kʰəu^{55}suəi^{55}

舌头　利钱 li^{24}ʦʰen^{21}

脷 li^{24}

舌苔　舌苔 se^{21}tʰai^{33}

大舌头　大舌头 ta^{24}se^{21}tʰəu^{21} 口齿不清

牙　牙齿 ia^{21}ʦʰi^{55}

门牙　门牙 mən^{21}ia^{21}

大牙　大牙 ta^{24}ia^{21}

虎牙　虎牙 xu^{55}ia^{21}

犬牙 kʰyen^{55}ia^{21}

智齿　智牙 ʦi^{24}ia^{21}

尾牙 uəi^{55}ia^{21}

后槽牙 xəu^{24}ʦ^{h}au^{21}ia^{21}

牙垢 牙齿屎 ia^{21}ʦ^{h}i^{55}si^{55}

牙床 牙肉 ia^{21}iuk^{21}

龋齿 虫牙 ʦ^{h}uŋ^{21}ia^{21}

龅牙 龅牙 pau^{24}ia^{21}

潲牙 sau^{24}ia^{21}

地包天 ti^{24}pau^{33}t^{h}en^{33}

天地包 t^{h}en^{33}pau^{33}ti^{24}

耳朵 耳朵 ə^{55}tɔ^{55}

耳朵眼儿 耳朵窿 ə^{55}tɔ^{55}luŋ^{33}

耳垂 耳珠 ə^{55}ʦy^{33}

耳垢 耳屎 ə^{55}si^{55}

耳背 耳背 ə^{55}pəi^{24} 听力不好

下巴 下巴 xia^{24}p^{h}a^{21}

下巴骨 下巴骨 xia^{24}p^{h}a^{21}kut^{21}

喉咙 喉咙 xəu^{21}luŋ^{21}

喉结 喉结 xəu^{21}ket^{21}

胡子 胡鬚 xu^{21}ɬy^{33}

胡子 xu^{21}ʦɿ^{55}

络腮胡子 络腮胡鬚 lɔ^{21}sai^{33}xu^{21}ɬy^{33}

八字胡子 八字胡 pa^{21}ʦɿ^{24}xu^{21}

八字鬚 pa^{21}ʦɿ^{24}ɬy^{33}

下巴鬚 xia^{24}p^{h}a^{21}ɬy^{33} 下巴胡子

(2)手、脚、胸、背

肩膀 肩膀 ken^{33}paŋ^{55}

肩胛骨 肩胛骨 ken^{33}kia^{21}kut^{21}

溜肩膀儿 肩膀吊 ken^{33}paŋ^{55}tiau^{24}

胳膊 手臂 səu^{55}pi^{24}

手瓜 səu^{55}kua^{33}

老鼠肉 lau^{55}sy^{55}iuk^{21} 上臂肌肉

扳手腕 拗手瓜 ŋau^{24}səu^{55}kua^{33}

胳膊肘儿 手坳 səu^{55}ŋau^{24}

胳肢窝 夹支窝 ket^{21}ʦi^{55}ɔ^{33}

手腕子 手腕 səu^{55}uɔn^{55}

左手 左手 ʦɔ^{55}səu^{55}

右手 右手 iəu^{24}səu^{55}

手指 手指 səu^{55}ʦi^{55}

指关节 指关节 ʦi^{55}kuan^{33}ʦet^{21}

手指节 səu^{55}ʦi^{55}ʦet^{21}

手指缝儿 手指缝 səu^{55}ʦi^{55}fuŋ^{24}

大拇指 拇指 mu^{55}ʦi^{55}

大拇指 ta^{24}mu^{55}ʦi^{55}

大手指 ta^{24}səu^{55}ʦi^{55}

食指 食指 si^{21}ʦi^{55}

中指 中指 ʦuŋ^{33}ʦi^{55}

无名指 无名指 u^{21}miŋ^{21}ʦi^{55}

小拇指 小手指 siau^{55}səu^{55}ʦi^{55}

小拇指 siau^{55}mu^{55}ʦi^{55}

□□屎 met^{55}met^{55}si^{55}

指甲 指甲 ʦi^{55}ket^{21}

指甲心儿 指甲心 ʦi^{55}ket^{21}ɬin^{33} 指甲盖和指尖肌肉连接处

手指头肚儿 手指头 səu^{55}ʦi^{55}t^{h}əu^{21}

拳头 拳槌 k^{h}yen^{21}ʦ^{h}uəi^{21}

拳头 kʰyen^{21}tʰəu^{21}

手掌　手板 səu^{55}pan^{55}

手掌 səu^{55}ʦaŋ^{55}

断掌 tɔn^{24}ʦaŋ^{55} 掌纹横断手掌

巴掌　巴掌 pa^{33}ʦaŋ^{55}（打一~）

手心　手心 səu^{55}ɬin^{33}

手背　手背 səu^{55}pəi^{24}

腿　腿 tʰəi^{55} 整条腿

大腿　大腿 ta^{24}tʰəi^{55}

大腿根儿　大腿根 ta^{24}tʰəi^{55}kə^{33}

小腿　小腿 siau^{55}tʰəi^{55}

腿肚子　脚肚 kiɔk^{21}ʦu^{24}

迎面骨 iŋ^{21}men^{24}kut^{21} 小腿正面中间处，此处如有伤难以愈合

膝盖　菠萝盖 pɔ^{33}lɔ^{21}kai^{24}

膝盖 ʦʰi^{21}kai^{24}

膑骨　菠萝盖 pɔ^{33}lɔ^{21}kai^{24}

胯骨　胯骨 kʰua^{24}kut^{21}

裆　□naŋ^{33} 胯下

屁股　□□kʰa^{21}la^{35}

屁股 pʰi^{24}ku^{55}

肛门　屁股窿 pʰi^{24}ku^{55}luŋ^{33}

屁股眼 pʰi^{24}ku^{55}ien^{55}

屁股蛋儿　屁股 pʰi^{24}ku^{55}

屁股沟儿　屁股沟 pʰi^{24}ku^{55}kəu^{33}

尾骨　龙尾骨 luŋ^{21}uəi^{55}kut^{21}

尾骨 uəi^{55}kut^{21}

鸡巴（男阴）　卵 lɔn^{55}

卵泡 lɔn^{55}pʰau^{33}

鸡鸡　麻雀崽 ma^{21}ʦʰiɔ^{21}ʦai^{55} 赤子阴

鸡崽 ki^{33}ʦai^{55}

女阴　屄 pi^{33}

交合　屌 tiau^{55}

屌屄 tiau^{55}pi^{33}

屌你妈屄 tiau^{55}ni^{55}ma^{33}pi^{33} 詈语

屌你妈块屄 tiau^{55}ni^{55}ma^{33}kʰuai^{55}pi^{33} 詈语

屌你娘卖屄 tiau^{55}ni^{55}niaŋ^{21}mai^{24}pi^{33} 詈语

屌你娘卖拐 tiau^{55}ni^{55}niaŋ^{21}mai^{24}kuai^{55} 詈语

操你娘卖拐 ʦʰau^{35}ni^{55}niaŋ^{21}mai^{24}kuai^{55} 詈语

操你娘的 ʦʰau^{35}ni^{55}niaŋ^{21}e^{33} 詈语

脚腕子　脚颈 kiɔk^{21}kiŋ^{55}

踝子骨　脚眼 kiɔk^{21}ien^{55}

脚　脚 kiɔk^{21}

赤脚　打赤脚 ta^{55}ʦʰi^{21}kiɔk^{21}

脚背　脚面 kiɔk^{21}men^{24}

脚掌　脚板 kiɔk^{21}pan^{55}

脚 kiɔk^{21}

脚板底 kiɔk^{21}pan^{55}ti^{55}

脚心　脚板心 kiɔk^{21}pan^{55}ɬin^{33}

脚尖　脚尖 kiɔk^{21}ʦen^{33}

脚趾头　脚趾 kiɔk^{21}ʦi^{55}

脚趾甲　脚趾甲 kiɔk^{21}ʦi^{55}ket^{21}

脚跟儿　脚后跟 kiɔk^{21}xəu^{24}kən^{33}

脚印儿　脚印 kiɔk^{21}in^{24}

平板脚 pʰiŋ^{33}pan^{55}kiɔk^{21} 平底足

鸡眼　鸡眼 ki^{33}ien^{55} 一种足病

心口儿　心口 ɬin^{33}k^{h}əu^{55}

胸脯　胸 xiuŋ^{33}k^{h}əu^{55}

胸脯 xiuŋ^{33}p^{h}u^{55}

胸口 xiuŋ^{33}kəu^{55}

锁骨　锁骨 ɬɔ^{55}kut^{21}

肋骨　肋骨 lə^{21}kut^{21}

排骨 p^{h}ai^{21}kut^{21}

乳房　□□ne^{33}ne^{33}

奶 nai^{55}

奶汁　奶 nai^{55}

奶水 nai^{55}suəi^{55}

□□ne^{33}ne^{33}

肚子　肚 tu^{24} 腹部

肚□tu^{24}pet^{55}

肚腩 tu^{24}nan^{35}

小肚子　小肚腩 siau^{55}tu^{24}nan^{35}

小肚子 siau^{55}tu^{24}ʦɿ^{55} 小腹

肚脐眼　肚脐 tu^{24}ʦ^{h}i^{21}

肚脐眼 tu^{24}ʦ^{h}i^{21}ien^{55}

腰　腰骨 iau^{33}kut^{21}

脊背　后背 xəu^{24}pəi^{24}

脊梁骨　脊梁骨 ʦi^{21}liaŋ^{21}kut^{21}

打赤膊　打赤膊 ta^{55}ʦ^{h}i^{21}pɔk^{21}

打□□ta^{55}laŋ^{21}kaŋ^{21} 赤身裸体

(3)其他

头发旋儿　涡 ɔ^{33}

转 ʦyen^{24}

双旋儿　两个转 liaŋ^{55}kɔ^{24}ʦyen^{24}

指纹　指纹 ʦi^{55}uən^{21}

手纹 səu^{55}uən^{21}

斗　脶 lɔ^{21} 圆形的指纹

寒毛　寒毛 xan^{21}mau^{21}

毛管 mau^{21}kɔn^{55}

汗毛 xan^{24}mau^{21}

痣　痣 ʦi^{24}

骨　骨 kut^{21}

筋　筋 kin^{33}

血　血 xyet^{21}

血管　筋 kin^{33}

青筋 ʦ^{h}iŋ^{33}kin^{33}

血管 xyet^{21}kɔn^{55}

脉　脉 mə^{21}

五脏　五脏 u^{55}ʦaŋ^{24}

心　心 ɬin^{33}

肝　肝 kan^{33}

肺　肺 fəi^{24}

胆　胆 tan^{55}

脾　脾 p^{h}i^{21}

胃　胃 uəi^{24}

肾　肾 sin^{21}

腰 iau^{33}

肠　肠 $ts^{h}aŋ^{21}$

大肠　大肠 $ta^{24}ts^{h}aŋ^{21}$

小肠　小肠 $siau^{55}ts^{h}aŋ^{21}$

盲肠　盲肠 $maŋ^{21}ts^{h}aŋ^{21}$

拾贰　疾病、医疗

(1)一般用语

病了　病哦 $piŋ^{24}ɔ^{53}$

　　生病 $ɬəŋ^{33}piŋ^{24}$

　　有病 $iəu^{55}piŋ^{24}$

小病　小病 $siau^{55}piŋ^{24}$

　　不舒服 $mə^{55}sy^{33}fuk^{21}$

重病　大病 $ta^{24}piŋ^{24}$

　　病重 $piŋ^{24}tsuŋ^{24}$

病轻了　好点哦 $xau^{55}ten^{55}ɔ^{53}$

病好了　好哦 $xau^{55}ɔ^{33}$

　　病好了 $piŋ^{24}xau^{55}liau^{55}$

断根 $tɔn^{24}kən^{33}$ 指病好彻底

治(病)　医 i^{33}

看病　看病 $k^{h}an^{24}piŋ^{24}$

住院　留医 $liəu^{21}i^{33}$

陪床　陪床 $p^{h}əi^{21}ts^{h}uaŋ^{21}$

号脉　把脉 $pa^{55}mə^{21}$

开药方子　开单 $kai^{33}tan^{33}$

　　开方 $k^{h}ai^{33}faŋ^{33}$

　　开药 $k^{h}ai^{33}iɔk^{21}$

偏方儿　偏方 $p^{h}en^{33}faŋ^{33}$

抓药　抓药 $tsua^{33}iɔk^{21}$ 中药

买药　买药 $mai^{55}iɔk^{21}$ 西药

(中)药铺　药材铺 $iɔk^{21}ts^{h}ai^{21}p^{h}u^{24}$

　　中药房 $tsuŋ^{33}iɔk^{21}faŋ^{21}$

药房(西药)　药店 $iɔk^{21}ten^{24}$

　　西药房 $ɬi^{33}iɔk^{21}faŋ^{21}$

药引子　药引子 $iɔk^{21}in^{55}tsɿ^{55}$

药罐子　药罐 $iɔk^{21}kɔn^{24}$

煎药　沤药 $ŋəu^{24}iɔk^{21}$

　　煎药 $tsen^{33}iɔk^{21}$

药膏　药膏 $iɔk^{21}kau^{33}$ 西药

　　软膏 $yen^{55}kau^{33}$

膏药　膏药 $kau^{33}iɔk^{21}$ 中药

药面儿　药粉 $iɔk^{21}fən^{55}$

药片　药片 $iɔk^{21}p^{h}en^{24}$

擦药膏　搽药膏 $ts^{h}a^{21}iɔk^{21}kau^{33}$

　　涂药膏 $t^{h}u^{21}iɔk^{21}kau^{33}$

贴膏药　粘膏药 $nen^{33}kau^{33}iɔk^{21}$

　　贴膏药 $t^{h}et^{21}kau^{33}iɔk^{21}$

上药　搽药 $ts^{h}a^{21}iɔk^{21}$

　　涂药 $t^{h}u^{21}iɔk^{21}$

敷药　敷药 $fu^{33}iɔk^{21}$

　　□药 $əp^{55}iɔk^{21}$

发汗　发汗 fət^{21}xan^{24}

祛风　kʰy^{33}fuŋ^{33}

去火　下火 xia^{24}xɔ^{55}

败火 pai^{24}xɔ^{55}

清火 ʦʰiŋ^{33}xɔ^{55}

去火 kʰy^{24}xɔ^{55}

去湿　去湿 kʰy^{24}sit^{21}

去毒　去毒 kʰy^{24}tuk^{21}

败毒 pai^{24}tuk^{21}

消食　消滞 siau^{33}ʦi^{24}

消食 siau^{33}si^{21}

扎针　打针 ta^{55}ʦin^{33}

□针 tuk^{55}ʦin^{33}

□针 ʦəp^{55}ʦin^{33}

□针 nɔ^{35}ʦin^{33}

输液　吊针 tiau^{24}ʦin^{33}

打吊针 ta^{55}tiau^{24}ʦin^{33}

针灸　针灸 ʦin^{33}ʦiəu^{55}

拔火罐子　拔火罐 pa^{21}xɔ^{55}kɔn^{24}

刮痧　刮痧 kɔt^{21}sa^{33}

掐痧　掐痧 kʰia^{33}sa^{33}

扭痧 niəu^{55}sa^{33}

(2) 内科

泻肚　拉泻 la^{33}ɬe^{24}

屙肚 ɔ^{33}tu^{24}

屙泻 ɔ^{33}ɬe^{24}

屙烂屎 ɔ^{33}lan^{24}si^{55}

拉肚子 la^{33}tu^{24}ʦɿ^{55}

屙肚子 ɔ^{33}tu^{24}ʦɿ^{55}

痢疾　屙痢 ɔ^{33}li^{24}

屙红白痢 ɔ^{33}xuŋ^{21}pə^{21}li^{24}

发烧　发烧 fət^{21}sau^{33}

发热 fət^{21}iet^{21}

发冷　发冷 fət^{21}ləŋ^{55}

发抖　发抖 fət^{21}təu^{55}

打战 ta^{55}ʦen^{24}

打冷战 ta^{55}ləŋ^{55}ʦen^{24}

起鸡皮疙瘩　肉毛管起 iuk^{21}mau^{21}kɔn^{55}kʰi^{55}

肉酸 iuk^{21}ɬɔn^{33}

伤风　伤风 saŋ^{33}fuŋ^{33}

着凉 ʦɔk^{21}liaŋ^{33}

感冒 kan^{55}mau^{24}

咳嗽　咳嗽 kʰək^{21}ɬəu^{24}

咳 kʰək^{21}

气喘　气喘 kʰi^{24}ʦʰyen^{55}

哮喘　哮喘 xiau^{24}ʦʰyen^{55}

气管炎　气管炎 kʰi^{24}kɔn^{55}en^{21}

中暑　中暑 ʦuŋ^{24}sy^{55}

痧气 sa^{33}kʰi^{24}

痧气重 sa^{33}kʰi^{24}ʦuŋ^{24}

绞肠痧 kiau^{55}ʦʰaŋ^{21}sa^{33} 痧气的一种

羊毛痧 iaŋ^{21}mau^{21}sa^{33} 痧气的一种

上火　热气 iet^{21}kʰi^{24}

肚子疼　肚子疼 tu^{24}ʦɿ^{55}təŋ^{21}

胸口疼　心口疼 ɬin^{33}k^{h}əu^{55}t^{h}əŋ^{21}

　　胸口疼 xiuŋ^{33}k^{h}əu^{55}t^{h}əŋ^{21}

腰痛　腰疼 iau^{33}t^{h}əŋ^{21}

　　腰骨疼 iau^{33}kut^{21}t^{h}əŋ^{21}

腰酸　腰酸 iau^{33}ɬɔn^{33}

　　腰胀 iau^{33}ʦaŋ^{24}

头晕　头昏 t^{h}əu^{21}xun^{33}

晕车　昏车 xun^{33}ʦ^{h}e^{33}

晕船　昏船 xun^{33}ʦ^{h}yen^{21}

头疼　头疼 t^{h}əu^{21}t^{h}əŋ^{21}

恶心　胸闷 xiuŋ^{33}mən^{24} 要呕吐

　　想呕 ɬiaŋ^{55}əu^{55}

呕吐　呕 əu^{55}

干哕　干呕 kan^{33}əu^{55}

发疟子　发热发冷 fət^{21}iet^{21}fət^{21}ləŋ^{55}

霍乱　霍乱 xɔ^{21}lɔn^{24}

　　发人瘟 fət^{21}in^{21}uən^{33}

出麻疹　出麻疹 ʦ^{h}yt^{21}ma^{21}ʦin^{55}

　　出麻 ʦ^{h}yt^{21}ma^{21}

出水痘　出水痘 ʦ^{h}yt^{21}suəi^{55}təu^{24}

出天花　出天花 ʦ^{h}yt^{21}t^{h}en^{33}xua^{33}

种痘　种痘 ʦuŋ^{24}təu^{24}

伤寒　伤寒 saŋ^{33}xan^{21}

黄疸　黄疸 xuaŋ^{21}tan^{55}

肝炎　肝炎 kan^{33}ien^{21}

　　黄疸肝炎 xuaŋ^{21}tan^{55}kan^{33}ien^{21}

肺炎　肺炎 fəi^{24}ien^{21}

胃病　胃病 uəi^{24}piŋ^{24}

　　胃炎 uəi^{24}ien^{21}

盲肠炎　盲肠炎 maŋ^{21}ʦ^{h}aŋ^{21}ien^{21}

痨病　肺痨 fə^{24}lau^{21} 中医指结核病

　　痨病 lau^{21}piŋ^{24}

　　肺结核 fəi^{24}ke^{21}xɔ^{21}

传染　传染 ʦ^{h}yen^{21}ien^{55}

(3)外科

跌伤　跌伤 te^{21}saŋ^{33}

　　跌倒 te^{21}tau^{55}

碰伤　碰伤 p^{h}uŋ^{24}saŋ^{33}

扭伤　扭伤 niəu^{55}saŋ^{33}

骨折　骨断 kut^{21}tɔn^{24}

　　手断 səu^{55}tɔn^{24}

　　断手 tɔn^{24}səu^{55}

　　脚断 kiɔk^{21}tɔn^{24}

　　断脚 tɔn^{24}kiɔk^{21}

蹭破皮儿　碰伤 p^{h}uŋ^{24}saŋ^{33}

刺个口子　割个伤口 kɔt^{21}kɔ^{24}saŋ^{33}k^{h}əu^{55}

出血　出血 ʦ^{h}yt^{21}xyet^{21}

　　流血 liəu^{21}xyet^{21}

瘀血　瘀血 y^{33}xyet^{21}

红肿　红肿 xuŋ^{21}ʦuŋ^{55}

灌脓　沤脓 ŋəu^{24}nuŋ^{21}

　　发脓 fət^{21}nuŋ^{21}

溃脓　出脓 $ts^hyt^{21}nuŋ^{21}$

结痂　结疤 $ket^{21}pa^{33}$

疤　口口 $ŋəŋ^{33}kəi^{33}$

　口口疤 $ŋəŋ^{33}kəi^{33}pa^{33}$

腮腺炎　猪头肥 $tsy^{33}t^həu^{21}fəi^{21}$

长疮　生疮 $ɬəŋ^{33}ts^huaŋ^{33}$

长疔　生疔 $ɬəŋ^{33}tiŋ^{33}$

痔疮　痔疮 $tsi^{24}ts^huaŋ^{33}$

疥疮　癞渣 $lai^{24}tsa^{33}$

冻疮　萝卜 $lɔ^{21}puk^{21}$

　冻疮 $tuŋ^{24}ts^huaŋ^{33}$

萝卜脚 $lɔ^{21}puk^{21}kiɔk^{21}$ 脚上长冻疮

萝卜手 $lɔ^{21}puk^{21}səu^{55}$ 手上长冻疮

长冻疮　生萝卜 $ɬəŋ^{33}lɔ^{21}puk^{21}$

　生冻疮 $ɬəŋ^{33}tuŋ^{24}ts^huaŋ^{33}$

　长冻疮 $tsaŋ^{55}tuŋ^{24}ts^huaŋ^{33}$

癣　癣 $syen^{55}$

牛皮癣 $niəu^{21}p^hi^{21}syen^{55}$

金钱癣 $kin^{33}ts^hen^{21}syen^{55}$ 圆形状的癣

脚癣　沙虫脚 $sa^{33}ts^huŋ^{21}kiɔk^{21}$

　香港脚 $xiaŋ^{33}kaŋ^{55}kiɔk^{21}$

痱子　热痱 $iet^{21}fəi^{24}$

　痱子 $fəi^{24}tsɿ^{55}$

白癜风　汗斑 $xan^{24}pan^{33}$

　白癜风 $pə^{21}ten^{33}fuŋ^{33}$

瘊子　痣 tsi^{24}

雀斑　雀斑 $ts^hiɔ^{21}pan^{33}$

　苍蝇屎 $ts^haŋ^{33}iŋ^{33}si^{55}$

粉刺　酒痣 $tsiəu^{55}tsi^{24}$

　粉刺 $fən^{55}ts^hɿ^{24}$

　米痣 $mi^{55}tsi^{24}$

水泡　□ $pəp^{55}$

　水泡 $suəi^{55}p^hau^{24}$

狐臭　狐臭 $xu^{21}ts^həu^{24}$

口臭　口臭 $k^həu^{55}ts^həu^{24}$

大脖子　大脖子 $ta^{24}pɔ^{21}tsɿ^{55}$ 甲状腺肿大

鼻子灵　鼻子尖 $pit^{21}tsɿ^{55}tsen^{33}$

　鼻哥尖 $pit^{21}kɔ^{55}tsen^{33}$

齉鼻儿　鼻子不通 $pit^{21}tsɿ^{55}mə^{55}t^huŋ^{33}$ 鼻不通气，发音不清

水蛇腰　水蛇腰 $suəi^{55}se^{21}iau^{33}$

　长腰拐 $ts^haŋ^{21}iau^{33}kuai^{55}$

公鸭嗓儿　公鸭嗓 $kuŋ^{33}ia^{21}saŋ^{55}$

一只眼儿　独眼 $tuk^{21}ien^{55}$

　独眼龙 $tuk^{21}ien^{55}luŋ^{21}$

近视眼　近视 $kin^{24}si^{24}$

　近视眼 $kin^{24}si^{24}ien^{55}$

　四眼 $ɬɿ^{24}ien^{55}$

　四眼狗 $ɬɿ^{24}ien^{55}kəu^{55}$

远视眼　远视 $yen^{55}si^{24}$

　远视眼 $yen^{55}si^{24}ien^{55}$

老花眼　老花眼 $lau^{55}xua^{33}ien^{55}$

鼓眼泡儿　水泡眼 $suəi^{55}p^hau^{24}ien^{55}$

　金鱼眼 $kin^{33}y^{21}ien^{55}$

斗鸡眼儿　斗鸡眼 $təu^{24}ki^{33}ien^{55}$

羞明　怕光 pʰa^{24}kuaŋ^{33}

夜盲　夜盲 ie^{24}maŋ^{21}

青光眼　青光眼 tsʰiŋ^{33}kuaŋ^{33}ien^{55}

麦粒肿　偷针眼 tʰəu^{33}tsin^{33}ien^{55}

(4)残疾等

癫痫　发羊癫 fət^{21}iaŋ^{21}ten^{33}

　　发羊撬 fət^{21}iaŋ^{21}kʰiau^{24}

惊风　抽筋 tsʰəu^{33}kin^{33} 小儿病

抽风　抽风 tsʰəu^{33}fuŋ^{33}

中风　脑充血 nau^{55}tsʰuŋ^{33}xyet^{21}

　　中风 tsuŋ^{24}fuŋ^{33}

瘫痪　半边不遂 pɔn^{24}pen^{33}mə^{55}suəi^{21}

　　瘫 tʰan^{33}

　　手瘫脚瘫 səu^{55}tʰan^{33}kiɔk^{21}tʰan^{33}

　　瘫痪 tʰan^{33}xuɔn^{24}

瘸子　跛脚佬 pai^{33}kiɔk^{21}lau^{55}

　　跛佬 pai^{33}lau^{55}

罗锅儿　驼背 tɔ^{21}pəi^{24}

聋子　耳聋 ə^{55}luŋ^{21}

哑巴　哑巴 ia^{55}pa^{33}

结巴　结巴 ket^{21}pa^{33}

瞎子　眼瞎 ien^{55}xet^{21}

傻子　痴仔 tsʰi^{33}tsai^{55}

　　癫仔 ten^{33}tsai^{55}

疯子　癫仔 ten^{33}tsai^{55}

　　癫佬 ten^{33}lau^{55}

　　癫婆 ten^{33}pʰɔ^{21}

花痴 xua^{33}tsʰi^{33} 因男女之事而疯

三寸钉 ɬan^{33}tsʰən^{24}tiŋ^{33} 喻指个矮的人

拽子　跛手 pai^{33}səu^{55} 手残者

秃子　光头佬 kuaŋ^{33}tʰəu^{21}lau^{55}

麻子　麻脸 ma^{21}len^{55} 脸上有麻子的人

麻脸公(婆) ma^{21}len^{55}kuŋ^{33}(pʰɔ^{21})

豁唇子　崩嘴 pəŋ^{33}tsuəi^{55}

　　兔唇 tʰu^{24}sin^{21}

豁牙子　崩牙 pəŋ^{33}ia^{21}

左撇子　左撇 tsɔ^{55}pʰe^{55}

胖子　肥佬 fəi^{21}lau^{55}

拾叁　衣服、穿戴

(1)服装

穿戴　穿着 tsʰyen^{33}tsɔ^{21}

　　穿戴 tsʰyen^{33}tai^{24}

打扮　打扮 ta^{55}pan^{24}

　　扮靓 pan^{24}leŋ^{33}

衣服　衣服 i^{33}fu^{21} 总称

制服　制服 tsi^{24}fu^{21}

中装　唐装 tʰaŋ^{21}tsuaŋ^{33}

中山装 tsuŋ^{33}san^{33}tsuaŋ^{33}

西装　西装 ɬi^{33}tsuaŋ^{33}

长衫　长衫 tsʰaŋ^{21}san^{33}

马褂儿　马褂 ma^{55}kua^{24}

旗袍　旗袍 kʰi^{21}pʰau^{21}

棉衣　棉衣 men^{21}i^{33}

棉袄　棉衣 men^{21}i^{33}

皮袄　皮衣 pʰi^{21}i^{33}

大衣　褛 ləu^{33}

大褛 ta^{24}ləu^{33}

长褛 tsʰaŋ^{21}ləu^{33}

大衣 ta^{24}i^{33}

短大衣　短褛 tɔn^{55}ləu^{33}

短大衣 tɔn^{55}ta^{24}i^{33}

呢子大衣　呢子大衣 ni^{21}tsɿ^{55}ta^{24}i^{33}

外衣　外套 uai^{24}tʰau^{24}

罩衫 tsau^{24}san^{33}

外衣 uai^{24}i^{33}

毛衣　□衣 ləŋ^{33}i^{33}

毛衣 mau^{21}i^{33}

卫生衣 uəi^{24}ɬəŋ^{33}i^{33} 绒衣

棉毛衫　厚□xəu^{24}ləp^{55}

薄□pɔk^{21}ləp^{55}

衬衫　衬衫 tʰən^{24}san^{33}

内衣　内衣 nəi^{24}i^{33}

坎肩　褂 kua^{24}

背心 pəi^{24}ɬin^{33}

棉背心 men^{21}pəi^{24}ɬin^{33}

毛背心　□背心 ləŋ^{33}pəi^{24}ɬin^{33}

毛背心 mau^{21}pəi^{24}ɬin^{33}

文化衫　线衣 sen^{24}i^{33} 针织圆领短袖衫

文化衫 uən^{21}xua^{24}san^{33}

汗背心　线褂 sen^{24}kua^{24}

褂线 kua^{24}sen^{24}

衣襟儿　衣襟 i^{33}kin^{33}

大襟　大襟 ta^{24}kin^{33} 指唐装的大襟

小襟　小襟 siau^{55}kin^{33}

对襟儿　对襟 təi^{24}kin^{33}

下摆　衣脚 i^{33}kiɔk^{21}

领子　衣领 i^{33}liŋ^{55}

领子 liŋ^{55}tsɿ^{55}

圆领　圆领 lɔn^{21}liŋ^{55}

尖领　尖领 tsen^{33}liŋ^{55}

方领　方领 faŋ^{33}liŋ^{55}

青果领　青果领 tsʰiŋ^{33}kɔ^{55}liŋ^{55}

西装领　西装领 ɬi^{33}tsuaŋ^{33}liŋ^{55}

立领　立领 li^{21}liŋ^{55}

假领　假领 kia^{55}liŋ^{55}

袖子　袖子 siəu^{24}tsɿ^{55}

长袖　长袖 tsʰaŋ^{21}siəu^{24}

短袖　短袖 tɔn^{55}siəu^{24}

裙子　裙子 kʰyn^{21}tsɿ^{55}

连衣裙 len^{21}i^{33}kʰyn^{21}

西裙 ɬi^{33}kʰyn^{21}

大摆裙 ta^{24}pai^{55}k^{h}yn^{21}

百褶裙 pə^{21}ʦet^{21}k^{h}yn^{21}

桶裙 t^{h}uŋ^{55}k^{h}yn^{21}

塔裙 t^{h}a^{21}k^{h}yn^{21}

长裙 ʦ^{h}aŋ^{21}k^{h}yn^{21}

短裙 tɔn^{55}k^{h}yn^{21}

衬裙 ʦ^{h}ən^{24}k^{h}yn^{21}

围裙　围裙 uəi^{21}k^{h}yn^{21}

袖套　袖套 siəu^{24}t^{h}au^{24}

裤子　裤 k^{h}u^{24}

裤子 k^{h}u^{24}ʦɿ^{55}

单裤 tan^{33}k^{h}u^{24}

长裤 ʦ^{h}aŋ^{21}k^{h}u^{24}

夹裤 kia^{21}k^{h}u^{24}

棉裤 men^{21}k^{h}u^{24}

线裤 sen^{24}k^{h}u^{24}

卫生裤 uəi^{24}ɬəŋ^{33}k^{h}u^{24} 绒裤

毛裤　□裤 ləŋ^{33}k^{h}u^{24}

毛线裤 mau^{21}sen^{24}k^{h}u^{24}

裤衩儿　短裤 tɔn^{55}k^{h}u^{24}

平脚裤　平脚裤 p^{h}iŋ^{21}kiɔk^{21}k^{h}u^{24}

三角裤　三角裤 ɬan^{33}kɔk^{21}k^{h}u^{24}

短裤　短裤 tɔn^{55}k^{h}u^{24} 穿在外面的

西装短裤 ɬi^{33}ʦuaŋ^{33}tɔn^{55}k^{h}u^{24}

松紧裤　松紧裤 suŋ^{33}kin^{55}k^{h}u^{24}

勒头裤 lək^{21}t^{h}əu^{21}k^{h}u^{24}

连脚裤　连脚裤 len^{21}kiɔk^{21}k^{h}u^{24}

踩脚裤 ʦ^{h}ai^{55}kiɔk^{21}k^{h}u^{24}

喇叭裤　喇叭裤 la^{33}pa^{33}k^{h}u^{24}

开裆裤　开□裤 k^{h}ai^{33}naŋ^{33}k^{h}u^{24}

死裆裤　封□裤 fuŋ^{33}naŋ^{33}k^{h}u^{24} 相对开裆裤而言

裤裆　裤□ k^{h}u^{24}naŋ^{33}

裤腰　裤头 k^{h}u^{24}t^{h}əu^{21}

裤腰带　裤腰带 k^{h}u^{24}iau^{33}tai^{24}

皮带 p^{h}i^{21}tai^{24}

裤腿儿　裤脚 k^{h}u^{24}kiɔk^{21}

兜儿　荷包 xɔ^{21}pau^{33} 上衣口袋

表袋　表袋 piau^{55}tai^{24}

裤兜儿　裤袋 k^{h}u^{24}tai^{24}

荷包 xɔ^{21}pau^{33}

纽扣　扣子 k^{h}əu^{24}ʦɿ^{55}

布扣 pu^{24}k^{h}əu^{24}

按扣　□扣 k^{h}ep^{55}k^{h}əu^{24}

按扣 ŋan^{24}k^{h}əu^{24}

扣襻　布扣 pu^{24}k^{h}əu^{24} 中式的

扣儿　扣子 k^{h}əu^{24}ʦɿ^{55}

扣眼儿　扣眼 k^{h}əu^{24}ien^{55}

扣窿 k^{h}əu^{24}luŋ^{33}

扣扣子　扣扣子 k^{h}əu^{24}k^{h}əu^{24}ʦɿ^{55}

元白布　元白布 yen^{21}pə^{21}pu^{24}

白竹布 pə^{21}ʦuk^{21}pu^{24}

竹纱 ʦuk^{21}sa^{33}

府绸　府绸 fu^{55}ʦ^{h}əu^{21}

咔其 k^{h}a^{55}ki^{21} 斜纹棉布

灯芯绒　灯芯绒 təŋ^{33}ɬin^{33}iuŋ^{21}

天鹅绒　平绒 pʰi^{21}iuŋ^{21}

　　　　天鹅绒 tʰen^{33}ŋɔ^{21}iuŋ^{21}

法兰绒　法兰绒 fa^{21}lan^{21}iuŋ^{21}

呢子　呢子 ni^{21}tsɿ^{55}

土布　土布 tʰu^{55}pu^{24}

绸　绸 tsʰəu^{21}

缎　缎 tyn^{22}

双绉　绉纱 tsəu^{24}sa^{33}

　　　双绉 suaŋ^{33}tsəu^{24}

香云纱　点梅纱 ten^{55}məi^{21}sa^{33}

　　　　荔枝绸 li^{24}tsi^{33}tsʰəu^{21}

　　　　香云纱 xiaŋ^{33}yn^{21}sa^{33}

帆布　帆布 fan^{21}pu^{24}

(2)鞋帽

鞋　鞋 xai^{21}

拖鞋　拖鞋 tʰɔ^{33}xai^{21}

　　　人字拖 in^{21}tsɿ^{24}tʰɔ^{33}

棉鞋　棉鞋 men^{21}xai^{21}

皮鞋　皮鞋 pʰi^{21}xai^{21}

大头皮鞋 ta^{24}tʰəu^{21}pʰi^{21}xai^{21}

翻毛皮鞋 fan^{33}mau^{21}pʰi^{21}xai^{21}

毡鞋　毡鞋 tsen^{33}xai^{21}

球鞋　球鞋 kʰiəu^{21}xai^{21}

钉鞋　钉鞋 tiŋ^{33}xai^{21}

解放鞋　解放鞋 kai^{55}faŋ^{24}xai^{21}

力士鞋　力士鞋 lik^{21}ɬɿ^{24}xai^{21}

布鞋　布鞋 pu^{24}xai^{21}

鞋底儿　鞋底 xai^{21}ti^{55}

鞋帮儿　鞋帮 xai^{21}paŋ^{33}

鞋楦子　鞋楦 xai^{21}syen^{33}

　　　　楦头 syen^{33}tʰəu^{21}

雨鞋　水鞋 suəi^{55}xai^{21} 橡胶做的

板鞋　木屐 muk^{21}kʰek^{55}

　　　板鞋 pan^{55}xai^{21}

鞋带儿　鞋带 xai^{21}tai^{24}

鞋跟　鞋跟 xai^{21}kən^{33}

袜子　袜 uət^{21}

　　　袜子 uət^{21}tsɿ^{55}

　　　线袜 sen^{24}uət^{21}

　　　丝袜 sɿ^{33}uət^{21}

　　　尼龙袜 ni^{21}luŋ^{21}uət^{21}

长袜　长筒袜 tsʰaŋ^{21}tʰuŋ^{55}uət^{21}

短袜　短袜 ton^{55}uət^{21}

上袜底 saŋ^{24}uət^{21}ti^{55} 旧时为使袜子耐穿要缝上布底

袜跟　袜跟 uət^{21}kən^{33}

裹腿　绑腿 paŋ^{55}tʰəi^{55} 军人用的

帽子　帽子 mau^{24}tsɿ^{55}

　皮帽　皮帽 pʰi^{21}mau^{24}

　呢帽　绒帽 iuŋ^{21}mau^{24}

　礼帽　礼帽 li^{55}mau^{24}

　瓜皮帽　瓜皮帽 kua^{33}pʰi^{21}mau^{24}

　军帽　军帽 kyn^{33}mau^{24}

鸭舌帽 鸭舌帽 ia^{21}se^{21}mau^{24}

草帽 草帽 ʦʰau^{55}mau^{24}

斗笠 斗笠 təu^{55}li^{21}

竹帽 ʦuk^{21}mau^{24}

帽檐儿 帽檐 mau^{24}ien^{21}

(3)装饰品

首饰 首饰 səu^{55}si^{24}

金器 kin^{33}kʰi^{24}

镯子 镯子 ʦɔ^{21}ʦɿ^{55}

手镯 手镯 səu^{55}ʦɔ^{21}

脚镯 脚镯 kiɔk^{21}ʦɔ^{21}

金镯子 金镯子 kin^{33}ʦɔ^{21}ʦɿ^{55}

银镯子 银镯子 in^{21}ʦɔ^{21}ʦɿ^{55}

玉镯子 玉镯 i^{24}ʦɔ^{21}

戒指 戒指 kai^{24}ʦi^{55}

金戒指 kin^{33}kai^{24}ʦi^{55}

银戒指 in^{21}kai^{24}ʦi^{55}

项链 项链 xaŋ^{24}len^{24}

项圈 项圈 xaŋ^{24}kʰyen^{33}

百家锁 百家锁 pə^{21}kia^{33}ɬɔ^{55} 小儿佩戴的

长命锁 ʦʰaŋ^{21}miŋ^{24}ɬɔ^{55}

别针儿 扣针 kʰəu^{24}ʦin^{33}

别针 pet^{21}ʦin^{33}

簪子 簪子 ʦan^{33}ʦɿ^{55}

耳环 耳环 ə^{55}xuan^{21}

胭脂 胭脂 ien^{33}ʦi^{33}

粉 fən^{55}

(4)其他穿戴用品

围裙 围裙 uəi^{21}kʰyn^{21}

围嘴儿 口水兜 kʰəu^{55}suəi^{55}təu^{33}

尿布 屎片 si^{55}pʰen^{55}

尿片 niau^{24}pʰen^{55}

手绢儿 抓巾 ʦua^{33}kin^{33}

手巾 səu^{55}kin^{33}

围巾 围巾 uəi^{21}kin^{33} 长条的

头巾 tʰəu^{21}kin^{33} 方的

手套 手套 siəu^{55}tʰau^{24}

袖套 袖套 siəu^{24}tʰau^{24}

眼镜 眼镜 ien^{55}kiŋ^{24}

老花镜 老花镜 lau^{55}xua^{33} kiŋ^{24}

太阳镜 太阳镜 tʰai^{24}iaŋ^{21}kiŋ^{24}

黑眼镜 xə^{21}ien^{55}kiŋ^{24}

墨镜 mɔ^{21}kiŋ^{24}

放大镜 放大镜 faŋ^{24}ta^{24}kiŋ^{24}

伞 伞 san^{55}

布伞 pu^{24}san^{55}

油纸伞 iəu^{21}ʦi^{55}san^{55}

尼龙伞 ni^{21}luŋ^{21}san^{55}

打伞 撑伞 ʦʰəŋ^{33}san^{55}

打伞 ta^{55}san^{55}

伞骨 伞骨 san^{55}kut^{21}

伞柄 伞柄 san^{55}piŋ^{55}

蓑衣　蓑衣 ɬɔ^{33}i^{33}

雨衣　雨衣 xy^{55}i^{33} 新式的

雨披　雨披 xy^{55}p^{h}i^{33}

手表　手表 səu^{55}piau^{55}

怀表　怀表 xuai^{21}piau^{55}

　　　袋表 tai^{24}piau^{55}

钟　钟 ʦuŋ^{33}

　　座钟 ʦɔ^{24}ʦuŋ^{33}

　　挂钟 kua^{24}ʦuŋ^{33}

拾肆　饮食

(1)伙食

伙食　伙食 xɔ^{55}si^{21}

吃饭　吃饭 ʦ^{h}it^{21}fan^{24}

早饭　过早 kɔ^{24}ʦau^{55}

　　　早饭 ʦau^{55}fan^{24}

午饭　中午饭 ʦuŋ^{33}u^{55}fan^{24}

　　　午饭 u^{55}fan^{24}

　　　晏饭 ŋan^{24}fan^{24}

晚饭　夜饭 ie^{24}fan^{24}

食物　吃的东西 ʦ^{h}it^{21}e^{33}tuŋ^{33}ɬi^{33}

零食　零食 ɬiŋ^{21}si^{21}

　　　零嘴 ɬiŋ^{21}ʦəi^{55}

点心　点心 ten^{55}ɬin^{33} 糕饼之类食品

茶点　点心 ten^{55}ɬin^{33}

　　　茶点 ʦ^{h}a^{21}ten^{55}

夜宵　消夜 siau^{33}ie^{24}

　　　夜宵 ie^{24}siau^{33}

消夜　吃宵夜 ʦ^{h}it^{21}siau^{33}ie^{24} 吃夜宵

　　　吃夜宵 ʦ^{h}it^{21}ie^{24}siau^{33}

(2)米食

米饭　饭 fan^{24}

　　　米饭 mi^{55}fan^{24}

剩饭　旧饭 kiəu^{24}fan^{24}

　　　冷饭 ləŋ^{55}fan^{24}

　　　剩饭 siŋ^{24}fan^{24}

硬饭 ŋəŋ^{24}fan^{24} 饭很硬

烂饭 lan^{24}fan^{24} 饭很软

燶饭 nuŋ^{33}fan^{24} 煮煳的饭

夹生饭　夹生饭 kia^{21}ɬəŋ^{33}fan^{24}

白饭 pə^{21}fan^{24} 没菜的饭

现饭　旧饭 kiəu^{24}fan^{24} 不是本餐新做的饭

(饭)煳　燶 nuŋ^{33}

(饭)馊　馊 ɬəu^{33}

锅巴　锅巴 kɔ^{33}pa^{33}

粥　粥 ʦuk^{55}

稀粥　稀粥 xi^{33}ʦuk^{55}

　　稠粥　□粥 nəu^{21}ʦuk^{55}

　　冷饭粥 ləŋ^{55}fan^{24}ʦuk^{55} 泡饭

玉米粥 i^{24}mi^{55}ʦuk^{55}

木薯粥 muk^{21}sy^{21}ʦuk^{55}

绿豆粥 luk^{21}təu^{24}ʦuk^{55}

皮蛋粥 pi^{21}tan^{24}ʦuk^{55}

白粥 pə^{21}ʦuk^{55} 白米粥

肉粥 iuk^{21}ʦuk^{55}

米汤　米汤 mi^{55}tʰaŋ^{33}

米油 mi^{55}iəu^{21}

米糊　米糊 mi^{55}xu^{21}

米浆 mi^{55}ʦiaŋ^{33}

芝麻糊 ʦi^{33}ma^{21}xu^{21}

花生糊 xua^{33}ɬəŋ^{33}xu^{21}

玉米糊 i^{24}mi^{55}xu^{21}

奶糊 nai^{55}xu^{21}

粽子　粽子 ʦuŋ^{24}ʦɿ^{55}

棕叶 ʦuŋ^{24}iet^{21}

开锅粽 kʰai^{33}kɔ^{33}ʦuŋ^{24} 旧时过年熬一大锅粽子要十几个小时，常常包个较小的粽给小孩儿

猪肉粽 ʦy^{33}iuk^{21}ʦuŋ^{24}

板栗粽 pan^{55}lik^{21}ʦuŋ^{24}

豆沙粽 təu^{24}sa^{33}ʦuŋ^{24}

凉粽 liaŋ^{21}ʦuŋ^{24}

羊角粽 iaŋ^{21}kɔk^{21}ʦuŋ^{24}

三角粽 ɬan^{33}kɔk^{21}ʦuŋ^{24}

米粉　粉 fən^{55}

榨粉 ʦa^{24}fən^{55}

生榨米粉 ɬəŋ^{33}ʦa^{24}mi^{55}fən^{55}

切粉 ʦʰet^{21}fən^{55}

扁粉 pen^{55}fən^{55}

圆粉 lɔn^{21}fən^{55}

汤粉 tʰaŋ^{33}fən^{55} 带汤的米粉

干捞粉 kan^{33}lau^{33}fən^{55} 凉拌的米粉

猪脚粉 ʦy^{33}kiɔk^{21}fən^{55}

老友粉 lau^{55}iəu^{55}fən^{55} 南宁的一种传统美食

炒粉 ʦʰau^{55}fən^{55}

肉粉 iuk^{21}fən^{55}

素粉 ɬu^{24}fən^{55} 没肉的米粉

干米粉　干米粉 kan^{33}mi^{55}fən^{55}

粉饺 fən^{55}kiau^{55}

粉虫 fən^{55}ʦʰuŋ^{21}

粉利 fən^{55}li^{24}

肠粉　卷筒粉 kyen^{55}tʰuŋ^{21}fən^{55}

年糕　年糕 nen^{21}kau^{33}

发糕 fa^{21}kau^{33}

萝卜糕 lɔ^{21}pɔk^{21}kau^{33}

芋头糕 y^{24}tʰəu^{21}kau^{33}

马蹄糕 ma^{55}tʰi^{21}kau^{33}

猪血肠　猪□□ʦy^{33}nɔŋ^{21}kɔŋ^{35} 一种当地特色小吃，把猪血和米、花生等物混合灌入猪肠，扎紧两头，蒸熟可食

粢粑　馍 mɔ^{21}

粢粑 ʦʰɿ^{21}pa^{33}

糖馍 tʰaŋ^{21}mɔ^{21}

菜馍 ʦʰai^{24}mɔ^{21}

芭蕉馍 pa^{33}ʦiau^{33}mɔ^{21}

花生馍 xua^{33}ɬəŋ^{33}mɔ^{21}

芝麻馍 ʦi^{33}ma^{21}mɔ^{21}

马打滚 ma^{55}ta^{55}kun^{55}

糯米鸡 nɔ^{24}mi^{55}ki^{33}

油炸鬼 iəu^{21}tsa^{21}kuəi^{55}

油炸棕 iəu^{21}tsa^{21}tsuŋ^{24}

煎堆 tsen^{33}təi^{33}

米花　米花 mi^{55}xua^{33}

　　米花糖 mi^{55}xua^{33}t^{h}aŋ^{21}

(3)面食

面粉　面粉 men^{24}fən^{55}

精白面　富强面 fu^{24}k^{h}iaŋ^{21}men^{24}

面条儿　面条 men^{24}t^{h}iau^{21}

　　面 men^{24}

挂面　面条 men^{24}t^{h}iau^{21}

干切面　干切面 kan^{33}ts^{h}et^{21}men^{24} 机制的宽的干面条

汤面 t^{h}aŋ^{33}men^{24} 带汤的面条

干捞面 kan^{33}lau^{33}men^{24} 凉拌的面条

臊子(肉末)　碎肉 səi^{24}iuk^{21}

面片儿　面片 men^{24}p^{h}en^{24}

面疙瘩　面疙瘩 men^{24}kek^{21}ta^{33}

馒头　馒头 man^{24}t^{h}əu^{21} 没馅的

包子　包子 pau^{33}tsɿ^{55} 有馅的

叉烧包 ts^{h}a^{33}sau^{33}pau^{33}

水晶包 suəi^{55}kiŋ^{33}pau^{33}

　　菜包 ts^{h}ai^{24}pau^{33}

煎包 tsen^{33}pau^{33}

面包　面包 men^{24}pau^{33}

菠萝包 pɔ^{33}lɔ^{21}pau^{33}

　　枕头包 tsin^{55}t^{h}əu^{21}pau^{33}

油条　油条 iəu^{21}t^{h}iau^{21}

烧饼　烧饼 sau^{33}piŋ^{55}

烙饼　煎饼 tsen^{33}piŋ^{55}

花卷儿　花卷 xua^{33}kyen^{55}

饺子 kiau^{55}tsɿ^{55}

馅儿　心 ɬin^{33}

馄饨　云吞 yn^{21}t^{h}ən^{33}

烧卖　烧卖 sau^{33}mai^{24}

蛋糕　蛋糕 tan^{24}kau^{33}

蛋挞　蛋挞 tan^{24}t^{h}a^{21}

元宵　糖水馍 t^{h}aŋ^{21}suəi^{55}mɔ^{21}

　　水圆 suəi^{55}yen^{21}

汤圆　水圆 suəi^{55}yen^{21}

　　糖水馍 t^{h}aŋ^{21}suəi^{55}mɔ^{21}

月饼　月饼 yet^{21}piŋ^{55}

饼干　饼干 piŋ^{55}kan^{33}

福寿饼 fuk^{21}səu^{24}piŋ^{55}

鸡仔饼 ki^{33}tsai^{55}piŋ^{55}

沙糕 sa^{33}kau^{33}

云片糕 yn^{21}p^{h}en^{24}kau^{33}

牛耳朵 niəu^{21}ə^{55}tɔ^{55}

山楂饼　山楂饼 san^{33}tsa^{33}piŋ^{55}

开口枣 k^{h}ai^{33}k^{h}əu^{55}tsau^{55}

麻蛋枣 ma^{21}tan^{24}tsau^{55}

麻通 ma^{21}t^{h}uŋ^{33}

炸角 tsa^{24}kɔk^{21}

酵子　面种 men^{24}ʦuŋ^{55}

泡打粉 pau^{24}ta^{55}fən^{55}

　发粉 fət^{21}fən^{55}

酒曲　酒饼 ʦiəu^{55}piŋ^{55}

(4)肉、蛋

荤腥 xun^{33}ɬiŋ^{33} 指肉类

肉丁　肉丁 iuk^{21}tiŋ^{33}

肉片　肉片 iuk^{21}p^{h}en^{24}

肉丝　肉丝 iuk^{21}ɬɿ^{33}

肉末　碎肉 səi^{24}iuk^{21}

肉皮　猪皮 ʦy^{33}p^{h}i^{21}

肉松　肉松 iuk^{21}suŋ^{33}

肉丸　肉丸 iuk^{21}uan^{21}

　　猪肉丸 ʦy^{33}iuk^{21}uan^{21}

　　牛肉丸 niəu^{21}iuk^{21}uan^{21}

　　鱼肉丸 y^{21}iuk^{21}uan^{21}

肘子　圆蹄 lɔn^{21}t^{h}i^{21} 猪腿靠近身体的部位

猪蹄儿　猪脚 ʦy^{33}kiɔk^{21} 通称

猪前腿　前腿 xəu^{24}t^{h}əi^{55}

　　　　猪手 ʦy^{33}səu^{55}

猪后腿　后腿 xəu^{24}t^{h}əi^{55}

里脊　脢肉 məi^{21}iuk^{21}

前胛 ʦen^{21}kia^{21}

　脢头 məi^{21}t^{h}əu^{21}

后胛 xəu^{24}kia^{21}

后腿肉 xəu^{24}t^{h}əi^{55}iuk^{21}

三夹肉 ɬan^{33}kia^{21}iuk^{21}

五花肉　五花肉 u^{55}xua^{33}iuk^{21}

蹄筋　蹄筋 t^{h}i^{21}kin^{33}

　　　猪脚筋 ʦy^{33}kiɔk^{21}kin^{33}

牛舌头　牛脷 niəu^{21}li^{24}

猪舌头　猪脷 ʦy^{33}li^{24}

猪横脷 ʦy^{33}xəŋ^{21}li^{24} 猪胰脏

下水 xia^{24}suəi^{55} 畜禽内脏的通称

牛下水　牛下水 niəu^{21}xia^{24}suəi^{55}

猪下水　猪下水 ʦy^{33}xia^{24}suəi^{55}

猪肺　猪肺 ʦy^{33}fəi^{24}

肠子　猪肠 ʦy^{33}ʦ^{h}aŋ^{21} 猪的，通称

猪大肠　猪大肠 ʦy^{33}ta^{24}ʦ^{h}aŋ^{21}

粉肠 fən^{55}ʦ^{h}aŋ^{21} 小肠

猪七寸 ʦy^{33}ʦ^{h}i^{21}ʦ^{h}ən^{24} 直肠

　七寸 ʦ^{h}i^{21}ʦ^{h}ən^{24}

猪肚　猪肚 ʦy^{33}tu^{55}

猪尿泡　猪小肚 ʦy^{33}siau^{55}tu^{55}

　　　　猪尿泡 ʦy^{33}niau^{24}p^{h}au^{33}

猪油 ʦy^{33}iəu^{21}

板油 pan^{55}iəu^{21}

网油 uaŋ^{55}iəu^{21}

油渣 iəu^{21}ʦa^{33}

腔骨(猪的)　筒骨 t^{h}uŋ^{21}kut^{21}

排骨(猪的)p^{h}ai^{21}kut^{21}

沙骨 sa^{33}kut^{21}

尾骨 uəi^{55}kut^{21}

猪尾巴 tsy^{33}uəi^{55}pa^{33}

起骨 k^{h}i^{55}kut^{21} 把骨头取出

牛肚儿　牛百叶 niəu^{21}pə^{21}iet^{21} 带毛状物的那种

牛肚儿　牛肚 niəu^{21}tu^{55} 光滑的那种

牛腩 niəu^{21}nan^{21}

牛喉 niəu^{21}xəu^{21}

牛筋 niəu^{21}kin^{33}

肝　猪肝 tsy^{33}kan^{33}

　粉肝 fən^{55}kan^{33} 质地较粗的猪肝

　油肝 iəu^{21}kan^{33} 质地较细腻的猪肝

腰子　猪腰 tsy^{33}iau^{33} 猪的

鸡杂儿　鸡杂 ki^{33}tsa^{21}

　　鸡下水 ki^{33}xia^{24}suəi^{55}

鸡肫　鸡近 ki^{33}kin^{24}

　　鸡肾 ki^{33}sin^{24}

鸡肝　鸡肝 ki^{33}kan^{33}

鸭肝　鸭肝 ia^{21}kan^{33}

鸡忘记 ki^{33}uaŋ^{24}ki^{24} 鸡的脾脏

鸡翅　鸡翅膀 ki^{33}ts^{h}e^{24}paŋ^{55}

鸡尖 ki^{33}tsen^{33} 鸡翅前面部分

鸡脚　鸡脚 ki^{33}kiɔk^{21}

　　凤爪 fuŋ^{24}tsau^{55}

鸡腿　鸡巴腿 ki^{33}pa^{24}t^{h}əi^{55}

鸡屁股　鸡屁股 ki^{33}p^{h}i^{24}ku^{55}

鸡脖子　鸡脖子 ki^{33}pɔ^{21}tsɿ^{55}

水盆鸡 suəi^{55}p^{h}ən^{21}ki^{33} 宰杀好的鸡

水盆鸭 suəi^{55}p^{h}ən^{21}ia^{21} 宰杀好的鸭

白斩鸡 pə^{21}tsan^{55}ki^{33}

酱油鸡 tsiaŋ^{24}iəu^{21}ki^{33}

盐焗鸡 ien^{21}kuk^{21}ki^{33}

白斩鸭 pə^{21}tsan^{55}ia^{21}

柠檬鸭 niŋ^{21}muŋ^{24}ia^{21}

菠萝鸭 pɔ^{33}lɔ^{21}ia^{21}

烤鸭　烧鸭 sau^{33}ia^{21}

扒鸭 p^{h}a^{33}ia^{21}

卤鸭 lu^{55}ia^{21}

鸭掌　鸭掌 ia^{21}tsaŋ^{55}

鸭下巴 ia^{21}xia^{24}p^{h}a^{21}

卤味 lu^{55}uəi^{24} 烧卤食品的通称

烤鹅　烧鹅 sau^{33}ŋɔ^{21}

烤猪肉　烧肉 sau^{33}iuk^{21}

乳猪 y^{55}tsy^{33} 烤乳猪

香猪 xiaŋ^{33}tsy^{33} 产于广西巴马、环江一带

叉烧　叉烧 ts^{h}a^{33}sau^{33}

扣肉　扣肉 k^{h}əu^{24}iuk^{21}

　　梅菜扣肉 məi^{21}ts^{h}ai^{24}k^{h}əu^{24}iuk^{21}

红烧肉　红烧肉 xuŋ^{21}sau^{33}iuk^{21}

　　红焖肉 xuŋ^{21}mən^{24}iuk^{21}

粉蒸肉　粉蒸肉 fən^{55}tsiŋ^{33}iuk^{21}

肉饼　肉饼 iuk^{21}piŋ^{55}

鱼生 y^{21}ɬəŋ^{33} 生鱼片

鱼头　鱼头 y^{21}t^{h}əu^{21}

鱼腩 y^{21}nan^{21} 鱼腹肉

鱼肉　鱼肉 y^{21}iuk^{21}

鱼丸　鱼丸 y^{21}uan^{21}

鱼肚　鱼肚 y^{21}tu^{24}

五柳鱼 u^{55}liəu^{55}y^{21}

猪血　猪红 ʦy^{33}xuŋ^{21}

　　猪血 ʦy^{33}xyet^{21}

牛血　牛红 niəu^{21}xuŋ^{21}

　　牛血 niəu^{21}xyet^{21}

鸡血　鸡红 ki^{33}xuŋ^{21}

　　鸡血 ki^{33}xyet^{21}

鸭血　鸭红 ia^{21}xuŋ^{21}

　　鸭血 ia^{21}xyet^{21}

炒鸡蛋　炒蛋 ʦʰau^{55}tan^{24}

　　炒鸡蛋 ʦʰau^{55}ki^{33}tan^{24}

荷包蛋 xɔ^{21}pau^{33}tan^{24} 油炸或煎的

蛋饺　蛋饺 tan^{24}kiau^{55}

卧鸡子儿　水煮蛋 suəi^{55}ʦy^{55}tan^{24} 水煮的，不带壳

煮鸡子儿　水煮蛋 suəi^{55}ʦy^{55}tan^{24} 连壳煮的鸡蛋

卤蛋　卤蛋 lu^{55}tan^{24}

鸡蛋羹　芙蓉蛋 fu^{21}iuŋ^{21}tan^{24}

　　鸡蛋羹 ki^{33}tan^{24}kəŋ^{33}

鸡蛋汤　蛋花汤 tan^{24}xua^{33}taŋ^{33}

松花蛋　皮蛋 pʰi^{21}tan^{24}

　　松花蛋 suŋ^{33}xua^{33}tan^{24}

咸鸡蛋　咸蛋 xen^{21}tan^{24}

咸鸭蛋　咸蛋 xen^{21}tan^{24}

香肠　腊肠 la^{21}ʦʰaŋ^{21}

　　香肠 xiaŋ^{33}ʦʰaŋ^{21}

腊肉　腊肉 la^{21}iuk^{21}

腊鸭　腊鸭 la^{21}ia^{21}

腊鸭肫　腊鸭近 la^{21}ia^{21}kin^{24}

火腿　火腿 xɔ^{55}tʰəi^{55}

燻肉　火烟肉 xɔ^{55}ien^{33}iuk^{21}

咸肉　咸肉 xen^{21}iuk^{21}

咸鱼　咸鱼 xen^{21}y^{21}

梅香咸鱼 məi^{21}xiaŋ^{33}xen^{21}y^{21}

(5)菜

菜　菜 ʦʰai^{24}

素菜　素菜 ɬu^{24}ʦʰai^{24}

荤菜　荤菜 xun^{33}ʦʰai^{24}

　　肉菜 iuk^{21}ʦʰai^{24}

咸菜　咸菜 xen^{21}ʦʰai^{24}

头菜　头菜 tʰəu^{21}ʦʰai^{24}

　　酸头菜 ɬɔn^{33}tʰəu^{21}ʦʰai^{24}

梅菜　梅菜 məi^{21}ʦʰai^{24}

酸菜　酸菜 ɬɔn^{33}ʦʰai^{24} 用芥菜腌制

酸笋　酸笋 ɬɔn^{33}ɬən^{55}

榨菜　榨菜 ʦa^{24}ʦʰai^{24}

冬京菜 tuŋ^{33}kiŋ^{33}ʦʰai^{24} 用大白菜腌制

豆腐　豆腐 təu^{24}fu^{24}

豆腐皮　豆腐皮 təu^{24}fu^{24}pʰi^{21}

腐竹　腐竹 fu^{24}ʦuk^{21}

豆腐干儿　豆腐干 təu^{24}fu^{24}kan^{33}

豆腐泡儿　油豆腐 iəu^{21}təu^{24}fu^{24}

油果 $iəu^{21}kɔ^{55}$

豆腐脑儿　豆腐花 $təu^{24}fu^{24}xua^{33}$

豆浆　豆浆 $təu^{24}ʦiaŋ^{33}$

豆腐渣　豆腐渣 $təu^{24}fu^{24}ʦa^{33}$ 可作菜

豆腐乳　腐乳 $fu^{24}yəi^{55}$

豆腐乳 $təu^{24}fu^{24}yəi^{55}$

南乳 $nan^{21}yəi^{55}$ 腐乳的一种

臭豆腐　臭豆腐 $ʦ^{h}əu^{24}təu^{24}fu^{24}$

粉丝　粉丝 $fən^{55}ɬɿ^{33}$

粉条　红薯粉 $xuŋ^{21}sy^{21}fən^{55}$ 薯粉

薯粉 $sy^{21}fən^{55}$

粉皮　粉皮 $fən^{55}p^{h}i^{21}$ 绿豆做的

面筋　面筋 $men^{24}kin^{33}$

凉粉　凉粉 $liaŋ^{21}fən^{55}$

黑凉粉 $xə^{21}liaŋ^{21}fən^{55}$

白凉粉 $pə^{21}liaŋ^{21}fən^{55}$

凉粉草 $liaŋ^{21}fən^{55}ʦ^{h}au^{55}$

藕粉　藕粉 $ŋəu^{55}fən^{55}$

马蹄粉　马蹄粉 $ma^{55}t^{h}i^{21}fən^{55}$

豆豉　豆豉 $təu^{24}si^{24}$

芡粉　豆粉 $təu^{24}fən^{55}$

勾芡　打芡 $ta^{35}k^{h}en^{24}$

勾芡 $ŋəu^{33}k^{h}en^{24}$

打卤 $ta^{55}lu^{55}$

木耳　木耳 $muk^{21}ə^{55}$

云耳　云耳 $yn^{21}ə^{55}$

银耳　银耳 $in^{21}ə^{55}$

发菜　发菜 $fət^{21}ʦ^{h}ai^{24}$

海参　海参 $xai^{55}sin^{33}$

海带　海带 $xai^{55}tai^{24}$

海蜇　海蜇皮 $xai^{55}ʦə^{21}p^{h}i^{24}$

紫菜　紫菜 $ʦɿ^{55}ʦ^{h}ai^{24}$

(6) 油盐作料

滋味　味道 $uəi^{24}tau^{24}$

味 $uəi^{24}$

气味　气味 $k^{h}i^{24}uəi^{24}$

气 $k^{h}i^{24}$

味道 $uəi^{24}tau^{24}$

颜色　颜色 $ien^{21}sə^{21}$

色 $sə^{21}$

荤油　油 $iəu^{21}$

猪油　猪油 $ʦy^{33}iəu^{21}$

牛油　牛油 $niəu^{21}iəu^{21}$

鸡油　鸡油 $ki^{33}iəu^{21}$

素油　油 $iəu^{21}$

花生油　生油 $ɬəŋ^{33}iəu^{21}$

花生油 $xua^{33}ɬəŋ^{33}iəu^{21}$

茶子油　茶油 $ʦ^{h}a^{21}iəu^{21}$

菜籽油　菜油 $ʦ^{h}ai^{24}iəu^{21}$

黄豆油　豆油 $təu^{24}iəu^{21}$

脂麻油　麻油 $ma^{21}iəu^{21}$

盐　盐 ien^{21}

粗盐　生盐 $ɬəŋ^{33}ien^{21}$

粗盐 ʦʰu^{33}ien^{21}

精盐　熟盐 suk^{21}ien^{21}

酱油　酱油 ʦiaŋ^{24}iəu^{21} 统称

生抽 ɬəŋ^{33}ʦʰəu^{33}

老抽 lau^{55}ʦʰəu^{33} 色浓

脂麻酱　芝麻酱 ʦi^{33}ma^{21}ʦiaŋ^{24}

花生酱　花生酱 xua^{33}ɬəŋ^{33}ʦiaŋ^{24}

甜面酱　甜面酱 tʰen^{21}men^{24}ʦiaŋ^{24}

辣酱　辣椒酱 lət^{21}ʦiau^{33}ʦiaŋ^{24}

蒜茸辣椒酱 ɬɔn^{24}iuŋ^{21}lət^{21}ʦiau^{33}ʦiaŋ^{24}

黄皮酱 xuaŋ^{21}pʰi^{21}ʦiaŋ^{24}

酸梅酱 ɬɔn^{33}məi^{21}ʦiaŋ^{24}

醋　醋 ʦʰu^{24}

七醋 ʦʰi^{21}ʦʰu^{24}

酸醋 ɬɔn^{33}ʦʰu^{24}

白醋 pə^{21}ʦʰu^{24}

米醋 mi^{55}ʦʰu^{24}

糯米醋 nɔ^{24}mi^{55}ʦʰu^{24}

黑米醋 xə^{21}mi^{55}ʦʰu^{24}

陈醋 ʦin^{21}ʦʰu^{24}

料酒　料酒 liau^{24}ʦiəu^{55}

黄酒 xuaŋ^{21}ʦiəu^{55}

烧酒　烧酒 sau^{33}ʦiəu^{55}

白酒 pə^{21}ʦiəu^{55}

葡萄酒　红酒 xuŋ^{21}ʦiəu^{55}

葡萄酒 pʰu^{21}tʰau^{21}ʦiəu^{55}

江米酒　糯米甜酒 nɔ^{24}mi^{55}tʰen^{21}ʦiəu^{55}

甜酒 tʰen^{21}ʦiəu^{55}

鸡蛋甜酒 ki^{33}tan^{24}tʰen^{21}ʦiəu^{55}

米单 mi^{55}tan^{33}

米双 mi^{55}suaŋ^{33}

三花 ɬan^{33}xua^{33}

木薯酒 muk^{21}sy^{21}ʦiəu^{55}

红糖　红糖 xuŋ^{21}tʰaŋ^{21}

黄糖 xuaŋ^{21}tʰaŋ^{21}

黄片糖 xuaŋ^{21}pʰen^{24}tʰaŋ^{21}

片糖 pʰen^{24}tʰaŋ^{21}

黄沙糖 xuaŋ^{21}sa^{33}tʰaŋ^{21}

冰片糖 piŋ^{33}pʰen^{24}tʰaŋ^{21}

白糖　白糖 pə^{21}tʰaŋ^{21}

白砂糖 pə^{21}sa^{33}tʰaŋ^{21}

冰糖　冰糖 piŋ^{33}tʰaŋ^{21}

糖块　糖 tʰaŋ^{21} 用纸包的

纸包糖 ʦi^{55}pau^{33}tʰaŋ^{21}

糖果 tʰaŋ^{21}kɔ^{55}

叮叮糖 tiŋ^{33}tiŋ^{33}tʰaŋ^{21} 无纸包的手工制糖块

花生糖　花生糖 xua^{33}ɬəŋ^{33}tʰaŋ^{21}

麦芽糖　麦芽糖 mə^{21}ia^{21}tʰaŋ^{21}

作料　配料 pʰəi^{24}liau^{24}

八角　八角 pa^{21}kɔk^{21}

桂皮　桂皮 kuəi^{24}pʰi^{21}

花椒　花椒 xua^{33}ʦiau^{33}

陈皮　陈皮 tʰin^{21}pʰi^{21}

草果　草果 tʰau^{55}kɔ^{55}

胡椒粉　胡椒粉 xu^{21}ʦiau^{33}fən^{55}

　　　　胡椒 xu^{21}ʦiau^{33}

五香粉　五香粉 u^{55}xiaŋ^{33}fən^{55}

(7) 烟、茶、酒

烟　烟 ien^{33}

烟叶　烟叶 ien^{33}iet^{21}

烟丝　烟丝 ien^{33}ɬɿ^{33}

烟骨 ien^{33}kut^{21} 烟叶的脉络，可防蛀虫

香烟　烟 ien^{33}

旱烟　旱烟 xan^{24}ien^{33}

　　　生烟 ɬəŋ^{33}ien^{33}

烤烟　熟烟 suk^{21}ien^{33}

雪茄　雪茄 ɬye^{21}kia^{33}

水烟袋　烟斗 ien^{33}təu^{55} 铜制的

水烟筒 suəi^{55}ien^{33}tʰuŋ^{21} 竹制的

烟筒 ien^{33}tʰuŋ^{21}

旱烟袋　旱烟袋 xan^{24}ien^{33}tai^{24}

烟斗　烟斗 ien^{33}təu^{55}

烟嘴　烟嘴 ien^{33}ʦəi^{55}

烟盒　烟盒 ien^{33}xɔt^{21} 装香烟的金属盒

打火机　火机 xɔ^{55}ki^{33}

　　　　打火机 ta^{55}xɔ^{55}ki^{33}

烟油子　烟屎 ien^{33}si^{55}

烟灰　烟灰 ien^{33}xuəi^{33}

火镰 xɔ^{55}len^{21} 旧时取火用具

火石 xɔ^{55}sik^{21} 用火镰打的石头

打火石 ta^{55}xɔ^{55}sik^{21}

纸煤儿　火茸 xɔ^{55}iuŋ^{21}

抽烟　烧烟 sau^{33}ien^{33}

茶　茶 ʦʰa^{21}

　茶叶　茶叶 ʦʰa^{21}iet^{21}

　毛尖 mau^{21}ʦen^{33}

　红茶 xuŋ^{21}ʦʰa^{21}

　绿茶 luk^{21}ʦʰa^{21}

开水　开水 kʰai^{33}suəi^{55}

　　　滚水 kun^{55}suəi^{55}

沏茶　冲茶 ʦʰuŋ^{33}ʦʰa^{21}

　　　沏茶 ʦʰi^{24}ʦʰa^{21}

倒茶　斟茶 ʦin^{33}ʦʰa^{21}

喝茶　喝茶 xɔ^{33}ʦʰa^{21}

拾伍　红白大事

(1) 婚姻、生育

择日　看日子 kʰan^{24}it^{21}ʦɿ^{55}

亲事　喜事 xi^{55}ɬɿ^{24}

做媒 ʦɔ^{24}məi^{21}

媒人　媒人 məi^{21}in^{21}

　　　媒婆 məi^{21}pʰɔ^{21}

相亲　相亲 ɬiaŋ^{33}ʦʰin^{33}

相貌　相貌 ɬiaŋ^{24}mau^{24}

　　样子 iaŋ^{24}ʦɿ^{55}

年龄　年纪 nen^{21}ki^{55}

定婚　定婚 tiŋ^{24}xun^{33}

定礼　聘礼 pʰiŋ^{24}li^{55}

　　彩礼 ʦʰai^{55}li^{55}

　　财礼 ʦʰai^{21}li^{55}

喜期 xi^{55}kʰi^{21} 结婚的日子

　婚期 xun^{33}kʰi^{21}

喜酒　喜酒 xi^{55}ʦiəu^{55}

过嫁妆　过嫁妆 kɔ^{24}kia^{24}ʦuaŋ^{33}

娶亲　要老婆 iau^{24}lau^{55}pʰɔ^{21}

娶媳妇　娶媳妇 ʦʰy^{55}ɬi^{21}fu^{24}

找对象　找老婆 ʦau^{55}lau^{55}pʰɔ^{21}

找对象 ʦau^{55}təi^{24}ɬiaŋ^{24}

出嫁　嫁 kia^{24}

　　出嫁 ʦʰyt^{21}kia^{24}

嫁闺女　嫁女 kia^{24}ny^{55}

结婚　结婚 ke^{21}xun^{33}

花轿　花轿 xua^{33}kiau^{24}

拜堂　拜堂 pai^{24}tʰaŋ^{21}

　　拜天地 pai^{24}tʰen^{33}ti^{24}

新郎　新郎 ɬin^{33}laŋ^{21}

　　新郎倌 ɬin^{33}laŋ^{21}kɔn^{33}

新娘　新娘 ɬin^{33}niaŋ^{21}

新房　新房 ɬin^{33}faŋ^{21}

跨火盆　跳火盆 tʰiau^{24}xɔ^{55}pʰen^{21} 新娘进夫家门要跨火盆

交杯酒　交杯酒 kiau^{33}pəi^{33}ʦiəu^{55}

回门　回门 xuəi^{21}mən^{21}

再醮　再嫁 ʦai^{24}kia^{24}

填房　填房 tʰen^{21}faŋ^{21} 从女方说

怀孕了　有身 iəu^{55}sin^{33}

　　有身子 iəu^{55}sin^{33}ʦɿ^{55}

　　驮崽 tʰɔ^{21}ʦai^{55}

　　带身 tai^{24}sin^{33}

　　怀孕了 xuai^{21}yn^{24}liau^{55}

孕妇　大肚婆 ta^{24}tu^{24}pʰɔ^{21}

流产　小产 siau^{55}ʦʰan^{55}

　　流产 liəu^{21}ʦʰan^{55}

生孩子　生仔 ɬəŋ^{33}ʦai^{55}

　　生娃仔 ɬəŋ^{33}ua^{21}ʦai^{55}

接生　接生 ʦet^{21}ɬəŋ^{33}

接生婆　接生婆 ʦet^{21}ɬəŋ^{33}pʰɔ^{21}

胎盘　胎盘 tʰai^{33}pʰɔn^{21}

　　胞衣 pau^{33}i^{33}

坐月子　坐月 ʦɔ^{24}yet^{21}

　　坐月子 ʦɔ^{24}yet^{21}ʦɿ^{55}

满月　满月 mɔn^{55}yet^{21}

喝满月酒 xɔ^{33}mɔn^{55}yet^{21}ʦiəu^{55}

摆满月酒 pai^{55}mɔn^{55}yet^{21}ʦiəu^{55}

百日 pə^{21}i^{21}

对岁 təi^{24}ɬəi^{24} 周岁

　周岁 ʦəu^{33}ɬəi^{24}

头胎 $t^h əu^{21} t^h ai^{33}$ 第一胎

双胞胎　双孖仔 $suaŋ^{33} me^{33} tsai^{55}$

　　双胞胎 $suaŋ^{33} pau^{33} t^h ai^{33}$

双孖仔 $suaŋ^{33} me^{33} tsai^{55}$ 双生子

双孖女 $suaŋ^{33} me^{33} ny^{55}$ 双生女

堕胎　打胎 $ta^{55} t^h ai^{33}$

吃奶　吃奶 $ts^h it^{21} nai^{55}$

　　吃□□$ts^h it^{21} ne^{33} ne^{33}$

乳头　□□$ne^{33} ne^{33}$

　　奶头 $nai^{55} t^h əu^{21}$

尿床　濑尿 $lai^{33} niau^{24}$

(2)寿辰、丧葬

生日　生日 $ɬəŋ^{33} it^{21}$

过生日　过生日 $kɔ^{24} ɬəŋ^{33} it^{21}$

　　做寿 $ʧtsɔ^{24} səu^{24}$ 一般是长者

祝寿　祝寿 $tsu^{21} səu^{24}$

寿星　寿星 $səu^{24} ɬiŋ^{33}$

丧事　白事 $pə^{21} ɬɿ^{24}$

奔丧　奔丧 $pən^{33} saŋ^{33}$

哭丧　哭丧 $kuk^{21} saŋ^{33}$

死了　死哦 $sɿ^{55} ɔ^{53}$

　　过哦 $kɔ^{24} ɔ^{53}$

　　走哦 $tsəu^{55} ɔ^{53}$

　　□哦 $eŋ^{35} ɔ^{53}$

　　□哦 $k^h iau^{21} ɔ^{53}$

　　没有哦 $mə^{55} iəu^{55} ɔ^{53}$

灵床　灵床 $liŋ^{21} ts^h uaŋ^{21}$

棺材　棺材 $kɔn^{33} ts^h ai^{21}$

寿材 $səu^{24} ts^h ai^{21}$ 生前预制的棺材

　　寿方 $səu^{24} faŋ^{33}$

　　寿木 $səu^{24} muk^{21}$

入殓　入殓 $i^{21} len^{55}$

灵堂　灵堂 $liŋ^{21} t^h aŋ^{21}$

佛堂　佛堂 $fɔ^{21} t^h aŋ^{21}$

守灵　守灵 $səu^{55} liŋ^{21}$

做七　做七 $tsɔ^{24} ts^h i^{21}$

头七　头七 $t^h əu^{21} ts^h i^{21}$

守孝　守孝 $səu^{55} xiau^{24}$

戴孝　戴孝 $tai^{24} xiau^{24}$

披麻戴孝 $p^h i^{33} ma^{21} tai^{24} xiau^{24}$

脱孝　除孝 $ts^h y^{21} xiau^{24}$

　　解孝 $kai^{55} xiau^{24}$

　　脱孝 $t^h ɔt^{21} xiau^{24}$

寿碗 $səu^{24} uɔn^{55}$

孝子　孝子 $xiau^{24} tsɿ^{55}$

孝孙　孝孙 $xiau^{24} sən^{33}$

出殡　出殡 $ts^h yt^{21} pin^{24}$

　　上山 $saŋ^{24} san^{33}$

送葬　送葬 $sun^{24} tsaŋ^{24}$

棺材铺　棺材铺 $kɔn^{33} ts^h ai^{21} p^h u^{24}$

仵作佬 $u^{55} tsɔ^{24} lau^{55}$ 抬棺材的

开坑　挖坑 $ua^{33} k^h əŋ^{33}$

葬　葬 $tsaŋ^{35}$

瓮 uŋ^{33}

□əm^{33}

埋 mai^{21}

纸扎　烧衣 sau^{33}i^{33} 用纸扎的人、马、房子等

纸钱　纸钱 tsi^{55}tsʰen^{21}

鸡钱 ki^{33}tsʰen^{21}

元宝 yen^{21}pau^{55} 纸折的

金银纸 kin^{33}in^{21}tsi^{55}

坟地　坟地 fən^{21}ti^{24}

坟墓　坟山 fən^{21}san^{33}

坟墓 fən^{21}mu^{24}

碑　碑 pəi^{33} 不单指墓碑

墓碑 mu^{24}pəi^{33}

上坟　拜山 pai^{24}san^{33}

扫墓 sau^{55}mu^{24}

自杀　自尽 tsɿ^{24}kin^{24}

自杀 tsɿ^{24}sa^{21}

投水(自尽)　跳河 tʰau^{24}xɔ^{21}

上吊　吊颈 tiau^{24}kiŋ^{55}

上吊 saŋ^{24}tiau^{24}

尸体　死尸 sɿ^{55}si^{33}

尸骨　骨 kut^{21}

尸骨 si^{33}kut^{21}

尸骨　尸骸 si^{33}xai^{21}

骨灰坛子　金坛 kin^{33}tʰan^{21}

骨坛 kut^{21}tʰan^{21}

骨灰坛 kut^{21}xuəi^{33}tʰan^{21}

捡骨 ken^{33}kut^{21} 壮族葬俗，捡拾尸骨作二次葬

起骨 tsʰi^{55}kut^{21}

(3)迷信

老天爷　天老爷 tʰen^{33}lau^{55}ie^{21}

老天爷 lau^{55}tʰen^{33}ie^{21}

灶王爷　灶王爷 tsau^{24}uaŋ^{21}ie^{21}

灶君老爷 tsau^{24}kin^{33}lau^{55}ie^{21}

佛　佛 fɔ^{21}

大肚佛 ta^{24}tu^{24}fɔ^{21}

菩萨　菩萨 pʰu^{21}sa^{21}

观世音　观音 kɔn^{33}in^{33}

观世音 kɔn^{33}si^{24}in^{33}

土地庙　土地庙 tu^{55}ti^{24}miau^{24}

土地神　土地公 tu^{55}ti^{24}kuŋ^{33}

关帝庙　关帝庙 kuan^{33}ti^{24}miau^{24}

城隍庙　城隍庙 tsʰiŋ^{21}xuaŋ^{21}miau^{24}

阎王　阎罗王 ien^{21}lɔ^{21}uaŋ^{21}

祠堂　祠堂 tsʰɿ^{24}tʰaŋ^{21}

佛龛　神台 sin^{21}tʰai^{21}

香案　神台 sin^{21}tʰai^{21}

神位　神位 sin^{21}uəi^{24}

神台　神台 sin^{21}tʰai^{21}

牌位　牌位 pʰai^{21}uəi^{24}

上供　供 kuŋ^{24}

上供 saŋ^{24}kuŋ^{24}

烛台　烛台 tsuk^{21}tʰai^{21}

蜡烛　蜡烛 la^{21}ʦuk^{21} 敬神的那种

线香　香 xiaŋ^{33}

香枝蜡烛 xiaŋ^{33}ʦi^{33}la^{21}ʦuk^{21}

香炉　香炉 xiaŋ^{33}lu^{21}

烧香　装香 ʦuaŋ^{33}xiaŋ^{33}

　　　烧香 sau^{33}xiaŋ^{33}

签　签 ʦen^{33}

求签 kʰiəu^{21}ʦʰen^{33}

庙会　庙会 miau^{24}xuəi^{24}

做道场　做法事 ʦɔ^{24}fa^{21}ɬɿ^{24}

　　　　做斋 ʦɔ^{24}ʦai^{33}

念经　喃经 nəm^{33}kiŋ^{33}

　　　念经 nen^{24}kiŋ^{33}

测字　测字 ʦʰə^{21}ʦɿ^{24}

看风水　看风水 kʰan^{24}fuŋ^{33}suəi^{55}

风水先生　风水先生 fuŋ^{33}suəi^{55}ɬen^{33}ɬəŋ^{33}

　　　　　地理先生 ti^{24}li^{55}ɬen^{33}ɬəŋ^{33}

算命　算命 ɬɔn^{24}miŋ^{24}

　　　看相 kan^{24}ɬiaŋ^{24}

算命先生　算命先生 ɬɔn^{24}miŋ^{24}ɬen^{33}ɬəŋ^{33}

　　　　　看相的 kan^{24}ɬiaŋ^{24}e^{33}

　　　　　算命的 ɬɔn^{24}miŋ^{24}e^{33}

巫婆　仙婆 sen^{33}pʰɔ^{21}

跳神　跳神 tʰiau^{24}sin^{21}

许愿　许愿 xy^{55}yen^{24}

还愿　还愿 xuan^{21}yen^{24}

拾陆　日常生活

(1)衣

衣服　衣服 i^{33}fu^{21}

穿衣服　穿衣服 ʦʰyen^{33}i^{33}fu^{21}

提裤子　抽裤子 ʦʰəu^{33}kʰu^{24}ʦɿ^{55}

脱衣服　脱衣服 tʰɔt^{21}i^{33}fu^{21}

　　　　解衣服 kai^{55}i^{33}fu^{21}

穿鞋　穿鞋 ʦʰyen^{33}xai^{21}

穿袜子 ʦʰyen^{33}uət^{21}ʦɿ^{55}

脱鞋　脱鞋 tʰɔt^{21}xai^{21}

量衣服　度身 tɔk^{21}sin^{33}

　　　　度尺寸 tɔk^{21}ʦʰik^{21}ʦʰən^{24}

　　　　度衣服 tɔk^{21}i^{33}fu^{21}

　　　　量衣服 liaŋ^{21}i^{33}fu^{21}

　　　　量尺寸 liaŋ^{21}ʦʰik^{21}ʦʰən^{24}

裁衣服 ʦʰai^{21}i^{33}fu^{21}

做衣服　做衣服 ʦɔ^{24}i^{33}fu^{21} 通称

　　　　缝衣服 fuŋ^{21}i^{33}fu^{21} 旧时用手工缝

　　　　车衣服 ʦʰe^{33}i^{33}fu^{21} 用缝纫机缝

贴边 tʰet^{21}pen^{33} 缝在衣服里子边上的窄条

滚边　滚边 kun^{55}pen^{33} 在衣服、布鞋等的边缘特别缝制的一种圆棱的边儿

锁边 ɬɔ^{55}pen^{33} 用机器

缲边儿　缭衣(裤)脚 liau^{33}i^{33}(kʰu^{24})kiɔk^{21}

　缭袖口 liau^{33}siəu^{24}k^{h}əu^{55}

放脚 faŋ^{24}kiɔk^{21} 把衣、裤放长

纳鞋底子　打鞋底 ta^{55}xai^{21}ti^{55}

钉扣子　钉扣子 tiŋ^{33}k^{h}əu^{24}ʦɿ^{55}

开扣眼　开扣眼 k^{h}ai^{33}k^{h}əu^{24}ien^{55}

锁扣眼　锁扣眼 ɬɔ^{55}k^{h}əu^{24}ien^{55}

绣花儿　绣花 siəu^{24}xua^{33}

打补丁　缝补丁 fuŋ^{21}pu^{55}tiŋ^{33}

做被卧　钉被窝 tiŋ^{33}pəi^{24}ɔ^{33}

洗衣服　洗衣服 ɬi^{55}i^{33}fu^{21}

洗一水 ɬi^{55}it^{21}suəi^{55} 洗一次

投清　过水 kɔ^{24}suəi^{55} 用清水漂洗

晒衣服　晒衣服 sai^{24}i^{33}fu^{21}

晾衣服　晾衣服 liaŋ^{24}i^{33}fu^{21}

浆衣服　过浆 kɔ^{24}ʦiaŋ^{33}

熨衣服　烫衣服 t^{h}aŋ^{24}i^{33}fu^{21}

做针线 ʦɔ^{24}ʦin^{33}sen^{24} 做针线活儿

(2)食

生火　生火 ɬəŋ^{33}xɔ^{55}

做饭　煮饭 ʦy^{55}fan^{24} 总称

　煮两餐 ʦy^{55}liaŋ^{55}ʦ^{h}an^{33}

熬粥　煮粥 ʦy^{55}ʦuk^{55}

　熬粥 ŋau^{21}ʦuk^{55}

煮得融哦 ʦy^{55}tə^{21}iuŋ^{21}ɔ^{21} 粥煮得看不到米粒

淘米　洗米 ɬi^{55}mi^{55}

　淘米 t^{h}au^{21}mi^{55}

煮饭　煮饭 ʦy^{55}fan^{24}

焗饭　焗饭 kuk^{21}fan^{24}

发面　发面 fət^{21}men^{24}

和面　□面粉 ʦ^{h}uai^{33}men^{24}fən^{55}

　和面 xɔ^{21}men^{24}

揉面　□面粉 ʦ^{h}uai^{33}men^{24}fən^{55}

擀面条　擀面条 kan^{55}men^{24}t^{h}iau^{21}

　擀面 kan^{55}men^{24}

抻面条　拉面 la^{33}men^{24}

下面条　煮面条 ʦy^{55}men^{24}t^{h}iau^{21}

　熝面 luk^{21}men^{24}

过凉　过冷河 kɔ^{24}ləŋ^{55}xɔ^{21}

蒸馒头　蒸馒头 ʦiŋ^{33}man^{24}t^{h}əu^{21}

蒸包子　蒸包子 ʦiŋ^{33}pau^{33}ʦɿ^{55}

蒸饭　蒸饭 ʦiŋ^{33}fan^{24}

择菜　□菜 met^{21}ʦ^{h}ai^{24}

　拣菜 ken^{55}ʦ^{h}ai^{24}

切菜　切菜 ʦ^{h}et^{21}ʦ^{h}ai^{24}

片 p^{h}en^{55} 动词

剖开　破 p^{h}ɔ^{24}

破肚 p^{h}ɔ^{24}tu^{24} 指剖开鱼、鸡鸭肚子

破边 p^{h}ɔ^{24}pen^{33} 剖开两半

剁　剁 tɔ^{24}

砍骨头　砍骨头 k^{h}an^{55}kut^{21}t^{h}əu^{21}

做菜　煮菜 ʦy^{55}ʦ^{h}ai^{24} 总称

弄菜　弄菜 luŋ^{24}ʦ^{h}ai^{24}

弄饭　弄饭 luŋ^{24}fan^{24}

弄吃　弄吃 luŋ^{24}ʦʰit^{21}

煮吃　煮吃 ʦy^{55}ʦʰit^{21}

煎　煎 ʦen^{33}

爆 pau^{24} 猛火爆炒

炒　炒 ʦʰau^{55}

焖　焖 mən^{24}

　焗 kuk^{21}

红烧　红焖 xuŋ^{21}mən^{24}

　红烧 xuŋ^{21}sau^{55}

清蒸　清蒸 ʦʰiŋ^{33}ʦiŋ^{33}

沤 ŋəu^{24} 长时间熬煮

炸　炸 ʦa^{21}

过油锅 kɔ^{24}iəu^{21}kɔ^{33} 食物的油锅过一下

焯　熝 luk^{21}

　□水 tan^{55}suəi^{55}

翻热　热 iet^{21}

凉 liaŋ^{24} 把食物放凉

做汤　煮汤 ʦy^{55}tʰaŋ^{33}

清汤 ʦʰiŋ^{33}tʰaŋ^{33}

青菜汤 ʦʰiŋ^{33}ʦʰai^{24}tʰaŋ^{33}

　清汤寡水 ʦʰiŋ^{33}tʰaŋ^{33}kua^{55}suəi^{55}

高汤　靓汤 leŋ^{33}tʰaŋ^{33}

　高汤 kau^{33h}aŋ^{33}

吃火锅　吃火锅 tʰit^{21}xɔ^{55}kɔ^{33}

　打火锅 ta^{55}xɔ^{55}kɔ^{33}

饭好了　饭好哦 fan^{24}xau^{55}ɔ^{33} 包括饭菜

　煮得哦 ʦy^{55}tə^{21}c^{33}

（饭）生　生 ɬəŋ^{33}

　夹生 kia^{21}ɬəŋ^{33}

饭糊了　饭燶 fan^{24}nuŋ^{33}

　煮燶饭 ʦy^{55}nuŋ^{33}fan^{24}

　臭燶 ʦʰəu^{24}nuŋ^{33}

粽叶　粽叶 ʦuŋ^{24}iet^{21}

包粽子　包粽子 pau^{33}ʦuŋ^{24}ʦɿ^{55}

沤粽子 ŋəu^{24}ʦuŋ^{24}ʦɿ^{55} 熬煮粽子

蒸糯饭 ʦiŋ^{33}nɔ^{24}fan^{24}

染糯饭 ien^{55}nɔ^{24}fan^{24}

打粉 ta^{55}fən^{55}

打馍粉 ta^{55}mɔ^{21}fən^{55}

做馍 ʦɔ^{24}mɔ^{21}

开饭　开饭 kʰai^{33}fan^{24}

盛饭　装饭 ʦuaŋ^{33}fan^{24}

搛菜　搛菜 kʰen^{21}ʦʰai^{24}

　夹菜 ket^{21}ʦʰai^{24}

舀汤　舀汤 iau^{55}tʰaŋ^{33}

吃饭　吃饭 ʦʰit^{21}fan^{24}

　乜饭 me^{21}fan^{24}

　吃□□ʦʰit^{21}məm^{33}məm^{33}

吃早饭　吃早饭 ʦʰit^{21}ʦau^{55}fan^{24}

吃午饭　吃晌午 ʦʰit^{21}saŋ^{55}u^{55}

　吃午饭 ʦʰit^{21}u^{55}fan^{24}

吃晚饭　吃夜饭 ʦʰit^{21}ie^{24}fan^{24}

吃零食　吃嘴头 ʦʰit^{21}ʦəi^{55}tʰəu^{21}

　吃零食 ʦʰit^{21}liŋ^{21}si^{21}

使筷子　用筷子 iuŋ^{24}kʰuai^{24}ʦɿ^{55}

　　拿筷子 na^{21}kʰuai^{24}ʦɿ^{55}

　　抓筷子 ʦua^{33}kʰuai^{24}ʦɿ^{55}

肉不烂　□iəŋ^{35}

　　□□□iəŋ^{35}iat^{55}iat^{55}

嚼不动　嚼不动 ʦiau^{21}mə^{55}tuŋ^{24}

　　咬不动 ŋau^{55}mə^{55}tuŋ^{24}

(吃饭)噎住了　卡喉 kʰa^{55}xəu^{21}

打嗝儿　打嗝 ta^{55}kək^{21}

　　打饱嗝 ta^{55}pau^{55}kək^{21}

撑着了　肚子胀 tu^{24}ʦɿ^{55}ʦaŋ^{24} 吃的太多了

嘴没味儿　嘴巴淡 ʦəi^{55}pa^{33}tan^{24}

肚子寡 tu^{24}ʦɿ^{55}kua^{55} 没油水,饿得快

菜爽口 ʦʰai^{24}suaŋ^{55}kʰəu^{55} 指菜开胃、下饭

没胃口　不开胃 mə^{55}kʰai^{33}uəi^{24}

　　没有胃口 mə^{55}iəu^{55}uəi^{24}kʰəu^{55}

　　胃口不开 uəi^{24}kʰəu^{55}mə^{55}kʰai^{33}

腻　腻 ni^{24}

喝茶　喝茶 xɔ^{33}ʦʰa^{21}

喝水　喝水 xɔ^{33}suəi^{55}

泡茶　冲茶 ʦʰuŋ^{33}ʦʰa^{21}

　　泡茶 pʰau^{24}ʦʰa^{21}

冲开水　冲开水 ʦʰuŋ^{33}kʰai^{33}suəi^{55}

　　冲滚水 ʦʰuŋ^{33}kun^{55}suəi^{55}

进开水 kin^{24}kʰai^{33}suəi^{55} 把开水倒进水壶

斟茶 ʦin^{33}ʦʰa^{21}

斟酒 ʦin^{33}ʦiəu^{55}

喝酒　喝酒 xɔ^{33}ʦiəu^{55}

　　乜酒 me^{21}ʦiəu^{55}

　　□酒 tep^{55}ʦiəu^{55}

慢慢□man^{24}man^{24}tep^{55} 很享受地慢慢吃、喝

慢慢乜 man^{24}man^{24}me^{21}

乜两杯 me^{21}liaŋ^{55}pəi^{33} 喝两杯

抽烟　烧烟 sau^{33}ien^{33}

　　抽烟 ʦʰəu^{33}ien^{33}

饿了　肚子饿 tu^{24}ʦɿ^{55}ŋɔ^{24}

　　饿哦 ŋɔ^{24}ɔ^{53}

(3)住

起床　起床 kʰi^{55}ʦʰuaŋ^{21}

下床　下床 xia^{24}ʦʰuaŋ^{21}

挂蚊帐 kua^{24}uə^{21}ʦaŋ^{24} 把蚊帐挂起

撑蚊帐 ʦʰəŋ^{33}uə^{21}ʦaŋ^{24} 把蚊帐张起

下蚊帐 xia^{21}uə^{21}ʦaŋ^{24} 把蚊帐放下

叠被子　叠被子 tet^{21}pəi^{24}ʦɿ^{55}

洗手　洗手 ɬi^{55}səu^{55}

洗脸　洗脸 ɬi^{55}len^{55}

漱口　啷口 laŋ^{55}kʰəu^{55}

　　漱口 ɬu^{24}kʰəu^{55}

刷牙　刷牙 sua^{21}ia^{21}

梳头　梳头 ɬu^{33}tʰəu^{21}

梳辫子　打辫子 ta^{55}pen^{24}ʦɿ^{55}

　　梳辫子 ɬu^{33}pen^{24}ʦɿ^{55}

盘头髮 pʰɔn^{21}tʰəu^{21}fət^{21}

篦头皮 pi^{24}t^{h}əu^{21}p^{h}i^{24} 用篦子篦头皮屑

篦虱子 pi^{24}ɬək^{21}tsɿ^{55} 用篦子篦虱子

剪指甲　剪指甲 tsen^{55}tsi^{55}ket^{21}

掏耳朵　撩耳朵 liau^{33}ə^{55}tɔ^{55}

撩耳屎 liau^{33}ə^{55}si^{55}

挖耳屎 ua^{33}ə^{55}si^{55}

洗澡　洗凉 ɬi^{55}liaŋ^{21}

冲凉 ts^{h}uŋ^{33}liaŋ^{21}

擦澡　抹身 mət^{21}sin^{33}

洗脚　洗脚 ɬi^{55}kiɔk^{21}

烫脚　熫脚 luk^{21}kiɔk^{21}

小便　屙尿 ɔ^{33}niau^{24}

解小手 kai^{55}siau^{55}səu^{55}

大便　屙屎 ɔ^{33}si^{55}

屙□□ɔ^{33}e^{21}e^{35}

解大手 kai^{55}ta^{24}səu^{55}

□屎 əŋ^{35}si^{55}

便秘　屙硬屎 ɔ^{33}ŋəŋ^{24}si^{55}

屙烂屎 ɔ^{33}lan^{24}si^{55} 大便稀

屙湿热屎 ɔ^{33}sit^{21}iet^{21}si^{55} 也喻指事情的不良后果拖得长

屙羊咩屎 ɔ^{33}iaŋ^{21}me^{33}si^{55}

□ əŋ^{35} 大便时向下用力

擦屁股　抹屎 mət^{21}si^{55}

抹屁股 mət^{21}p^{h}i^{24}ku^{55}

乘凉　乘凉 ts^{h}iŋ^{21}liaŋ^{21}

晒太阳　晒热头 sai^{24}iet^{21}t^{h}əu^{21}

晒太阳 sai^{24}t^{h}ai^{24}iaŋ^{21}

烤火　烤火 k^{h}au^{55}xɔ^{55} 取暖

点灯　点灯 ten^{55}təŋ^{33} 指油灯

开灯　开灯 k^{h}ai^{33}təŋ^{33} 指电灯

拉灯 la^{33} təŋ^{33}

熄灯　黑灯 xə^{21}təŋ^{33}

吹灯 ts^{h}uəi^{33}təŋ^{33} 指油灯

歇歇　□□气 t^{h}əu^{55}t^{h}əu^{55}k^{h}i^{24}

休息 xiəu^{33}si^{21}

打盹儿　拜瞌睡 pai^{24}k^{h}ɔk^{21}suəi^{24}

打哈欠　打呵□ta^{55}xɔ^{33}xen^{55}

困了　困哦 k^{h}un^{24}ɔ^{53}

铺床　铺床 p^{h}u^{33}ts^{h}uaŋ^{21}

躺下　睡下来 suəi^{24}xia^{24}lai^{21}

挺尸 t^{h}iŋ^{55}si^{33}

睡着　睡着 suəi^{24}tsɔk^{21}

睡熟　睡得□suəi^{24}tə^{21}nəm^{21}

打呼　打呼噜 ta^{55}xu^{33}lu^{33}

睡不着　睡不着 suəi^{24}mə^{55}tsɔk^{21}

睡不够　睡不够 suəi^{24}mə^{55}kəu^{24}

盟睡够 məŋ^{21}suəi^{24}kəu^{24}

睡够了　睡够哦 suəi^{24}kəu^{24}ɔ^{53}

睡午觉　睡午觉 suəi^{24}u^{55}kiau^{24}

仰面睡　仰倒睡 ŋaŋ^{55}tau^{55}suəi^{24}

仰呃睡 ŋaŋ^{55}ə^{55}suəi^{24}

侧着睡　侧倒睡 tsə^{21}tau^{55}suəi^{24}

侧呃睡 tsə^{21}ə^{55}suəi^{24}

侧身睡 tsə^{21}sin^{33}suəi^{24}

趴着睡　趴倒睡 p^{h}a^{33}tau^{55}suəi^{24}

　　　　趴呃睡 p^{h}a^{33}ə^{55}suəi^{24}

落枕　落枕 lɔ^{21}ʦin^{55}

抽筋　抽筋 ʦ^{h}əu^{33}kin^{33}

做梦　睡梦 suəi^{24}muŋ^{24}

　　　发梦 fət^{21}muŋ^{24}

说梦话　讲梦话 kiaŋ^{55}muŋ^{24}xua^{24}

熬夜　熬夜 ŋau^{21}ie^{24}

开夜车　开夜车 k^{h}ai^{33}ie^{24}ʦ^{h}e^{33}

　　　　通宵 ʦ^{h}uŋ^{33}siau^{33}

(4)行

走路　走路 ʦəu^{55}lu^{24}

　　　走 ʦəu^{55}

下地　下地 xia^{24}ti^{24}

　　　去做工 k^{h}ə^{24}ʦɔ^{24}kuŋ^{33} 去地里干活

上工　出工 ʦ^{h}yt^{21}kuŋ^{33}

　　　做工 ʦɔ^{24}kuŋ^{33}

收工　收工 səu^{33}kuŋ^{33}

赶集　赶墟 kan^{55}xy^{33}

　　　赶集 kan^{55}ʦi^{21}

成墟 ʦ^{h}iŋ^{21}xy^{33} 集日人最多的时候

散墟 san^{24}xy^{33}

走亲戚　走亲戚 ʦəu^{55}t^{h}in^{33}ʦ^{h}i^{21}

出去了　出去哦 ʦ^{h}yt^{21}k^{h}ə^{24}ɔ^{53}

回家　回家 xuəi^{21}kia^{33}

回家了　回家哦 xuəi^{21}kia^{33}ɔ^{53}

逛街　逛街 kuaŋ^{21}kai^{33}

　　　游街 iəu^{21}kai^{33}

上街　出街 ʦ^{h}yt^{21}kai^{33}

　　　上街 saŋ^{24}kai^{33}

散步　散步 san^{24}pu^{24}

转转　转转 ʦyen^{55}ʦyen^{55}

骑自行车　骑车 k^{h}i^{21}ʦ^{h}e^{33}

　　　　　骑单车 k^{h}i^{21}tan^{33}ʦ^{h}e^{33}

　　　　　踩车 ʦ^{h}ai^{55}ʦ^{h}e^{33}

　　　　　踩单车 ʦ^{h}ai^{55}tan^{33}ʦ^{h}e^{33}

开汽车　开汽车 k^{h}ai^{33}k^{h}i^{24}ʦ^{h}e^{33}

乘车　搭车 ta^{21}ʦ^{h}e^{33}

　　　坐车 ʦɔ^{24}ʦ^{h}e^{33}

搭顺风车 ta^{21}syn^{24}fuŋ^{33}ʦ^{h}e^{33} 搭便车

　坐顺风车 ʦɔ^{24}syn^{24}fuŋ^{33}ʦ^{h}e^{33}

乘船　搭船 ta^{21}ʦ^{h}yen^{21}

　　　坐船 ʦɔ^{24}ʦ^{h}yen^{21}

乘飞机　搭飞机 ta^{21}fəi^{33}ki^{33}

　　　　坐飞机 ʦɔ^{24}fəi^{33}ki^{33}

兜客 təu^{33}k^{h}ə^{21} 招揽乘客

拉客 la^{33}k^{h}ə^{21} 载客，也指揽客

揽客 lan^{55}k^{h}ə^{21}

搭客 ta^{21}k^{h}ə^{21} 搭载乘客

拾柒　讼事

打官司　打官司 ta^{55}kɔn^{33}ɬʅ^{33}

告状　告状 kau^{24}ʦuaŋ^{24}

原告　原告 yen^{21}kau^{24}

被告　被告 pəi^{24}kau^{24}

状子　状纸 ʦuaŋ^{24}ʦi^{55}

坐堂　升堂 siŋ^{33}t^{h}aŋ^{21}

退堂　退堂 t^{h}əi^{24}t^{h}aŋ^{21}

问案　审案子 sin^{55}ŋan^{24}ʦʅ^{55}

过堂 kɔ^{24}t^{h}aŋ^{21}

证人　证人 ʦiŋ^{24}in^{21}

人证　人证 in^{21}ʦiŋ^{24}

物证　物证 u^{21}ʦiŋ^{24}

对质　对证 təi^{24}ʦiŋ^{24}

刑事　刑事 xiŋ^{21}ɬʅ^{24}

民事　民事 min^{21}ɬʅ^{24}

家务事　家务事 kia^{33}mu^{24}ɬʅ^{24}（清官难断~）

律师　律师 li^{21}ɬʅ^{33}

代书　代书 tai^{24}sy^{33} 代人写状子的

服　服 fuk^{21}

不服　不服 mə^{55}fuk^{21}

上诉　上诉 saŋ^{24}su^{24}

宣判　宣判 ɬyen^{33}p^{h}ɔn^{24}

招认　认 in^{24}

供认 kuŋ^{24}in^{24}

认罪 in^{24}ʦuəi^{24}

口供　口供 k^{h}əu^{55}kuŋ^{24}

供　供 kuŋ^{24}（~出同谋）

同谋　同伙 t^{h}uŋ^{21}xɔ^{55}

同党 t^{h}uŋ^{21}taŋ^{55}

同谋 t^{h}uŋ^{21}məu^{21}

误犯　误犯 u^{24}fan^{24}

犯法　犯法 fan^{24}fa^{21}

犯罪　犯罪 fan^{24}ʦəi^{24}

诬告　诬告 u^{33}kau^{24}

连坐　连坐 len^{21}ʦɔ^{24}

保释　保释 pau^{55}si^{21}

取保　担保 tan^{33}pau^{55}

逮捕　抓 ʦua^{33}

□kəm^{21}

押解　关 kuan^{33}

囚车　犯人车 fan^{24}in^{21}ʦ^{h}e^{33}

青天老爷　青天老爷 ʦ^{h}iŋ^{33}t^{h}en^{33}lau^{55}ie^{21}

清官 ʦ^{h}iŋ^{33}kɔn^{33}

赃官　贪官 t^{h}an^{33}kɔn^{33}

受贿　受贿 səu^{24}xuəi^{24}

行贿　□钱 ət^{55}ʦ^{h}en^{21}

罚款　罚钱 fa^{21}ʦ^{h}en^{21}

斩首　砍头 k^{h}an^{55}t^{h}əu^{21}

枪毙　枪毙 ʦʰiaŋ^{33}pi^{24}

斩条　斩牌 ʦan^{55}pʰai^{21} 插在死囚背后验明正身的木条

拷打　拷打 kʰau^{55}ta^{55}

打屁股　打屁股 ta^{55}pʰi^{24}ku^{55} 旧时刑罚

打板子 ta^{55}pan^{55}ʦɿ^{55}

上枷　戴枷 tai^{24}kia^{33}

手铐　手铐 səu^{55}kʰau^{24}

脚镣　脚链 kiɔk^{21}len^{24}

脚铐 kiɔk^{21}kʰau^{24}

绑起来　绑起来 paŋ^{55}kʰi^{55}lai^{21}

囚禁起来　关起来 kʰi^{55}lai^{21}

坐牢　蹲监牢 məu^{33}ken^{33}lau^{21}

劳改 lau^{21}kai^{55}

探监　探监 tʰan^{24}ken^{33}

越狱　逃跑 tʰau^{21}pʰau^{55}

立字据　立字据 li^{21}ʦɿ^{24}ki^{24}

按手印　摁手印 ŋən^{24}səu^{55}in^{24}

捐税　交税 kiau^{33}suəi^{24}

地租　地租 ti^{24}ʦu^{33}

地契　地契 ti^{24}kʰi^{24}

屋租　房租 faŋ^{21}ʦu^{33}

屋契　房契 faŋ^{21}kʰi^{24}

税契　税契 kʰi^{24}suəi^{24}

纳税　交税 kiau^{33}suəi^{24}

纳税 na^{21}suəi^{24}

执照　执照 ʦi^{21}ʦau^{24}

营业执照　牌照 pʰai^{21}ʦau^{24}

告示　布告 pu^{24}kau^{24}

通知　通知 tʰuŋ^{33}ʦi^{33}

命令　命令 miŋ^{24}liŋ^{24}

印　大印 ta^{24}in^{24} 官方图章

印 in^{24}

公章 kuŋ^{33}ʦaŋ^{33}

章 ʦaŋ^{33}

私章　私章 ɬɿ^{33}ʦaŋ^{33}

盖章　□印 kʰəp^{55}in^{24}

私访　暗访 ŋan^{24}faŋ^{55}

交代　交代 kiau^{33}tai^{24} 把经手的事务移交给接替的人

上任　上任 saŋ^{24}in^{24}

上台 saŋ^{24}tʰai^{21}

卸任　下台 xia^{24}ʦʰai^{21}

罢免　罢免 pa^{24}men^{55}

罢官 pa^{24}kɔn^{33}

案卷　案卷 ŋan^{24}kyen^{55}

宗卷 ʦuŋ^{33}kyen^{55}

传票　传票 ʦʰyen^{21}pʰiau^{24}

拾捌　交际

应酬　应酬 iŋ^{24}ʦʰəu^{21}

来往　来往 lai^{21}uaŋ^{55}

看人　看人 kʰan^{24}in^{21} 去看望人

拜访　拜访 pai^{24}faŋ^{55}

回拜　回访 xuəi^{21}faŋ^{55}

客人　客人 kʰə^{21}in^{21}

　　客 kʰə^{21}

请客　请客 ʦʰiŋ^{55}kʰə^{21}

招待　招待 ʦau^{33}tai^{24}

男客　男客 nan^{21}kʰə^{21}

女客　女客 ny^{55}kʰə^{21}

送礼　送礼 suŋ^{24}li^{55}

　　做人情 ʦɔ^{24}in^{21}ʦʰiŋ^{21}

礼物　礼物 li^{55}u^{21}

　　礼 li^{55}

　　人情 in^{21}ʦʰiŋ^{21}

人情　人情 in^{21}ʦʰiŋ^{21}

做客　做客 ʦɔ^{24}kʰə^{21}

欠人情　欠人情 kʰen^{24}in^{21}ʦʰiŋ^{21}

陪客（动宾）　陪客 pʰəi^{21}kʰə^{21}

送客　送客 suŋ^{24}kʰə^{21}

不送了　不送哦 mə^{55}suŋ^{24}ɔ^{33} 主人说的客气话

　　好走 xau^{55}ʦəu^{55}

谢谢　多谢 tɔ^{33}ɬe^{24}

不客气　不客气 mə^{55}kʰə^{21}kʰi^{24}

摆酒席　摆酒 pai^{55}ʦiəu^{55}

　　请酒 ʦʰiŋ^{55}ʦiəu^{55}

一桌酒席　一桌酒 it^{21}ʦɔ^{21}ʦiəu^{55}

请帖　请帖 ʦʰiŋ^{55}tʰet^{21}

下请帖　发请帖 fa^{21}ʦʰiŋ^{55}tʰet^{21}

入席　上桌 saŋ^{24}ʦɔ^{21}

上菜　上菜 saŋ^{24}ʦʰai^{24}

斟酒　斟酒 ʦin^{33}ʦiəu^{55}

喝酒　喝酒 xɔ^{33}ʦiəu^{55}

劝酒　敬酒 kiŋ^{24}ʦiəu^{55}

干杯　干杯 kan^{33}pəi^{33}

不和　不好 mə^{55}xau^{55}

　　闹架 nau^{24}kia^{24}

邻居　隔壁邻舍 kə^{21}pi^{21}lin^{21}se^{24}

　　街坊 kai^{33}faŋ^{33}

朋友　朋友 pʰəŋ^{21}iəu^{55}

　　老伙计 lau^{55}fɔ^{55}ki^{24}

　　友崽 iəu^{55}ʦai^{55}

　　友女 iəu^{55}ny^{55}

冤家　冤家 yen^{33}kia^{33}

　　对头 təi^{24}tʰəu^{21}

死对头 sɿ^{55}təi^{24}tʰəu^{21}

合得来　合得来 xɔ^{21}tə^{21}lai^{21}

不平　不平 mə^{55}pʰiŋ^{21}（路见～）

扯平　扯平 tsʰe^{55}pʰiŋ^{21}

冤枉　冤枉 yen^{33}uaŋ^{55}

插嘴　插嘴 tsʰa^{21}tsəi^{55}

□□ɬəi^{55}xəi^{24} 过分挑剔，吹毛求疵

做作　扭捏 niəu^{55}net^{21}

摆架子　摆架子 pai^{55}kia^{24}tsɿ^{55}

得意扬扬　得意扬扬 tə^{21}i^{24}iaŋ^{21}iaŋ^{21}

　　□□□əŋ^{33}fəŋ^{21}fəŋ^{21}

　　□□□əŋ^{33}fe^{35}fe^{35}

装傻　装癫 tsuaŋ^{33}ten^{33}

　　装□tsuaŋ^{33}ŋəŋ^{35}

　　癫进不癫出 ten^{33} kin^{24} mə^{55} ten^{33}tsʰyt^{21}

出洋相　出洋相 tsʰyt^{21}iaŋ^{21}ɬiaŋ^{24}

　　现世 xen^{24}si^{24}

丢人　现世 xen^{24}si^{24}

巴结　巴结 pa^{33}ket^{21}

　　拍马屁 pʰək^{21}ma^{55}pʰi^{24}

串门儿　串门 tsʰyen^{24}mən^{21}

拉近乎　□ləu^{33}

看得起　看得起 kʰan^{24}tə^{21}kʰi^{55}

看不起　看不起 kʰan^{24}mə^{55}kʰi^{55}

　　看…笨卵 kʰan^{24}…pən^{24}lən^{55}

合伙儿　合伙 xɔ^{21}xɔ^{55}

　　夹伙 kia^{21}xɔ^{55}

　　□手 kəm^{21}səu^{35}

答应　答应 ta^{21}iŋ^{24}

不答应　不答应 mə^{55}ta^{21}iŋ^{24}

　　不肯 mə^{55}kəŋ^{55}

撵出去　撵出去 nen^{55}tsʰyt^{21}kʰə^{24}

拾玖　商业、交通

(1)经商行业

字号　字号 tsɿ^{24}xau^{24}

招牌　招牌 tsau^{33}pʰai^{21}

广告　广告 kuaŋ^{55}kau^{24}

开铺子　开店 kʰai^{33}ten^{24}

铺面　铺面 pʰu^{24}men^{24}

　　门面 men^{21}men^{24}

　　摊面 tʰan^{33}men^{24}

摆摊子　摆摊 pai^{55}tʰan^{33}

收摊　收摊 səu^{33}tʰan^{33}

做生意　做生意 tsɔ^{24}ɬəŋ^{33}i^{24}

旅店　旅社 li^{55}se^{24}

　　客栈 kʰə^{21}tsan^{24}

饭馆　饭店 fan^{24}ten^{24}

　　饮食店 in^{55}si^{21}ten^{24}

　　粉店 fən^{55}ten^{24}

大排档　大排档 ta^{24}p^{h}ai^{21}taŋ^{24}

餐厅　餐厅 ʦ^{h}an^{33}t^{h}iŋ^{33}

茶馆儿　茶楼 ʦ^{h}a^{21}ləu^{21}

下馆子　去饭店 k^{h}ə^{24}fan^{24}ten^{24}

　　出去吃 ʦ^{h}yt^{21}k^{h}ə^{24}ʦ^{h}it^{21}

　　出外面吃 ʦ^{h}yt^{21}uai^{24}men^{24}ʦ^{h}it^{21}

堂倌儿　伙计 xɔ^{55}ki^{35}

　　工仔 kuŋ^{33}ʦai^{55}

　　马仔 ma^{55}ʦai^{55}

　　跑腿 p^{h}au^{55}t^{h}əi^{55}

布店　布店 pu^{24}ten^{24}

丝绸店　丝绸店 ɬɿ^{33}ʦ^{h}əu^{21}ten^{24}

商店　商店 saŋ^{33}ten^{24} 通称

百货店　百货店 pə^{21}xɔ^{24}ten^{24}

杂货店　杂货店 ʦa^{21}xɔ^{24}ten^{24}

日杂店 i^{21}ʦa^{21}ten^{24}

粮店　粮店 liaŋ^{21}ten^{24}

煤铺　煤店 məi^{21}ten^{24}

文具店　文具店 uən^{21}ky^{24}ten^{24}

书店　书店 sy^{33}ten^{24}

古旧书店 ku^{55}kiəu^{24}sy^{33}ten^{24}

理髮店　理髮店 li^{55}fət^{21}ten^{24}

　　髮廊 fa^{21}laŋ^{21} 新名词

理发　剪头髮 ʦen^{55}t^{h}əu^{21}fət^{21}

　　剃头 ʦ^{h}i^{24}t^{h}əu^{21}

烫髮　电髮 ten^{24}fət^{21}

　　烫髮 t^{h}aŋ^{24}fət^{21}

刮脸　刮脸 kɔt^{21}len^{55}

刮胡子　刮胡鬚 kɔt^{21}xu^{21}ɬy^{33}

肉铺　肉摊 iuk^{21}t^{h}an^{33}

卤味店 lu^{55}uəi^{24}ten^{24}

杀猪　劏猪 t^{h}aŋ^{33}ʦy^{33}

油坊　油坊 iəu^{21}faŋ^{21}

当铺　当铺 taŋ^{24}p^{h}u^{24}

租房子　租房子 ʦu^{33}faŋ^{21}ʦɿ^{55}

典房子　当房子 taŋ^{24}faŋ^{21}ʦɿ^{55}

　　(屋)顶出去 tiŋ^{55}ʦ^{h}yt^{21}k^{h}ə^{24}

　　押房子 ia^{21}faŋ^{21}ʦɿ^{55}

(2)经营、交易

开业　开张 k^{h}ai^{33}ʦaŋ^{33}

停业　关门 kuan^{33}mən^{33}

　　停业 t^{h}iŋ^{33}ne^{21}

倒闭　倒闭 tau^{55}pi^{24}

盘点　盘点 p^{h}ɔn^{21}ten^{55}

柜台　柜台 kuəi^{24}t^{h}ai^{21}

买东西　买东西 mai^{55}tuŋ^{33}ɬi^{33}

帮趁 paŋ^{33}ʦ^{h}in^{24}

开价　开价 k^{h}ai^{33}kia^{24}

　　给个价 kəi^{55}kɔ^{24}kia^{24}

还价　还价 xuan^{21}kia^{24}

谈价钱　讲价 kiaŋ^{55}kia^{24}

付钱　给钱 kəi^{55}ʦ^{h}en^{21}

找钱　补钱 pu^{55}ʦ^{h}en^{21}

找钱 tau^{55}ʦ^{h}en^{21}

换零钱　换零钱 xɔn^{24}liŋ^{21}ʦ^{h}en^{21}

换散纸 xɔn^{24}san^{55}ʦi^{55}

便宜　便宜 p^{h}en^{21}i^{21}

贵　贵 kuəi^{24}

(价钱)公道　公道 kuŋ^{33}tau^{24}

合适 xɔ^{21}si^{21}

包圆儿　要完去 iau^{24}uan^{21}k^{h}ə^{24} 剩下的全部买了

买卖好　生意好 ɬəŋ^{33}i^{24}xau^{55}

生意旺 ɬəŋ^{33}i^{24}uaŋ^{24}

好卖 xau^{55}mai^{24}

好生意 xau^{55}ɬəŋ^{33}i^{24}

买卖清淡　生意 ɬəŋ^{33}i^{24}

工钱　工钱 kuŋ^{33}ʦ^{h}en^{21}

人工 in^{21}kuŋ^{33}

本钱　本钱 pən^{55}ʦ^{h}en^{21}

本 pən^{55}

保本　平本 p^{h}iŋ^{21}pən^{55}

得还本 tə^{21}xuan^{21}pən^{55}

赚钱　赚钱 ʦan^{24}ʦ^{h}en^{21}

有赚 iəu^{55}ʦan^{24}

有得赚 iəu^{55}tə^{21}ʦan^{24}

亏本　折本 set^{21}pən^{55}

亏本 k^{h}uəi^{33}pən^{55}

□本 ləm^{33}pən^{55}

折扣　打折 ta^{55}ʦet^{21}

折本卖 set^{21}pən^{55}mai^{24}

尾货　货脚 xɔ^{24}kiɔk^{21}

尾货 uəi^{55}xɔ^{24}

路费　车脚 ʦ^{h}e^{33}kiɔk^{21}

路费 lu^{24}fəi^{24}

利息　利息 li^{24}si^{21}

利 li^{24}

运气好　好彩 xau^{55}ʦ^{h}ai^{55}

运气好 yn^{24}k^{h}i^{24}xau^{55}

好彩数 xau^{55}ʦ^{h}ai^{55}su^{24}

好运 xau^{55}yn^{24}

欠　欠 k^{h}en^{24}

差　差 ʦ^{h}a^{33}（～五角十块，即九元五角）

押金　押金 ia^{21}kin^{33}

划算　抵 ti^{55}

抵值 ti^{55}ʦi^{21}

为得过 uəi^{21}tə^{21}kɔ^{24}

不划算　不抵 mə^{55}ti^{55}

为不过 uəi^{21}mə^{55}kɔ^{24}

值钱　抵钱 ti^{55}ʦ^{h}en^{21}

值钱 ʦi^{21}ʦ^{h}en^{21}

抵买 ti^{55}mai^{55} 买得值

买得抵 mai^{55}tə^{21}ti^{55}

为得过 uəi^{21}tə^{21}kɔ^{24}

不值　不抵 mə^{55}ti^{55}

为不过 uəi^{21}mə^{55}kɔ^{24}

花(钱)　花 xua^{33}

用 iuŋ^{24}

花了　花了 $xua^{33}liau^{55}$（～几多钱？）

用了 $iuŋ^{24}liau^{55}$

(3)账目、度量衡

账房　账房 $ʦaŋ^{24}faŋ^{21}$

开销　开销 $k^{h}ai^{33}siau^{33}$

收账　入账 $i^{21}ʦaŋ^{24}$

出帐　出帐 $ʦ^{h}yt^{21}ʦaŋ^{24}$

欠账　欠账 $k^{h}en^{24}ʦaŋ^{24}$

要账　要账 $iau^{24}ʦaŋ^{24}$

追债 $ʦuəi^{33}ʦai^{24}$

摧债 $ʦ^{h}uəi^{33}ʦai^{24}$

烂帐　烂账 $lan^{24}ʦaŋ^{24}$

死账 $sɿ^{55}ʦaŋ^{24}$ 要不来的帐

发票　发票 $fa^{21}p^{h}iau^{24}$

单据　单据 $tan^{33}ki^{24}$

收据　收据 $səu^{33}ki^{24}$

收条 $səu^{33}t^{h}iau^{21}$

存款　存款 $ʦ^{h}ən^{21}k^{h}ɔn^{55}$

整钱　整钱 $ʦiŋ^{55}ʦ^{h}en^{21}$

整张 $ʦiŋ^{55}ʦaŋ^{33}$

大张 $ta^{24}ʦaŋ^{33}$ 如十元、百元的钱

零钱　零钱 $liŋ^{33}ʦ^{h}en^{21}$

散钱 $san^{55}ʦ^{h}en^{21}$

钞票　银纸 $ŋən^{21}ʦi^{35}$

钱 $ʦ^{h}en^{21}$

硬币　锑崽 $t^{h}i^{33}ʦai^{55}$

铜板儿　铜板 $t^{h}uŋ^{21}pan^{55}$

铜钱 $t^{h}uŋ^{21}ʦ^{h}en^{21}$

银圆　光洋 $kuaŋ^{33}iaŋ^{21}$

大洋 $ta^{24}iaŋ^{21}$

银圆 $in^{21}yen^{21}$

一分钱　一分钱 $it^{21}fən^{33}ʦ^{h}en^{21}$

一角钱　一角钱 $it^{21}kɔk^{21}ʦ^{h}en^{21}$

一块钱　一块钱 $it^{21}k^{h}uai^{55}ʦ^{h}en^{21}$

十块钱　十块钱 $sit^{21}k^{h}uai^{55}ʦ^{h}en^{21}$

一百块钱　一百块钱 $it^{21}pə^{21}k^{h}uai^{55}ʦ^{h}en^{21}$

一张纸 $it^{21}ʦaŋ^{33}ʦi^{55}$

一张票子　一张钱 $it^{21}ʦaŋ^{33}ʦ^{h}en^{21}$

一个铜子儿 一个铜板 $it^{21}kɔ^{24}t^{h}uŋ^{21}pan^{55}$

一个硬币　一个锑崽 $it^{21}kɔ^{24}t^{h}i^{33}ʦai^{55}$

算盘　算盘 $ɬɔn^{24}p^{h}ɔn^{21}$

打算盘 $ta^{55}ɬɔn^{24}p^{h}ɔn^{21}$

拨算盘 $pɔt^{21}ɬɔn^{24}p^{h}ɔn^{21}$

天平　天平 $t^{h}en^{33}p^{h}iŋ^{21}$

秤　秤 $ʦ^{h}iŋ^{24}$

新秤 $ɬin^{33}ʦ^{h}iŋ^{24}$ 十两称

旧秤 $kiəu^{24}ʦ^{h}iŋ^{24}$ 十六两称

大秤 $ta^{24}ʦ^{h}iŋ^{24}$

磅秤　磅秤 $pan^{24}ʦ^{h}iŋ^{24}$

秤盘　秤盘 $ʦ^{h}iŋ^{24}p^{h}ɔn^{21}$

秤星儿　秤星 $ʦ^{h}iŋ^{24}ɬiŋ^{33}$

秤杆儿　秤杆 $ʦ^{h}iŋ^{24}kan^{55}$

秤头 $ʦ^{h}iŋ^{24}t^{h}əu^{21}$

秤尾 ʦʰiŋ^{24}uəi^{55}

秤环 ʦʰiŋ^{24}xuan^{21}

秤耳 ʦʰiŋ^{24}ə^{55}

秤钩子　秤钩 ʦʰiŋ^{24}ŋəu^{33}

秤锤　秤砣 ʦʰiŋ^{24}tʰɔ^{21}

秤毫　秤脑 ʦʰiŋ^{24}nau^{55}

五脑秤 u^{55}nau^{55}ʦʰiŋ^{24}

头脑　头脑 tʰəu^{21}nau^{55}

　　　一脑 it^{21}nau^{55}

二脑 ə^{24}nau^{55}

过秤 kɔ^{24}ʦʰiŋ^{24}

过磅 kɔ^{24}paŋ^{24}

（称物时）称尾低 ʦʰiŋ^{24}uəi^{55}ti^{33}

　　　　慢 man^{24}

□秤头 ŋək^{55}ʦʰiŋ^{24}tʰəu^{21} 短斤少两

够秤 kəu^{24}ʦʰiŋ^{24}

打斧头 ta^{55}fu^{55}tʰəu^{21} 私留余款

（4）交通

铁路　铁路 tʰet^{21}lu^{24}

铁轨　铁轨 tʰet^{21}kuəi^{55}

火车　火车 xɔ^{55}ʦʰe^{33}

火车站　火车站 xɔ^{55}ʦʰe^{33}ʦan^{24}

　　　　车站 ʦʰe^{33}ʦan^{24}

公路　马路 ma^{55}lu^{24}

汽车　汽车 kʰi^{24}ʦʰe^{33}

客车　班车 pan^{33}ʦʰe^{33} 指汽车的

　　　客车 kʰə^{21}ʦʰe^{33}

货车　货车 xɔ^{24}ʦʰe^{33} 指汽车的

　　　卡车 kʰa^{55}ʦʰe^{33}

　　　大卡车 ta^{24}kʰa^{55}ʦʰe^{33}

公共汽车　公共汽车 kuŋ^{33}kuŋ^{24}kʰi^{24}ʦʰe^{33}

出租车　出租车 ʦʰyt^{21}ʦu^{33}ʦʰe^{33}

　　　　的士 tik^{55}si^{35}

　　　　的 tik^{55}

小轿车　小车 siau^{55}ʦʰe^{33}

　　　　轿车 kʰiau^{21}ʦʰe^{33}

　　　　小轿车 siau^{55}kʰiau^{21}ʦʰe^{33}

消防车　消防车 siau^{33}faŋ^{21}ʦʰe^{33}

　　　　救火车 kiəu^{24}xɔ^{55}ʦʰe^{33}

救护车　救护车 kiəu^{24}xu^{24}ʦʰe^{33}

摩托车　摩托车 mɔ^{33}tʰɔ^{21}ʦʰe^{33}

　　　　摩托 mɔ^{33}tʰɔ^{21}

　　　　摩的 mɔ^{21}tik^{55} 营运的

三轮车　三轮车 ɬan^{33}lən^{21}ʦʰe^{33} 载人的

　　　　柔姿的 iəu^{21}ʦɿ^{33}tik^{55}

三轮车　三轮车 ɬan^{33}lən^{21}ʦʰe^{33} 拉货的

　　　　三马仔 ɬan^{33}ma^{55}ʦai^{55}

自行车　单车 tan^{33}ʦʰe^{33}

钢圈　kaŋ^{33}kʰyen^{33} 自行车钢圈

车线 ʦʰe^{33}sen^{24} 自行车辐条

　　钢线 kaŋ^{33}sen^{24}

链条　车链 ʦʰe^{33}len^{24}

大包链 ta^{24}pau^{33}len^{24} 自行车的

大车　马车 ma^{33}ʦ^{h}e^{33} 马拉的

牛车 niəu^{21}ʦ^{h}e^{33} 牛拉的

板车　木车 muk^{21}ʦ^{h}e^{33} 人拉的

独轮车　独轮车 tuk^{21}lən^{21}ʦ^{h}e^{33}

船　船 ʦ^{h}yen^{21}

帆　帆 fan^{21}

风帆 fuŋ^{33}fan^{21}

篷　篷 p^{h}uŋ^{21} 织竹夹箬覆舟

桅杆　桅杆 uəi^{21}kan^{55}

舵　舵 tɔ^{24}

橹　橹 lu^{55}

桨　船桨 ʦ^{h}yen^{21}ʦiaŋ^{55}

桨 ʦiaŋ^{55}

蒿　竹篙 ʦuk^{21}kau^{33}

跳板　跳板 t^{h}iau^{24}pan^{55} 上下船用

帆船　帆船 fan^{21}ʦ^{h}yen^{21}

舢板　艇 t^{h}iŋ^{55}

渔船　船 ʦ^{h}yen^{21}

渔船 y^{21}ʦ^{h}yen^{21}

渡船　渡船 tu^{24}ʦ^{h}yen^{21}

轮船　轮船 lən^{21}ʦ^{h}yen^{21}

驳船　驳船 pɔ^{21}ʦ^{h}yen^{21}

渡口　渡口 tu^{24}k^{h}əu^{55}

码头 ma^{55}t^{h}əu^{21}

划船　划船 xua^{21}ʦ^{h}yen^{21}

撑船　撑船 ʦ^{h}əŋ^{33}ʦ^{h}yen^{21}

贰拾　文化教育

(1)学校

学校　学校 xiɔ^{21}xiau^{24}

上学　读书 tuk^{21}sy^{33} 开始上小学

上学　去学校 k^{h}ə^{24}xiɔ^{21}xiau^{24} 去学校上课

放学　放学 faŋ^{24}xiɔ^{21}

逃学　逃学 t^{h}au^{21}xiɔ^{21}

幼儿园　幼儿院 iəu^{24}ə^{21}yen^{24} 年龄较大

幼儿园 iəu^{24}ə^{21}yen^{21}

托儿所　托儿所 t^{h}ɔ^{21}ə^{21}ɬɔ^{55} 年龄较小

保育院　保育院 pau^{55}iu^{21}yen^{24}

全托 ʦ^{h}yen^{21}t^{h}ɔk^{21} 周末才回家

半托 pɔn^{24}t^{h}ɔk^{21} 晚上回家

私塾　私塾 ɬɿ^{33}su^{21}

学费　学费 xiɔ^{21}fəi^{24}

放假　放假 faŋ^{24}kia^{55}

暑假　暑假 sy^{55}kia^{55}

寒假　寒假 xan^{21}kia^{55}

请假　请假 ʦ^{h}iŋ^{55}kia^{55}

(2)教室、文具

教室　教室 kiau^{24}si^{21}

上课　上课 saŋ^{24}k^{h}ɔ^{24}

下课　下课 xia^{24}kʰɔ^{24}

讲台　讲台 kiaŋ^{55}tʰai^{21}

黑板　黑板 xə^{21}pan^{55}

粉笔　粉笔 fən^{55}pit^{21}

板擦儿　黑板擦 xə^{21}pan^{55}ʦʰa^{21}

点名册　花名册 xua^{33}miŋ^{21}ʦʰə^{21}

　　点名簿 ten^{55}miŋ^{21}pu^{24}

戒尺　戒尺 kai^{24}ʦʰik^{21}

　　戒方 kai^{24}faŋ^{33}

书包　书包 sy^{33}pau^{33}

笔记本　笔记本 pit^{21}ki^{24}pən^{55}

课本　课本 kʰɔ^{24}pən^{55}

　　书 sy^{33}

　　书本 sy^{33}pən^{55}

铅笔　铅笔 ien^{21}pit^{21}

橡皮　胶擦 kiau^{33}tʰa^{21}

　　涂胶 tʰu^{21}kiau^{33}

笔盒　笔盒 pit^{21}xɔt^{21}

　　文具盒 uən^{21}ky^{24}xɔt^{21}

转笔刀　铅笔钻 ien^{21}pit^{21}ʦyen^{24} 指旋着削的那种

圆规　圆规 yen^{21}kuəi^{33}

三角板　三角板 ɬan^{33}kɔk^{21}pan^{55}

镇纸　镇纸 ʦin^{24}ʦi^{55}

作业簿　作业本 tɔ^{21}ne^{21}pən^{55}

作文本　作文簿 tɔ^{21}uən^{21}pu^{24}

　　作文本 tɔ^{21}uən^{21}pən^{55}

算术薄　算术薄 ɬɔn^{24}sy^{21}pu^{24}

大字本　米字格簿 mi^{55}ʦɿ^{24}kək^{21}pu^{24}

红模子　描红簿 miau^{21}xuŋ^{21}pu^{24}

砂纸　砂纸 sa^{33}ʦi^{55}

宣纸　宣纸 ɬyen^{33}ʦi^{55}

渗墨 sin^{24}mɔ^{21} 指墨水透过纸

钢笔　钢笔 kaŋ^{33}pit^{21}

　　墨水笔 mɔ^{21}suəi^{55}pit^{21}

　　水笔 suəi^{55}pit^{21}

毛笔　毛笔 mau^{21}pit^{21}

笔帽　笔套 pit^{21}tʰau^{24} 毛笔帽

　　笔筒套 pit^{21}tʰuŋ^{21}tʰau^{24} 钢笔帽

笔筒　笔筒 pit^{21}tʰuŋ^{21}

砚台　砚台 ien^{24}tʰai^{21}

研墨　磨墨 mɔ^{21}mɔ^{21}

墨盒儿　墨盒 mɔ^{21}xɔt^{21}

墨汁　墨汁 mɔ^{21}tsəp^{55} 毛笔用的

掭笔　掭笔 ten^{55}pit^{33}

墨水儿　墨水 mɔ^{21}suəi^{55} 钢笔用的

　　钢笔水 kaŋ^{33}pit^{21}suəi^{55}

蓝黑 lan^{21}xəi^{21} 蓝黑墨水

纯蓝 syn^{21}lan^{21} 纯蓝墨水

蜡笔　蜡笔 la^{21}pit^{21}

水彩　水彩 suəi^{55}ʦʰai^{55}

石板　石板 sik^{21}pan^{55}

垫板　垫板 ten^{24}pan^{55}

(3)读书识字

读书人　读书人 tuk²¹sy³³in²¹

文化人 uən²¹xua²⁴in²¹

识字的　读书人 tuk²¹sy³³in²¹

不识字的　文盲 uən²¹maŋ²¹

读书　读书 tuk²¹sy³³

温书　复习 fu²¹si²¹

背书　背书 pəi²⁴sy³³

默书　默写 mɔ²¹ɬe⁵⁵

听写　听写 ʦʰiŋ³³ɬe⁵⁵

造句　造句 ʦau²⁴ky²⁴

三字经　三字经 ɬan³³ʦɿ²⁴kiŋ³³

千字文　千字文 ʦʰen³³ʦɿ²⁴uən²¹

语文　语文 y⁵⁵uən²¹

算术　算术 ɬɔn²⁴sy²¹

生字　生字 ɬəŋ³³ʦɿ²⁴

作文　作文 ʦɔ²¹uən²¹

日记　日记 it²¹ki²⁴

周记　周记 ʦəu³³ki²⁴

报考　报考 pau²⁴kʰau⁵⁵

考场　试场 si²⁴ʦʰaŋ²¹

考场 kʰau⁵⁵ʦʰaŋ²¹

入场　进场 ʦin²⁴ʦʰaŋ²¹

考试　考试 kʰau⁵⁵si²⁴

考卷　试卷 si²⁴kyen⁵⁵

满分　满分 mɔn⁵⁵fən³³

零分　零分 liŋ²¹fən³³

零蛋 liŋ²¹tan²⁴

鸭蛋 ia²¹tan²⁴

发榜　发榜 fa²¹paŋ⁵⁵

出榜 ʦʰyt²¹paŋ⁵⁵

头名　第一名 ti²⁴it²¹miŋ²¹

头名 tʰəu²¹miŋ²¹

末名　最尾 ʦəi²⁴uəi⁵⁵

□□屎 met⁵⁵met⁵⁵si⁵⁵

垫底 ten²⁴ti⁵⁵

最后一名 ʦəi²⁴xəu²⁴it²¹miŋ²¹

毕业　毕业 pi²¹ne²¹

肄业　肄业 ɬɿ²⁴ne²¹

结业 ke²¹ne²¹

文凭　文凭 uən²¹pʰəŋ²¹

证书 ʦiŋ²⁴sy³³

(4)写字

大楷　正楷 ʦiŋ²⁴kʰai⁵⁵

小楷　小楷 siau⁵⁵kʰai⁵⁵

字帖　字帖 ʦɿ²⁴tʰet²¹

临帖　临帖 lin²¹tʰet²¹

写白字　写错字 ɬe⁵⁵ʦʰɔ²⁴ʦɿ²⁴

掉字　漏字 ləu²⁴ʦɿ²⁴

草稿　草稿 ʦʰau⁵⁵kau⁵⁵

起稿子　打草稿 ta⁵⁵ʦʰau⁵⁵kau⁵⁵

誊清　抄 ʦʰau³³

一点 it²¹ten⁵⁵

一横 it^{21}xəŋ^{21}

一竖 it^{21}xy^{24}

一撇 it^{21}p^{h}et^{21}

一捺 it^{21}na^{24}

一勾 it^{21}ŋəu^{33}

一挑　一踢 it^{21}t^{h}ik^{21}

一画　一画 it^{21}xua^{24}（王字是四画）

　　　一笔 it^{21}pit^{21}

偏旁儿　偏旁 p^{h}en^{33}p^{h}aŋ^{21}

立人儿（亻）单人旁 tan^{33}in^{21}p^{h}aŋ^{21}

双立人儿（彳）　双人旁 in^{21}in^{21}p^{h}aŋ^{21}

弯弓张　弓长张 kuŋ^{33}ʦ^{h}aŋ^{21}ʦaŋ^{33}

立早章　立早章 li^{21}ʦau^{55}ʦaŋ^{33}

三撇王 ɬan^{33}p^{h}et^{21}uaŋ^{21}

大肚黄 ta^{24}tu^{24}xuaŋ^{21}

四围罗 ɬɿ^{24}uəi^{21}lɔ^{21}

上头卢 saŋ^{24}t^{h}əu^{21}lu^{21}

西早覃 ɬi^{33}ʦau^{55}ʦ^{h}in^{21}

四框栏儿（囗）　四方框 ɬi^{24}faŋ^{33}k^{h}uaŋ^{33}

宝盖儿（宀）　宝盖头 pau^{55}kai^{24}t^{h}əu^{21}

秃宝盖儿（冖）秃宝盖 t^{h}u^{21}pau^{55}kai^{24}

竖心旁（忄）　竖心旁 sy^{24}ɬin^{33}p^{h}aŋ^{21}

反犬旁（犭）反犬旁 fan^{55}k^{h}yen^{55}p^{h}aŋ^{21}

单耳刀儿（卩）　耳朵旁 ə^{55}tɔ^{55}p^{h}aŋ^{21}

　　　单耳旁 tan^{33}ə^{55}p^{h}aŋ^{21}

双耳刀儿（阝）　耳朵旁 ə^{55}tɔ^{55}p^{h}aŋ^{21}

　　　双耳旁 suaŋ^{33}ə^{55}p^{h}aŋ^{21}

反文旁（攵）　反文旁 fan^{55}uən^{21}p^{h}aŋ^{21}

斜玉儿　王字边 uaŋ^{21}ʦɿ^{24}pen^{33}

提土旁　提土旁 t^{h}i^{21}t^{h}u^{55}p^{h}aŋ^{21}

　　　踢土旁 t^{h}ik^{21}t^{h}u^{55}p^{h}aŋ^{21}

竹字头儿　竹字头 ʦuk^{21}ʦɿ^{24}t^{h}əu^{21}

火字旁　火字边 xɔ^{55}ʦɿ^{24}pen^{33}

四点（灬）　四点水 ɬɿ^{24}ten^{55}suəi^{55}

三点水儿（氵）三点水 ɬan^{33}ten^{55}suəi^{55}

两点水儿（冫）两点水 liaŋ^{55}ten^{55}suəi^{55}

病旁儿（疒）　病字头 piŋ^{24}ʦɿ^{24}t^{h}əu^{21}

走之儿（辶）　走之底 ʦəu^{55}ʦɿ^{33}ti^{55}

绞丝旁（纟）　绞丝旁 kiau^{55}ɬɿ^{33}p^{h}aŋ^{21}

提手旁（扌）　提手旁 t^{h}i^{21}səu^{55}p^{h}aŋ^{21}

踢手旁 t^{h}ik^{21}səu^{55} p^{h}aŋ^{21}

草字头（艹）　草字头 ʦ^{h}au^{55}ʦɿ^{24}t^{h}əu^{21}

贰拾壹　文体活动

（1）游戏、玩具

风筝　风筝 fuŋ^{33}ʦəŋ^{33}

放风筝　放风筝 faŋ^{24}fuŋ^{33}ʦəŋ^{33}

捉迷藏　躲□□tɔ^{55}muŋ^{33}muŋ^{33}

　　　躲猫猫 tɔ^{55}miau^{33}miau^{33}

藏老蒙儿　躲□□tɔ^{55}muŋ^{33}muŋ^{33} 寻找预先藏匿在某个角落的同伴

踢毽儿　踢毽子 tʰik^{21}ken^{24}ʦɿ^{55}

抓子儿　抛子 pʰau^{33}ʦɿ^{55} 用几个小沙包石子儿，扔起其一，做规定动作后再接住

称斤 ʦʰin^{33}kin^{33}

弹球儿　打玻珠 ta^{55}pɔ^{33}ʦy^{33}

拍公仔pʰək^{21}kuŋ^{33}ʦai^{55} 一人拿一张图片（公仔）对拍，落地后画面朝上者赢，获得输方的图片

打水漂儿　打水漂 ta^{55}suəi^{55}pʰiau^{33} 在水面上掷瓦片

跳房子　跳格 tʰiau^{24}kək^{21}

跳房子 tʰiau^{24}faŋ^{21}ʦɿ^{55}

跳绳　跳绳 tʰiau^{24}siŋ^{21}

跳皮筋　跳胶 tʰiau^{24}kiau^{33}

拔河　拔河 pa^{21}xɔ^{21}

摸脚mɔ^{33}kiɔk^{21} 女生游戏，一群人站到乒乓球桌（多为水泥制），一人在下抓人，被抓者下来抓人

滚铁环　滚圈圈 kun^{55}kʰyen^{33}kʰyen^{33}

挤油　挤油渣 tsi^{55}iəu^{21}ta^{33} 冬天的课间到室外墙边用力挤取暖

丢手绢儿　丢手巾 tiəu^{33}səu^{55}kin^{33}

打尺ta^{55}ʦʰik^{21} 男生的游戏，把一截短木棍斜放在小土坑边，用一截长的木棍把短木棍击起，再往远处打得远者获胜

扔沙包　□沙包 pan^{55}sa^{33}pau^{33}

打弹弓 ta^{55}tʰan^{21}kuŋ^{33}

打陀螺 ta^{55}tʰɔ^{21}lɔ^{21}

翻绳 fan^{33}siŋ^{21} 两人轮换翻动手指头上的细绳，变出各种花样

□马脚 kəi^{21}ma^{55}kiɔk^{21}

划拳　猜码 ʦʰai^{33}ma^{55}

拳槌保证□kʰyen^{21}tʰuəi^{21}pau^{55}ʦiŋ^{24}təp^{21} 与北方“锤子剪刀布”相似

出谜语　出谜语 ʦʰyt^{21}mi^{21}y^{55}

猜谜儿　猜谜语 ʦʰai^{33}mi^{21}y^{55}

猜古 ʦʰai^{33}ku^{55}

不倒翁　不倒翁 mə^{55}tau^{55}uŋ^{33}

牌九　牌九 pʰai^{21}kiəu^{55}

麻将　麻将 ma^{21}ʦiaŋ^{24}

掷色子　抛色子 pʰau^{33}sai^{55}ʦɿ^{55}

押宝　押宝 ia^{21}pau^{55}

爆竹　炮 pʰau^{24}

放鞭炮　烧炮 sau^{55}pʰau^{24}

放炮 faŋ^{24}pʰau^{24}

点炮 ten^{55}pʰau^{24}

二踢脚　火箭炮 xɔ^{55}ʦen^{24}pʰau^{24}

烟火　烟花 ien^{33}xua^{33}

放花炮　放烟花 faŋ^{24}ien^{33}xua^{33}

□扁炮 təp^{21}pen^{55}pʰau^{24} 一种火药很少的炮，用锤子锤就炸响

射射炮 se^{24}se^{24}pʰau^{24} 把哑炮或无引炮折断点燃

□炮 pan^{55}pʰau^{24} 用力扔到地上就响的炮

唧水筒ʦit^{55}suəi^{55}tʰuŋ^{21}

水枪 suəi^{55}ʦʰiaŋ^{33}

打□ta^{55}pəp^{55} 类似唧水筒，以浸湿的小纸团为弹

照相　照相 ʦau^{24}ɬiaŋ^{24}

映像 iŋ^{55}ɬiaŋ^{24}

冲洗照片　晒像 sai^{24}ɬiaŋ^{24}

(2)体育

运动员　运动员 yn^{24}ʦuŋ^{24}yen^{21}

象棋　象棋 ɬiaŋ^{24}kʰi^{21}

下棋　下棋 xia^{24}kʰi^{21}

打象棋 ta^{55}ɬiaŋ^{24}k^{h}i^{21}

将(帅) 光头 kuaŋ^{33}t^{h}əu^{21}

坐上 ʦɔ^{24}saŋ^{24} 将(帅)往前移

坐下 ʦɔ^{24}xia^{24} 将(帅)退回原处

上左(右) saŋ^{24}ʦɔ^{55}(iəu^{24}) 将(帅)往旁移

过左(右) kɔ^{24}ʦɔ^{55}(iəu^{24})

坐中 ʦɔ^{24}ʦuŋ^{33} 将(帅)位于中位

士　士 ɬʅ^{24}

象(相) ɬiaŋ^{24}

车　车 ky^{33}

马　马 ma^{55}

绊马脚　□马脚 pen^{24}ma^{55}kiɔk^{21}

炮　炮 p^{h}au^{24}

中攻炮,马来罩 ʦuŋ^{33}kuŋ^{33}p^{h}au^{24},ma^{55}lai^{21}ʦau^{24}

卒(兵)　卒 ʦyt^{55}

卒崽 ʦyt^{55}ʦai^{55}

拱卒　拱卒 kuŋ^{55}ʦyt^{55}

□卒 tuk^{55}ʦyt^{55}

卒崽过河当车用 ʦyt^{55}ʦai^{55}kɔ^{24}xɔ^{21}taŋ^{33}ky^{55}iuŋ^{24}

上士　上士 saŋ^{24}ɬʅ^{24}

落士　下士 xia^{24}ɬʅ^{24}

飞象　飞象 fəi^{33}ɬiaŋ^{24}

落象　下象 xia^{24}ɬiaŋ^{24}

对车　对车 təi^{24}ky^{33}

将军　将军 ʦiaŋ^{33}kyn^{33}

将 ʦiaŋ^{33}

食(子) 吃 ʦ^{h}it^{21}

和棋　和棋 xɔ^{21}k^{h}i^{21}

围棋　围棋 uəi^{21}k^{h}i^{21}

黑子　黑子 xə^{21}ʦʅ^{55}

白子　白子 pə^{21}ʦʅ^{55}

军棋　军棋 kin^{33}k^{h}i^{21}

飞行棋　飞行棋 fəi^{33}xiŋ^{21}k^{h}i^{21}

跳棋　跳棋 t^{h}iau^{24}k^{h}i^{21}

扑克　□p^{h}e^{55}

打扑克　打□ta^{55}p^{h}e^{55}

打扑克 ta^{55}p^{h}u^{21}k^{h}ə^{21}

王　鬼 kuəi^{55}

大王　大鬼 ta^{24}kuəi^{55}

小王　小鬼 siau^{55}kuəi^{55}

烟崽 ien^{33}ʦai^{55} 扑克牌的A

烟 ien^{33}

二崽 ə^{24}ʦai^{55} 扑克牌的2

倾 k^{h}iŋ^{33} 老K,即英语king

闷 mən^{24} 扑克牌的Q

钩 ŋəu^{33} 扑克牌的J

黑桃　葵扇 k^{h}uəi^{21}sen^{24}

黑桃 xə^{21}t^{h}au^{21}

红桃　红桃 xuŋ^{21}t^{h}au^{21}

梅花　梅花 məi^{21}xua^{33}

方片　阶砖 kai^{33}ʦyen^{33}

方块 faŋ^{33}k^{h}uai^{55}

方片 faŋ^{33}p^{h}en^{24}

同花 t^{h}uŋ^{21}xua^{33} 同一花色的排列

压大 ia^{21}ta^{24} 争上游

打百分 ta^{55}pə^{21}fən^{33}

打拖拉机 ta^{55}tʰɔ^{33}la^{33}ki^{33}

拔河　拔河 pa^{21}xɔ^{21}

游泳　游水 iəu^{21}suəi^{55}

仰泳　仰泳 ŋaŋ^{55}iuŋ^{55}

蛙泳　蛙泳 ua^{33}iuŋ^{55}

蝶泳　蝶泳 tet^{21}iuŋ^{55}

自由泳　自由泳 ʦɿ^{24}iəu^{21}iuŋ^{55}

狗刨式　狗爬 kəu^{55}pʰa^{21}

　狗刨式 kəu^{55}pʰa^{21}si^{21}

潜水　沕水 mi^{24}suəi^{55}

打球　打球 ta^{55}kʰiəu^{21}

赛球　比赛 pi^{55}sai^{24}

乒乓球　台球 tʰai^{21}kʰiəu^{21}

　乒乓球 pʰiŋ^{33}pʰaŋ^{33}kʰiəu^{21}

光板 kuaŋ^{33}pan^{55} 无胶面的乒乓球拍

海绵拍 xai^{55}men^{21}pʰək^{21}

篮球　篮球 lan^{21}kʰiəu^{21}

排球　排球 pʰai^{21}kʰiəu^{21}

足球　足球 ʦuk^{21}kʰiəu^{21}

羽毛球　羽毛球 y^{55}mau^{21}kʰiəu^{21}

跳远　跳远 tʰiau^{24}yen^{55}

跳高　跳高 tʰiau^{24}kau^{33}

哨子　哨子 sau^{24}ʦɿ^{55}

　□□fit^{55}fit^{55}

吹哨子　吹□□ʦʰuəi^{33}fit^{55}fit^{55}

　吹哨子 ʦʰuəi^{33}sau^{24}ʦɿ^{55}

(3)武术、舞蹈

武术　工夫 kuŋ^{33}fu^{33}

　武术 u^{55}sy^{21}

　打工夫 ta^{55}kuŋ^{33}fu^{33}

打太极拳 ta^{55}tʰai^{24}ki^{21}kʰyen^{21}

练气功 len^{24}kʰi^{24}kuŋ^{33}

翻跟头　翻跟斗 fan^{33}kən^{33}təu^{55}

　打跟斗 ta^{55}kən^{33}təu^{55}

打车轮子　连续翻 len^{21}ʦu^{21}fan^{33} 连续翻好几个跟头

空翻　空翻 kʰuŋ^{33}fan^{33} 手不撑地

倒立　竖跟斗 sy^{24}ken^{33}təu^{55}

　竖筋斗 sy^{24}kin^{33}təu^{55}

舞狮子　舞狮子 u^{55}ɬɿ^{33}ʦɿ^{55}

　舞狮 u^{55}ɬɿ^{33}

舞龙　舞龙 u^{55}luŋ^{21}

踩高跷　踩高跷 ʦʰai^{55}kau^{33}ʦʰiau^{33}

对刀　对刀 təi^{24}tau^{33}

耍刀　耍刀 sua^{55}tau^{33}

　舞刀 u^{55}tau^{33}

对枪　对枪 tui^{33}ʦʰiaŋ^{33}

耍枪　耍枪 sua^{55}ʦʰiaŋ^{33}

　舞枪 u^{55}ʦʰiaŋ^{33}

舞剑　舞剑 u^{55}ken^{24}

　耍剑 sua^{55}ken^{24}

扭秧歌儿　扭秧歌 niəu^{55}iaŋ^{33}kɔ^{33}

打腰鼓　打腰鼓 ta^{55}iau^{33}ku^{55}

唱歌　唱歌 tsʰaŋ^{24}kɔ^{33}

跳舞　跳舞 tʰiau^{24}u^{55}

(4)戏剧

说书　讲古 kiaŋ^{55}ku^{55}

讲故事　讲古仔 kiaŋ^{55}ku^{55}tsai^{55}

　　　　讲古 kiaŋ^{55}ku^{55}

木偶戏　木偶戏 muk^{21}ŋəu^{55}xi^{24}

皮影戏　皮影戏 pʰi^{21}iŋ^{55}xi^{24}

戏剧　大戏 ta^{24}xi^{24}

京剧　京剧 kiŋ^{33}ky^{24}

粤剧　粤剧 ye^{21}ky^{24}

粤曲　粤曲 ye^{21}kʰy^{21}

邕剧　桂剧 kuəi^{24}ky^{24}

师公戏 ɬɿ^{33}kuŋ^{33}xi^{24} 平话方言地方戏

话剧　话剧 xua^{24}ky^{24}

戏院　戏院 xi^{24}yen^{24}

　　　剧院 ky^{24}yen^{24}

戏台　戏台 xi^{24}tʰai^{21}

　　　舞台 u^{55}tʰai^{21}

演员　演员 ien^{55}yen^{21} 现代

　　　演员　戏子 xi^{24}tsɿ^{55} 旧时

唱戏佬 tsʰaŋ^{24}xi^{24}lau^{55}

变戏法　要把戏 sua^{55}pa^{55}xi^{24} 魔术

魔术师　把戏佬 pa^{55}xi^{24}lau^{55} 旧时

　　　　魔术师 mɔ^{21}sy^{21}ɬɿ^{33} 现代

花脸　大花脸 ta^{24}xua^{33}len^{55}

小丑　丑角 tsʰəu^{55}kɔk^{21}

老生　老生 lau^{55}ɬəŋ^{33}

小生　小生 siau^{55}ɬəŋ^{33}

武生　武生 u^{55}ɬəŋ^{33}

刀马旦　刀马旦 tau^{33}ma^{55}tan^{24}

　　　　武旦 u^{55}tan^{24}

老旦　老旦 lau^{55}tan^{24}

青衣　青衣 tsʰiŋ^{33}i^{33}

花旦　花旦 xua^{33}tan^{24}

小旦　小旦 siau^{55t}an^{24}

跑龙套的　跑龙套的 pʰau^{55}luŋ^{21}tʰau^{24}e^{33}

面具　面具 men^{24}ky^{24}

贰拾贰　动作

(1)一般动作

站　站 tsan^{24}

站定定 tsan^{24}tiŋ^{24}tiŋ^{24} 一动不动站着

坐　坐 tsɔ^{24}

坐定定 tsɔ^{24}tiŋ^{24}tiŋ^{24}

　定定坐 tiŋ^{24}tiŋ^{24}tsɔ^{24}

蹲　□məu^{33}

跨　kʰa^{21}

跳　tʰiau^{24}

靠　靠 kʰau^{24}

推　推 tʰəi^{33}

背　□me^{33}

挤　挤 ʦi^{55} 动词

挤　挤 ʦi^{55} 形容词

钻　□ lɔn^{33}

竖起　竖起 sy^{24}kʰi^{55}

摔倒　跌倒 te^{21}tau^{55}

爬起来　爬起来 pʰa^{21}kʰi^{55}lai^{21}

排排坐 pʰai^{21}pʰai^{21}ʦɔ^{24} 个挨个

摇头　摇头 ŋau^{21}tʰəu^{21}

　　摆头 pai^{55}tʰəu^{21}

点头　点头 ten^{55}tʰəu^{21}

抬头　抬头 tʰai^{21}tʰəu^{21}

　　仰头 ŋaŋ^{55}tʰəu^{21}

低头　低头 ti^{33}tʰəu^{21}

头低低的 tʰəu^{21}ti^{33}ti^{33}e^{33}

回头　回头 xuəi^{21}tʰəu^{21}

脸转过去 转脸 ʦyen^{55}len^{55}

出面 ʦʰyt^{21}men^{24}

露面 ləu^{24}men^{24}

睁眼　开眼 kʰai^{33}ien^{55}

瞪眼　鼓眼 ku^{55}ien^{55}

眼睛乱转　眼鼓碌碌 ien^{55}ku^{55}lɔk^{55}lɔk^{55}

眼珠转□□ien^{55}ʦy^{33}ʦyen^{55}lu^{33}lu^{33}

看定定 kʰan^{24}tiŋ^{24}tiŋ^{24} 定睛看着

闭眼　眯眼 mi^{33}ien^{55}

眨眼　眨眼 ʦəp^{21}ien^{55}

遇见　撞见 ʦuaŋ^{24}ken^{24}

　　碰见 pʰuŋ^{24}ken^{24}

　　撞着 ʦuaŋ^{24}ʦɔk^{21}

　　碰着 pʰuŋ^{24}ʦɔk^{21}

看　看 kʰan^{24}

看见　看见 kʰan^{24}ken^{24}

瞄一眼 miau^{33}it^{21}ien^{55} 快速看一眼

偷看　偷看 tʰəu^{33}kʰan^{24}

　　偷瞄 tʰəu^{33}miau^{33}

流眼泪　流眼泪 liəu^{21}ien^{55}ləi^{24}

　　眼泪水飙 ien^{55}ləi^{24}suəi^{55}piau^{33}

张嘴　开嘴巴 kʰai^{33}ʦəi^{55}pa^{33}

　　□嘴巴 ŋa^{33}ʦəi^{55}pa^{33}

闭嘴　合嘴 xəp^{21}ʦəi^{55}

努嘴　乜嘴 me^{35}ʦəi^{55}

　　扁嘴 pen^{55}ʦəi^{55}

噘嘴　嘟嘴 tu^{33}ʦəi^{55}

嘴挂油瓶 ʦəi^{55}kua^{24}iəu^{21}pʰiŋ^{21}

咧嘴　咧嘴 le^{55}ʦəi^{55}

舔　舔 tʰen^{55}

咬　咬 ŋau^{55}

嚼　嚼 ʦiau^{21}

啃　啃 kʰən^{55}

叼　叼 tiau^{33}

叼烟　叼烟 tiau^{33}ien^{33}

叼牙签　叼牙签 tiau^{33}ia^{21}ʦ^{h}en^{33}

哭　哭 k^{h}uk^{21}

　　濑哭 lai^{24}k^{h}uk^{21}

烂哭 lan^{24}k^{h}uk^{21} 好哭

　猫西 miau^{33}ɬi^{33}

　恶哭 ɔk^{21}k^{h}uk^{21}

哭□□k^{h}uk^{21}ŋe^{33}ŋe^{33}

哭□□k^{h}uk^{21}ŋa^{33}ŋa^{33}

哭□□k^{h}uk^{21}ɬəp^{21}ɬəp^{21} 啜泣貌

哭□□k^{h}uk^{21}ɬi^{33}ɬi^{33}

笑　笑 siau^{24}

笑哈哈 siau^{24}xa^{33}xa^{33}

笑眯眯 siau^{24}mi^{33}mi^{33}

笑□□siau^{24}kɔk^{55}kɔk^{55}

笑□□siau^{24}iəŋ^{33}iəŋ^{33}

笑□□siau^{24}ɬəŋ^{21}ɬəŋ^{21}

烂笑 lan^{24} siau^{24} 喜欢笑

脸皮厚 不懂丑 mə^{55}tuŋ^{55}ʦ^{h}əu^{55}

逗　逗 təu^{24}

逗笑 təu^{24}siau^{24} 惹人笑

逗毒 təu^{24}tuk^{21} 惹人恼

开玩笑　开玩笑 k^{h}ai^{33}uan^{21}siau^{24}

举手　举手 ki^{55}səu^{55}

握手　握手 ɔ^{21}səu^{55}

摆手　摆手 pai^{55}səu^{55}

甩手　甩手 suai^{55}səu^{55}

　　　□手 fət^{55}səu^{55}

挥手　挥手 xuəi^{33}səu^{55}

撒手　放手 faŋ^{24}səu^{55}

伸手　伸手 sin^{33}səu^{55}

递(过去)　递 ti^{24}

动手　动手 tuŋ^{24}səu^{55}

拍手　拍手 p^{h}ək^{21}səu^{55}

拍　拍 p^{h}ək^{21}

背着手儿　背手 pəi^{24}səu^{55}

叉着手儿　抱手 pau^{24}səu^{55} 两手交叉在胸前

捂住　□起来 əm^{33}k^{h}i^{55}lai^{21}

摩挲　撸 lu^{33} (用手~猫背)

　　　顺 syn^{24}

掰开　揺开 məŋ^{33}k^{h}ai^{33}

　　　□开 met^{21}k^{h}ai^{33}

拗　拗 eu^{55}

折断　拗断 eu^{55}tɔn^{24}

拿　拿 na^{21}

抓　抓 ʦua^{33}

　　□kəm^{21}

挠痒　抓痒 ʦua^{33}iaŋ^{33}

拈　捻 nen^{33} 用两只手指

　　镊 net^{21} 用工具

撮　撮 ʦ^{h}ɔ^{33} 用几只手指

掐　□met^{21}

　　掐 k^{h}ia^{33} 用手指、指甲掐

拔　拔 pa^{21}

　　□ʦ^{h}en^{21}

揺 məŋ^{33}

按　揿 kin^{24}

揾 ŋən^{24}

□nen^{55} 用手使劲下压

压　□təm^{21} 用重物压

取　取 tsʰy^{55} (～钱)

要　要 iau^{24}

找　找 tsau^{55}

找着了　找着哦 tsau^{55}tsɛk^{21}ɔ^{53}

找见 tsau^{55}ken^{24}

找吃 tsau^{55}tsʰit^{21} 讨生活，糊口

找钱 tsau^{55}tsʰen^{21}

翻抄　抄 tsʰau^{33}

□tsət^{55} (往袋里)塞

□ɬet^{21}

揺 məŋ^{33} 拉、扯

扽 tən^{33} 用力扯(断)

顿 tən^{24} 用力往下放；颠

攀　攀 pʰan^{33}

扳　扳 pan^{33}

□pan^{55} 用力摔打：～谷；摔得很重：～了一跤

抽打　□fək^{55}

撩 liau^{33} 伸手往高处、远处够

放　放 faŋ^{24} 通称

移　挪 nɔt^{21}

褪 tʰən^{24}

给　给 kəi^{55}

举(起) 举 ki^{55}

举旗　举旗 ki^{55}kʰi^{21}

打伞　打伞 ta^{55}san^{55}

撑伞 tsʰəŋ^{33}san^{55}

甩　□fət^{55}

甩 suai^{55}

掷　丢 tiəu^{33}

扔　丢 tiəu^{33}

丢失　舞跌 u^{55}te^{21}

搞跌 kau^{55}te^{21}

提　□tsʰek^{55} (～水，～行李)

提 tʰi^{21}

收拾(东西)　收拾 səu^{33}sit^{21}

选择　拣 ken^{55}

捡　捡 ken^{55}

擦掉　抹走 mɔt^{21}tsəu^{55}

把尿　兜屎 təu^{33}si^{55}

把尿　兜尿 təu^{33}niau^{24}

扶着　扶着 fu^{21}ə^{55}

弹指头　弹手指 tʰan^{21}səu^{55}tsi^{55}

攥起拳头　抓拳头 tsua^{33}kʰyen^{21}tʰəu^{21}

抓拳槌 tsua^{33}kʰyen^{21}tsʰuəi^{21}

粘(帖)　贴 tsʰet^{21} (～邮票)

黏 nen^{33}

粘　□nia^{33} 粘在一块

搀　捞 lau^{33}

抬　扛 kʰaŋ^{21}

抬 tʰai^{21}

□ ŋau^{21} 用力摇动

挑担子　挑担子 tʰiau^{33}tan^{24}ʦɿ^{55}

扛锄头　扛锄头 kʰaŋ^{21}ʦʰy^{21}tʰəu^{21}

扛凳子 扛凳子 kʰaŋ^{21}təŋ^{24}ʦɿ^{55}

□ɬau^{21} 用棍棒打：~一轮；大吃：~一餐

敲打　敲 kʰau^{33}

背　□me^{33}（~崽，~书包）

动　动 tuŋ^{24}

动□□tuŋ^{24}ləm^{21}ləm^{21} 动得厉害

抖动　抖　təu^{55}

擞 ɬəu^{55}

擞□□ɬəu^{55}ɬəŋ^{21}ɬəŋ^{21}

舞来舞去 u^{55}lai^{21}u^{55}kʰə^{24} 手舞足蹈；喻指忙碌貌

舞□□u^{55}ləm^{21}ləm^{21}

做ʦɔ^{24}

舞 u^{55}

合作　佮手 kəp^{21}səu^{55}

眯眯摸摸 mi^{33}mi^{33}mɔ^{33}mɔ^{33} 不停地做，弄来弄去：~又得一天

跺脚　跺脚 tɔ^{24}kiɔk^{21}

踮脚　踮脚 ten^{33}kiɔk^{21}

踢　踢 tʰik^{21}

兜 təu^{55} 用力踢

蹬 təŋ^{33}

踩　踩 ʦʰai^{55}

跳　跳 tʰiau^{24}

跳□□tʰiau^{24}lək^{33}lək^{33} 好动，多动

跳□□tʰiau^{24}pəp^{21}pəp^{21} 指心跳

跷二郎腿　跷二郎腿 kʰiau^{24}ə^{24}laŋ^{21}tʰəi^{55}

跷脚 kʰiau^{24}kiɔk^{21}

抖腿　抖脚 təu^{55}kiɔk^{21}

擞脚 ɬəu^{55}kiɔk^{21}

擞□□ɬəu^{55}ɬəŋ^{21}ɬəŋ^{21} 抖个不停

踢腿　踢腿 tʰik^{21}tʰəi^{55}

跑　跑 pʰau^{55}

跑□□pʰau^{55}ləm^{21}ləm^{21} 纷纷跑貌

跑□□pʰau^{55}la^{21}la^{21}

走　走 ʦəu^{55}

走□□ʦəu^{55}ləm^{21}ləm^{21} 纷纷走或走得快貌

出　出 ʦʰyt^{21}

进　进 ʦin^{24}（~去，~屋）

上　上 saŋ^{24}

下　下 xia^{24}（~车，~楼）

逛 kuaŋ^{21}

到处逛　到处逛 tau^{24}ʦʰy^{24}kuaŋ^{21}

到处游 tau^{24}ʦʰy^{24}iəu^{21}

追赶　撵 nen^{55}

追 ʦuəi^{33}

赶走　撵走 nen^{55}ʦəu^{55}

等　等 təŋ^{55}

□nəm^{33} 动作慢

扭捏　扭捏 niəu^{55}net^{21}

挪动（步子）nɔt^{21}

□tʰən^{24}

后退　后退 xəu^{24}t^{h}əi^{24}

□后 t^{h}ən^{24}xəu^{24}

让开(借光)偏开 p^{h}en^{24}k^{h}ai^{33}

走开　偏开 p^{h}en^{24}k^{h}ai^{33}

滚蛋　滚卵蛋 kun^{55}lɔn^{55}tan^{24} 詈语

绕远　走远路 ʦəu^{55}yen^{55}lu^{24}

抄近道　赶近路 kan^{55}kin^{24}lu^{24}

转　转 ʦyen^{55}（～身）

转　转 ʦyen^{24}（～动）

团团转　转啰啰 ʦyen^{24}lɔ^{33}lɔ^{33}

团团转 t^{h}ɔn^{21}t^{h}ɔn^{21}ʦyen^{24}

弯腰　弯腰 uan^{33}iau^{33}

□腰 en^{55}iau^{33} 向后弯腰

伸腰　伸腰 sin^{33}iau^{33}

撑腰(支持)　撑腰 ʦ^{h}əŋ^{33}iau^{33}

挺(胸、肚) 挺 t^{h}iŋ^{55}

撅屁股　翘屁股 k^{h}iau^{24}p^{h}i^{24}ku^{55}

捶背　捶背 ʦ^{h}uəi^{21}pəi^{24}

捶腰骨 ʦ^{h}uəi^{21}iau^{33}kut^{21}

擤(鼻涕)　擤 ɬiŋ^{55}

吸溜鼻涕　嘞鼻涕 ɬɔk^{21}pit^{21}t^{h}i^{24}

打喷嚏　打啊锹 ta^{55}a^{55}ʦ^{h}iəu^{35}

闻　闻 uən^{21}

(把物)藏(起来)　收 səu^{33}

(人)藏(起来)　躲 tɔ^{55}

码起来　沓起来 təp^{21}k^{h}i^{55}lai^{21}

占　霸 pa^{24}（～位置）

占 ʦan^{24}

晃悠　摇来摇去 ŋau^{21}lai^{21}ŋau^{21}k^{h}ə^{24}

摆来摆去 pai^{55}lai^{21}pai^{55}k^{h}ə^{24} 垂晃貌

溢出　满出 mɔn^{55}ʦ^{h}yt^{21}

□出 iət^{55}ʦ^{h}yt^{21}

铺出 p^{h}ut^{21}ʦ^{h}yt^{21} 指粥等沸腾溢出

(2)心理活动

知道　懂得 tuŋ^{55}tə^{21}

懂了　懂哦 tuŋ^{55}ɔ^{53}

会了　懂哦 tuŋ^{55}ɔ^{53}

熟suk^{21} 会;熟练

老练 lau^{55}len^{24}

会游泳　熟水 suk^{21}suəi^{55}

懂得游水 tuŋ^{55}tə^{21}iəu^{21}suəi^{55}

会做菜　懂得煮 tuŋ^{55}tə^{21}ʦy^{55}

懂得弄 tuŋ^{55}tə^{21}luŋ^{24}

认得　认得 in^{24}tə^{21}

不认得　不认得 mə^{55}in^{24}tə^{21}

认识　认得 in^{24}tə^{21}

懂得 tuŋ^{55}tə^{21}

晓得 xiau^{55}tə^{21}

不认识　不认得 mə^{55}in^{24}tə^{21}

不懂得 mə^{55}tuŋ^{55}tə^{21}

不晓得 mə^{55}xiau^{55}tə^{21}

识字　认字 in^{24}ʦɿ^{24}

想　想 ɬiaŋ^{55}

恁 nəm^{55}

想想　想想 ɬiaŋ^{55}ɬiaŋ^{55}

恁恁 nəm^{55}nəm^{55}

估量　估计 ku^{33}ki^{24}

猜 ʦ^{h}ai^{33}

以为　以为 i^{55}uəi^{21}

觉得　见 ken^{24}（我~苦瓜不好吃）

觉得 kiɔ^{21}tə^{21}

想主意　恁主意 nəm^{55}ʦy^{55}i^{24}

猜想　猜 ʦ^{h}ai^{33}

恁 nəm^{55}

料定 liau^{24}tiŋ^{24}

主张　主张 ʦy^{55}ʦaŋ^{33}

拿主意　拿主意 na^{21}ʦy^{55}i^{24}

做主　做主 ʦɔ^{24}ʦy^{55}

相信　信 ɬin^{24}

怀疑　怀疑 xuai^{21}i^{21}

沉思　恁 nəm^{55}

留神　注意 ʦy^{24}i^{24}

留意 liəu^{21}i^{24}

小心 siau^{55}ɬin^{33}

害怕　怕 p^{h}a^{24}

□ɬən^{21}

吓着了　捱吓着 ŋai^{21}xet^{21}ʦɔk^{21}

发抖　□ ɬən^{21}

□□□ɬən^{21}tet^{21}tet^{21}

打战 ta^{55}ʦ^{h}an^{24}

发抖 fət^{21}təu^{55}

打冷战 ta^{55}ləŋ^{55}ʦ^{h}an^{24}

□□□ɬən^{21}tut^{21}tut^{21}

着急　着急 ʦɔk^{21}ki^{21}/kik^{21}

挂念　挂念 kua^{24}nen^{24}

挂心 kua^{24}ɬin^{33}

放心　放心 faŋ^{24}ɬin^{33}

安心 ŋan^{33}ɬin^{33}

盼望　望 uaŋ^{24}

巴望 pa^{33}uaŋ^{24}

盼望 p^{h}an^{24}uaŋ^{24}

渴望　饿 ŋɔ^{24}

渴望 k^{h}ɔt^{21}uaŋ^{24}

指望　指望 ʦi^{55}uaŋ^{24}

巴望 pa^{33}uaŋ^{24}

巴不得　巴不得 pa^{33}mə^{55}tə^{21}

嫌弃　嫌弃 xen^{21}k^{h}i^{24}

嫌 xen^{21}

嫌七嫌八 xen^{21}ʦ^{h}i^{21}xen^{21}pa^{21}

记着　记呃 ki^{24}ə^{55}不要忘

忘记了　打忘记 ta^{55}uaŋ^{24}ki^{24}

忘记 uaŋ^{24}ki^{24}

想起来了　恁起来 nəm^{55}k^{h}i^{55}lai^{21}

恁见 nəm^{55}ken^{24}

恁着 nəm^{55}ʦɔk^{21}

想起来了 ɬiaŋ^{55}k^{h}i^{55}lai^{21}liau^{55}

忌妒　眼红 ien^{55}xuŋ^{21}

羡慕 羡慕 xen^{24}mu^{24}

看不起 看不起 kʰan^{24}mə^{55}kʰi^{55}

看低 kʰan^{24}ti^{33}

看好 看好 kʰan^{24}xau^{55}

讨厌 讨厌 tʰau^{55}ien^{24}

□厌 pək^{21}ien^{24}

讨别人欢心 □□lɔ^{55}len^{21}

憎恨 恨 xən^{24}

□nəu^{33}

偏心 偏心 pʰen^{33}ɬin^{33}

怄气 怄气 ŋəu^{24}kʰi^{24}

伤神 伤神 saŋ^{33}sin^{21}

伤气 saŋ^{33}kʰi^{24}

抱怨 埋怨 man^{21}yen^{24}

抱怨 pau^{24}yen^{24}

憋气 □气 mət^{55}kʰi^{24}

生气 发气 fət^{21}kʰi^{24}

火起 xɔ^{55}kʰi^{55}

发火 fət^{21}xɔ^{55}

冒火 mau^{24}xɔ^{55}

火冒三丈 xɔ^{55}mau^{24}ɬan^{33}tsaŋ^{24}

脖子胀 pç^{21}tsɿ^{55}tsaŋ^{24}

懊悔 后悔 xəu^{24}xuəi^{55}

假装 kia^{55}tsuaŋ^{33}

诈憨 tsa^{24}xan^{33}

装癫 tsuaŋ^{33}ten^{33} 装蒜，装糊涂

装□tsuaŋ^{33}ŋɔŋ^{35}

爱惜 爱哦 ŋai^{24}ɔ^{21} 对物

疼爱 爱 ŋai^{24} 对人

疼 tʰəŋ^{21}

喜欢 爱 ŋai^{24}

中意 tsuŋ^{24}i^{24}

感谢 多谢 tɔ^{33}ɬe^{24}

难为 难为 nan^{21}uəi^{21}

娇惯 惯世 kuan^{24}si^{24}

□□tək^{21}i^{55}

撒娇 □□ŋək^{55}na^{55}

宠爱 宠 tsʰuŋ^{55}

宠爱 tsʰuŋ^{55}ŋai^{24}

受宠 受宠 səu^{24}tsʰuŋ^{55}

得宠 tə^{21}tsʰuŋ^{55}

迁就 就 tsiəu^{24}

积德 修阴功 ɬiəu^{33}in^{33}kuŋ^{33}

复活 返生 fan^{55}ɬəŋ^{33}

咸鱼翻身 xen^{21}y^{33}fan^{33}sin^{33}

耍赖 打赖死 ta^{55}lai^{24}sɿ^{55}

赖臭 lai^{24}tsʰəu^{24}

搏烂 pɔ^{21}lan^{24}

死狗不怕滚水熝 sɿ^{55}kəu^{55}mə^{55}pʰa^{24}kun^{55}suəi^{55}luk^{21}

占便宜 搏抵 pɔ^{21}ti^{55}

吃空子 吃空子 tsʰit^{21}kuŋ^{24}tsɿ^{55}

钻空子 lɔn^{33}kuŋ^{24}tsɿ^{55}

搏懵 pɔ^{21}muŋ^{55} 趁机，浑水摸鱼

搏乱 pɔ^{21}lɔn^{24}

搞鬼　搞鬼 kau^{55}kuəi^{55}

搞鬼搞怪 kau^{55}kuəi^{55}kau^{55}kuai^{24}

放蛊　耍符□sua^{55}fu^{21}fet^{55}

该死　该死 kai^{33}sɿ^{55}

(3)语言动作

说话　讲话 kiaŋ^{55}xua^{24}

讲□□kiaŋ^{55}ʦa^{21}ʦa^{21} 说个不停

讲□□kiaŋ^{55}la^{21}la^{21}

讲□□kiaŋ^{55}ləm^{21}ləm^{21}

胡说　讲要 kiaŋ^{55}iau^{24}

乱讲 lɔn^{24}kiaŋ^{55}

乱□lɔn^{24}ŋəp^{21}

说得容易　讲要 kiaŋ^{55}iau^{24}

乱讲三场 lɔn^{24}kiaŋ^{55}ɬan^{33}ʦʰaŋ^{21}

乱□三场 lɔn^{24}ŋəp^{21}ɬan^{33}ʦʰaŋ^{21}

东讲西讲 tuŋ^{33}kiaŋ^{55}ɬi^{33}kiaŋ^{55}

东□西□tuŋ^{33}ŋəp^{21}ɬi^{33}ŋəp^{21}

聊天　讲古 kiaŋ^{55}ku^{55}

扯大炮 ʦʰe^{55}ta^{24}pʰau^{24}

不作声　不作声 mə^{55}ʦɔ^{24}siŋ^{33}

不吭声 mə^{55}ʦʰəŋ^{33}siŋ^{33}

不出声 mə^{55}ʦʰyt^{21}siŋ^{33}

吭声　出声 ʦʰyt^{21}siŋ^{33}

骗　哄 huŋ^{55} 我~你要的,不是真的

摆老 pai^{55}lau^{55}

□ŋək^{55}

食言　讲话不算数 kiaŋ^{55}xua^{24}mə^{55}ɬɔn^{24}su^{24}

告诉　讲给…听 kiaŋ^{55}kəi^{55}…tʰiŋ^{33}

顶嘴　顶嘴 tiŋ^{55}ʦəi^{55}

拗犟 ŋau^{24}kiaŋ^{24}

吵架　闹架 nau^{24}kia^{24}

打架　打架 ta^{55}kia^{24}

欺负　□kʰiaŋ^{33}

骂　骂 ma^{24}

挨骂　捱骂 ŋai^{21}ma^{24}

呵斥　□xəp^{55}

指桑骂槐　指桑骂槐 ʦi^{55}saŋ^{33}ma^{24}xuai^{21}

搬弄是非　扯是非 ʦʰe^{55}si^{24}fəi^{33}

讲是非 kiaŋ^{55}si^{24}fəi^{33}

搬弄是非 pɔn^{33}nuŋ^{24}si^{24}fəi^{33}

吵闹　吵耳朵 ʦʰau^{21}ə^{55}tɔ^{55}

吵卵死 ʦʰau^{21}lɔ^{55}sɿ^{55} 詈语

嘱咐　交代^{33}tai^{24}

挨说　捱讲 ŋai^{21}kiaŋ^{55} 挨批评

捱撸 ŋai^{21}lu^{33}

唠叨　啰唆 lɔ^{33}ɬɔ^{33}

喃□□nəm^{33}pet^{21}pet^{21}

唠唠叨叨　吟吟沉沉 ŋəm^{21}ŋəm^{21}ʦʰəm^{21}ʦʰəm^{21}

吹牛　车大炮 ʦʰe^{33}ta^{24}pʰau^{24}

吹牛 ʦʰuəi^{33}niəu^{24}

叫　喊 xan^{55}(~来)

叫　喊 xan^{55}（大声~）

叫呱呱　喊呀呀 $xan^{55}ia^{33}ia^{33}$

喊喳喳 $xan^{55}ʦa^{33}ʦa^{33}$

瞎叫　东喊西喊 $tuŋ^{33}xan^{55}ɬi^{33}xan^{55}$

乱喊三场 $lɔn^{24}xan^{55}ɬan^{33}ʦ^{h}aŋ^{21}$

抓辫子　抓辫子 $ʦua^{33}pen^{24}ʦɿ^{55}$

看着办　看倒来 $k^{h}an^{24}tau^{55}lai^{21}$

看你恁做 $k^{h}an^{24}ni^{55}nən^{51}ʦɔ^{24}$

贰拾叁　位置

上面　上面 $saŋ^{24}men^{24}$

下面　下面 $xia^{24}men^{24}$

底下 $ti^{55}xia^{24}$

地下　地下 $ti^{24}xia^{24}$

地底下 $ti^{24}ti^{55}xia^{24}$

地上　地上 $ti^{24}saŋ^{24}$

地面上 $ti^{24}men^{24}saŋ^{24}$

地面 $ti^{24}men^{24}$

天上　天上 $t^{h}en^{33}saŋ^{24}$

山上　山上 $san^{33}saŋ^{24}$

山上面 $san^{33}saŋ^{24}men^{24}$

路上　路上 $lu^{24}saŋ^{24}$

街上　街上 $kai^{33}saŋ^{24}$

墙上　墙上面 $ʦ^{h}iaŋ^{21}saŋ^{24}men^{24}$

门上　门上面 $mən^{21}saŋ^{24}men^{24}$

桌上　桌子上面 $ʦɔ^{21}ʦɿ^{55}saŋ^{24}men^{24}$

椅子上　椅子上面 $i^{55}ʦɿ^{55}saŋ^{24}men^{24}$

边儿上　旁边 $p^{h}aŋ^{21}pen^{33}$

边边 $pen^{33}pen^{33}$

里面　里头 $li^{55}t^{h}əu^{21}$

里面 $li^{55}men^{24}$

外面　外头 $uai^{24}t^{h}əu^{21}$

外面 $uai^{24}men^{24}$

手里　手里头 $səu^{55}li^{55}t^{h}əu^{21}$

手里面 $səu^{55}li^{55}men^{24}$

心里　心里面 $ɬin^{33}li^{55}men^{24}$

心里头 $ɬin^{33}li^{55}t^{h}əu^{21}$

野外　野外 $ie^{55}uai^{24}$

大门外　大门外头 $ta^{24}mən^{21}uai^{24}t^{h}əu^{21}$

大门外面 $ta^{24}mən^{21}uai^{24}men^{24}$

门儿外　门外头 $mən^{21}uai^{24}t^{h}əu^{21}$

门外面 $mən^{21}uai^{24}men^{24}$

墙外　墙外头 $ʦ^{h}iaŋ^{21}uai^{24}t^{h}əu^{21}$

墙外面 $ʦ^{h}iaŋ^{21}uai^{24}men^{24}$

窗户外头　窗口外头 $ʦ^{h}uaŋ^{33}k^{h}əu^{55}uai^{24}t^{h}əu^{21}$

窗口外面 $ʦ^{h}uaŋ^{33}k^{h}əu^{55}uai^{24}men^{24}$

车上　车上面 $ʦ^{h}e^{33}saŋ^{24}men^{24}$

车外　车外面 $ʦ^{h}e^{33}uai^{24}men^{24}$

车前　车前面 $ʦ^{h}e^{33}ʦ^{h}en^{21}men^{24}$

车前头 $ʦ^{h}e^{33}ʦ^{h}en^{21}t^{h}əu^{21}$

车后　车后面 ʦʰe^{33}xəu^{24}men^{24}

　　车后尾 ʦʰe^{33}xəu^{24}uəi^{55}

前边　前头 ʦʰen^{21}tʰəu^{21}

　　前面 ʦʰen^{21}men^{24}

后边　后尾 xəu^{24}uəi^{55}

　　后面 xəu^{24}men^{24}

　　后背 pəi^{24}xəu^{24}

　　后头 xəu^{24}tʰəu^{21}

山前　山前面 san^{33}ʦʰen^{21}men^{24}

山后　山后面 san^{33}xəu^{24}men^{24}

房后　房子后面 faŋ^{21}ʦɿ^{55}xəu^{24}men^{24}

　　屋后 u^{21}xəu^{24}

背后　后背 xəu^{24}pəi^{24}

　　背后 pəi^{24}xəu^{24}

以前　以前 i^{55}ʦʰen^{21}

以后　以后 i^{55}xəu^{24}

以上　以上 i^{55}saŋ^{24}

以下　以下 i^{55}xia^{24}

东　东 tuŋ^{33}

西　西 ɬi^{33}

南　南 nan^{21}

北　北 pə^{21}

东南　东南 tuŋ^{33}nan^{21}

东北　东北 tuŋ^{33}pə^{21}

西南　西南 ɬi^{33}nan^{21}

西北　西北 ɬi^{33}pə^{21}

路边儿　路边 lu^{24}pen^{33}

　　马路边 ma^{55}lu^{24}pen^{33}

当间(儿)　中间 ʦuŋ^{33}ken^{33}

底下　底下 ti^{55}xia^{24}

床底下　床底 ʦʰuaŋ^{21}ti^{55}

　　床底下 ʦʰuaŋ^{21}ti^{55}xia^{24}

床头　床头 ʦʰuaŋ^{21}tʰəu^{21}

床尾　床尾 ʦʰuaŋ^{21}uəi^{55}

楼底下　楼底下 ləu^{21}ti^{55}xia^{24}

　　楼底 ləu^{21}ti^{55}

脚底下　脚底 kiɔk^{21}ti^{55}

　　脚底下 kiɔk^{21}ti^{55}xia^{24}

底儿　底 ti^{55}

碗底儿　碗底 uɔn^{55}ti^{55}

锅底儿　锅底 kɔ^{33}ti^{55}

缸底儿　缸底 kaŋ^{33}ti^{55}

末尾　□□屎 met^{55}met^{55}si^{55}

　　垫底 ten^{24}ti^{55}

旁边　旁边 pʰaŋ^{21}pen^{33}

附近　周围 ʦəu^{33}uəi^{21}

　　附近 fu^{24}kin^{24}

　　旁边 pʰaŋ^{21}pen^{33}

跟前儿　面前 men^{24}ʦʰen^{21}

　　眼前 ien^{55}ʦʰen^{21}

左边　左手边 ʦɔ^{55}səu^{55}pen^{33}

　　左边 ʦɔ^{55}pen^{33}

右边　右手边 iəu^{24}səu^{55}pen^{33}

　　右边 iəu^{24}pen^{33}

望里走　往里头走 uaŋ^{55}li^{55}tʰəu^{21}ʦəu^{55}

　　到里面去 tau^{24}li^{55}men^{24}kʰə^{24}

望外走　往外面走 uaŋ^{55}uai^{24}men^{24}ʦəu^{55}

到外面去 tau^{24}uai^{24}men^{24}k^{h}ə^{24}

望东走　往东走 uaŋ^{55}tuŋ^{33}ʦəu^{55}

望西走　往西走 uaŋ^{55}ɬi^{33}ʦəu^{55}

望回走　往回走 uaŋ^{55}xuəi^{21}ʦəu^{55}

转回头 ʦyen^{55}xuəi^{21}t^{h}əu^{21}

望前走　往前走 uaŋ^{55}ʦ^{h}en^{21}ʦəu^{55}

…以东　以东 i^{55}tuŋ^{33}

…以西　以西 i^{55}ɬi^{33}

…以南　以南 i^{55}nan^{21}

…以北　以北 i^{55}pə^{21}

…以内　以内 i^{55}nəi^{24}

…以外　以外 i^{55}uai^{24}

…以来　以来 i^{55}lai^{21}

…之后　之后 ʦi^{33}xəu^{24}

…之前　之前 ʦi^{33}ʦ^{h}en^{21}

…之外　之外 ʦi^{33}uai^{24}

…之内　之内 ʦi^{33}nəi^{24}

…之间　之间 ʦi^{33}ken^{33}

…之上　之上 ʦi^{33}saŋ^{24}

…之下　之下 ʦi^{33}xia^{24}

贰拾肆　代词等

我　我 ŋɔ^{55}

你　你 ni^{55}

他　他 t^{h}a^{33}

我们　我们 ŋɔ^{55}mən^{21}

咱们　我们 ŋɔ^{55}mən^{21}

你们　你们 ni^{55}mən^{21}

他们　他们 t^{h}a^{33}mən^{21}

您　你 ni^{55}

您 他 t^{h}a^{33}

我的　我嗌 ŋɔ^{55}e^{33}

你的　你嗌 ni^{55}e^{33}

他的　他嗌 t^{h}a^{33}e^{33}

我们的　我们嗌 ŋɔ^{55}mən^{21}e^{33}

咱们的　我们嗌 ŋɔ^{55}mən^{21}e^{33}

你们的　你们嗌 ni^{55}mən^{21}e^{33}

他们的　他们嗌 t^{h}a^{33}mən^{21}e^{33}

别人　人家 in^{21}kia^{33}

别人的　人家嗌 in^{21}kia^{33}e^{33}

大家　大家 ta^{24}kia^{33}

谁　哪个 na^{55}kɔ^{24}

这个　这个 ʦe^{24}kɔ^{24}

那个 na^{24}kɔ^{24}

哪个 na^{55}kɔ^{24}

别个　别个 be^{21}kɔ^{24}

这些　这点 ʦe^{24}ten^{55}

那些　那点 na^{24}ten^{55}

哪些　哪点 na^{55}ten^{55}

这里　这凯 ʦe^{24}k^{h}ai^{55}

那里　那凯 na^{24}kʰai^{55}

哪里　哪凯 na^{55}kʰai^{55}

别处　别处 pe^{21}ʦʰy^{24}

这么(高)　嗷 kəm^{24}

这么(做)　嗷 kəm^{24}

那么(高)　嗷 kəm^{24}

那么(做)　嗷 kəm^{24}

怎么(做)　哪门 na^{55}mən^{21}

怎么办　恁做 nən^{52}ʦɔ^{24}

为什么　为门 uəi^{24}mən^{52}

　　为恁 uəi^{24}nən^{52}

什么？　哪门 na^{55}mən^{52}

　　恁 nən^{52}

多少(钱) 几多 ki^{35}tɔ^{33}

多(副词) 几 ki^{55}

我们俩　我们两个 ŋɔ^{55}mən^{21}liaŋ^{55}kɔ^{24}

咱们俩　我们两个 ŋɔ^{55}mən^{21}liaŋ^{55}kɔ^{24}

你们俩　你们两个 ni^{55}mən^{21}liaŋ^{55}kɔ^{24}

他们俩 他们两个 tʰa^{33}mən^{21}liaŋ^{55}kɔ^{24}

夫妻俩　两公婆 liaŋ^{55}kuŋ^{33}pʰɔ^{21}

娘儿俩　两仔娘 liaŋ^{55}ʦai^{55}niaŋ^{21} 母亲和子女

爷儿俩　两仔爷 liaŋ^{55}ʦai^{55}ie^{21} 父亲和子女

婆媳俩　家婆媳妇 kia^{33}pʰɔ^{21}ɬi^{21}fu^{24}

兄弟俩　两兄弟 liaŋ^{55}xiuŋ^{33}ti^{24}

姐妹俩　两姐妹 liaŋ^{55}ʦe^{55}məi^{24}

　　两姊妹 liaŋ^{55}ʦɿ^{55}məi^{24}

兄妹俩　两兄妹 liaŋ^{55}xiuŋ^{33}məi^{24}

　　两子妹 liaŋ^{55}ʦɿ^{55}məi^{24}

姐弟俩　两姐弟 liaŋ^{55}ʦe^{55}ti^{24}

舅甥俩　舅爷外甥 kiəu^{24}ie^{21}uai^{24}ɬəŋ^{33}

谁们　哪个 na^{55}kɔ^{24}

人们　那帮人 na^{24}paŋ^{33}in^{21}

　　那堆人 na^{24}təi^{33}in^{21}

妯娌们　伯娘 pə^{21}niaŋ^{21}

姑嫂们　姑嫂 ku^{33}sau^{55}

师徒们　师徒 ɬɿ^{33}tʰu^{21}

先生学生们　那凯老师学生 na^{24}kʰai^{55}lau^{55}ɬɿ^{33}xiɔ^{21}ɬəŋ^{33}

那些个事儿们　那凯事情 na^{24}kʰai^{55}ɬɿ^{24}ʦʰiŋ^{21}

桌子们　凯桌子 kʰai^{55}ʦɔ^{21}ʦɿ^{55}

椅子们　凯椅子 kʰai^{55}i^{55}ʦɿ^{55}

书们　凯书 kʰai^{55}sy^{33}

贰拾伍　形容词

好　好 xau^{55}

靓 leŋ^{33} 物好，人漂亮

靓笠笠 leŋ^{33}ləp^{55}ləp^{55}

威水 uəi^{33}suəi^{55} 指物

不错　吗胡好 ma^{33}xu^{21}xau^{55}颇好之意

不错 mə^{55}ʦ^{h}ɔ^{24}

差不多　差不多 ʦ^{h}a^{33}mə^{55}ʦɔ^{33}

不怎么样　不哪门样 mə^{55}na^{55}mən^{21}iaŋ^{24}

不爱好 mə^{55}ŋai^{24}xau^{55}

不恁样 mə^{55}nən^{52}iaŋ^{24}

不顶事　不中用 mə^{55}ʦuŋ^{33}iuŋ^{24}

不有用 mə^{55}iəu^{55}iuŋ^{24}

不顶用 mə^{55}tiŋ^{55}iuŋ^{24}

屎屎嗌 si^{55}si^{55}e^{33}

够屎哦 kəu^{24}si^{55}ɔ^{33}

坏　□iəi^{21}不好

坏 xuai^{24}

次　差 ʦ^{h}a^{33}

差伙 ʦ^{h}a^{33}xɔ^{55}

屎 si^{55}指人

屎卵死 si^{55}lɔn^{55}sɿ^{55}詈语

凑合　将就 ʦiaŋ^{33}ʦiəu^{24}

求其 k^{h}iəu^{21}k^{h}i^{21}

美　靓 leŋ^{33}指人

生得靓 ɬəŋ^{33}tə^{21}leŋ^{33}

靓仔 leŋ^{33}ʦai^{55}

靓女 leŋ^{33}ny^{55}

丑　难看 nan^{21}k^{h}an^{24}

干净　干净 kan^{33}ʦiŋ^{24}

脏　邋遢 lət^{21}t^{h}ət^{21}

□□ɔk^{21}ʦ^{h}ɔk^{21}

新　新 ɬin^{33}

新□□ɬin^{33}lɔk^{55}lɔk^{55}

旧　旧 kiəu^{24}

新式　新式 ɬin^{33}si^{21}

老式　老式 lau^{55}si^{21}

值钱　值钱 ʦi^{21}ʦ^{h}en^{21}

金贵 kin^{33}kuəi^{24}

抵宝 ti^{55}pau^{55}

精致　□lek^{55}

不值钱　不值钱 mə^{55}ʦi^{21}ʦ^{h}en^{21}

不抵钱 mə^{55}ti^{55}ʦ^{h}en^{21}

硬ŋeŋ^{24}

硬□□ŋeŋ^{24}kuɔk^{55}kuɔk^{55}

硬邦邦 ŋeŋ^{24}paŋ^{33}paŋ^{33}

韧　□iəŋ^{35}

□□□iəŋ^{35}iat^{55}iat^{55}

软　软 yen^{55}

软熟 yen^{55}suk^{21}

软□□yen^{55}nuk^{55}nak^{55}

吊□□tiau^{24}nəŋ^{33}nəŋ^{33}垂挂貌

袅 niau^{21}细长而柔软

袅□□niau^{21}net^{21}net^{21}

黏　□niau^{33}

糯 nɔ^{24}特指有黏性的谷物

面　□muŋ^{33}薯类很粉

软烂　溶 iuŋ^{21}指饭、面条

溶□□iuŋ^{21}iat^{21}iat^{21}

溶□□iuŋ^{21}pet^{21}pet^{21}

溶□□iuŋ^{21}pat^{21}iat^{21}

软烂　□nəm^{21}(指肉、瓜果)

□nəm^{21}(物)软,软烂;(人)懦弱

□□□nəm^{21}pet^{21}pet^{21}

□□□nəm^{21}pəm^{35}pəm^{35}

□□□nəm^{21}pəp^{21}pəp^{21}

新鲜　新鲜 ɬin^{33}sen^{33}

咸　咸 xen^{21}

淡　淡 tan^{24}

淡□□tan^{24}pet^{21}pet^{21}

酸　酸 ɬɔn^{33}

酸溜溜 ɬɔn^{33}liəu^{33}liəu^{33}

甜　甜 t^{h}en^{21}

苦　苦 k^{h}u^{55}

辣　辣 lət^{21}

涩　涩 səp^{55}

结 ket^{21}

香　香 xiaŋ^{33}

香喷喷 xiaŋ^{33}p^{h}ən^{33}p^{h}ən^{33}

臭　臭 ʦ^{h}əu^{24}

臭烘烘 ʦ^{h}əu^{24}xuŋ^{33}xuŋ^{33}

(酒)烈　力 lik^{21}

稀　稀 xi^{33}(粥太~了)

稀□□xi^{33}ləŋ^{33}ləŋ^{33}

稠　□nəu^{21}(粥太~了)

稀　xi^{33}不稠密

密 mit^{21}不稀疏

密实 mit^{21}sət^{21}

清　清 ʦ^{h}iŋ^{33}

清□□ʦ^{h}iŋ^{33}ŋau^{33}ŋau^{33}水很清

浊　□nəu^{21}

肥　肥 fəi^{21}指人或动物

肥□□fəi^{21}lu^{33}lu^{33}

肥□□fəi^{21}tut^{21}tut^{21}

瘦ɬəu^{24}指人或动物

瘦□□ɬəu^{24}leŋ^{33}k^{h}eŋ^{33}很瘦

瘦呤丁 ɬəu^{24}liŋ^{33}tiŋ^{33}

瘦 ɬəu^{24}指肉

(人)壮实　实 sət^{21}

□nɔŋ^{55}

大□ta^{24}kəu^{21}

□nɔŋ^{55}婴儿壮实,植物苗壮

实 sət^{21}小孩结实

整　成个 ʦ^{h}iŋ^{21}kɔ^{24}(鸡蛋吃~的)

整个 ʦiŋ^{55}kɔ^{24}

论个 lən^{24}kɔ^{24}

浑　满 mɔn^{55}

全 ʦ^{h}yen^{21}

周 ʦəu^{33}(~身是汗)

一半　一半 it^{21}pɔn^{24}

半□□pɔn^{24}ləŋ^{21}k^{h}əŋ^{33}

凉快　凉爽 liaŋ^{21}suaŋ^{55}指天气

阴凉　阴凉 in^{33}liaŋ^{21}

凉□□liaŋ^{21}ɬəm^{21}ɬəm^{21}

闷热　焗热 kuk^{21}iet^{21}

□热 əm^{33}iet^{21}

焗 kuk^{21}

酷热　热得要死 iet^{21}tə^{21}iau^{24}sɿ^{55}

热辣辣 iet^{21}lət^{21}lət^{21}

热　热 iet^{21} 指天气

热　热 iet^{21} 指物

烫　熝 luk^{21}

冷　冷 ləŋ^{55}

阴冷 in^{33}ləŋ^{55}

冷飕飕 ləŋ^{55}ɬəu^{33}ɬəu^{33}

冷丝丝 ləŋ^{55}ɬi^{33}ɬi^{33}

刺骨　刺骨 ʦʰɿ^{24}kut^{21}

暖　暖 nɔn^{55}

静　静 ʦiŋ^{24}

静悄悄 ʦiŋ^{24}ʦʰiau^{33}ʦʰiau^{33}

嘈杂　嘈 ʦʰau^{21}

嘈□□ʦʰau^{21}ʦa^{33}ʦa^{33}

热闹　热闹 iet^{21}nau^{24}

闹热 nau^{24}iet^{21}

清醒　□□ɬiŋ^{35}ɬak^{21}

稳当　稳当 uən^{55}taŋ^{24}

稳稳当当 uən^{55}uən^{55}taŋ^{24}taŋ^{24}

牢固　牢固 lau^{21}ku^{24}

坚固 ken^{33}ku^{24}

禁 kʰin^{33} 结实，耐用

禁用 kʰin^{33}iuŋ^{24}

禁得捱 kʰin^{33}tə^{21}ŋai^{21} 有耐力

地道　正宗 ʦiŋ^{24}ʦuŋ^{33}（～四川风味）

正斗 ʦiŋ^{24}təu^{55}

不地道　陋野 ləu^{24}ie^{55}

破　烂 lan^{24}

破破烂烂 pʰɔ^{24}pʰɔ^{24}lan^{24}lan^{24}

摔破　□烂 pan^{55}lan^{24}

跌烂 te^{21}lan^{24}

甩烂 suai^{55}lan^{24}

整齐　整齐 ʦiŋ^{55}ʦʰi^{21}

零乱　乱 lɔn^{24}

乱□□lɔn^{24}ləp^{21}ləp^{21}

晚　晏 ŋan^{24}（来～了）

晚 uan^{55}

夜 ie^{24}

多　多 tɔ^{33}

大把 ta^{24}pa^{55}

少　少 sau^{55}

大　大 ta^{24}

大□□ta^{24}lɔk^{55}lɔk^{55}

大大□ta^{24}ta^{24}lɔk^{55} 个头大

大大□ta^{24}ta^{24}kəu^{21}

小　siau^{55}

小拧拧 siau^{55}niŋ^{33}niŋ^{33}

长 ʦʰaŋ^{21}

长□□ʦʰaŋ^{21}lai^{33}lai^{33}

短　短 tɔn^{55}

短□□tɔn^{55}ʦ^{h}et^{55}ʦ^{h}et^{55}

宽　宽 k^{h}ɔn^{33}

宽□□k^{h}ɔn^{33}ləŋ^{33}ləŋ^{33}

窄　窄 ʦək^{21}

窄□□ʦək^{21}ŋet^{21}ŋet^{21}

厚　厚 xəu^{24}

厚□□xəu^{24}tut^{21}tut^{21}

薄　薄 pɔk^{21}

薄□□pɔk^{21}ʦ^{h}et^{55}ʦ^{h}et^{55}

深　深 sin^{33}

深□□sin^{33}lau^{33}lau^{33}

浅　浅 ʦ^{h}en^{55}

高　高 kau^{33}

低　低 ti^{33}

矮　矮 ŋai^{55}

矮□□ŋai^{55}tet^{55}tet^{55}

正　正 ʦiŋ^{24}

歪　乜 me^{35}

歪 uai^{33}

斜　乜 me^{35}

斜 ʦ^{h}e^{21}

陡　笡 ʦ^{h}e^{21}

陡 təu^{24}

岭 liŋ^{24}

凸　凸 t^{h}u^{21}

□tət^{55}

凹　凹 ŋau^{33}

□məp^{55}

皱　皱 iəu^{24}

皱巴巴　皱□□iəu^{24}iat^{55}iat^{55}

一□□it^{21}liau^{21}kiau^{21} 物体缠绕成一团

一□□it^{21}ləu^{21}kəu^{21}

干　干 kan^{33}

干□□kan^{33}məŋ^{33}məŋ^{33} 干貌

干爽 kan^{33}suaŋ^{55}

枯萎　□niəu^{33}

湿　湿 sit^{21}

湿□□sit^{21}pət^{21}pət^{21} 湿貌

潮　湿 sit^{21}

潮湿 ʦ^{h}au^{21}sit^{21}

润 yn^{24}

阴□□in^{33}ɬəp^{21}ɬəp^{21} 阴暗潮湿

圆　圆 lɔn^{21}

圆啰啰 lɔn^{21}lɔ^{33}lɔ^{33}

圆噜噜 lɔn^{21}lu^{33}lu^{33}

方　方 faŋ^{33}

方方正正 faŋ^{33}faŋ^{33}ʦiŋ^{24}ʦiŋ^{24}

扁　扁 pen^{55}

扁□□pen^{55}pat^{55}pat^{55}

直　直 ʦik^{21}

直□□ʦik^{21}la^{33}la^{33}

弯　弯 uan^{33}

滑　滑 xut^{21}

滑溜溜　滑溜溜 xɔt^{21}liəu^{33}liəu^{55}

细腻(人) 仔细 tsɿ^{55}ɬi^{24}

细腻(粉) 滑 xɔt^{21}

细 ɬi^{24}

粗(物) 粗 tsʰu^{33}

粗糙 粗糙 tsʰu^{33}tsau^{24}

粗心 粗心 tsʰu^{33}ɬin^{33}

大大咧咧 ta^{24}ta^{24}le^{33}le^{33}

红 红 xuŋ^{21}

朱红 大红 ta^{24}xuŋ^{21}

粉红 粉红 fən^{55}xuŋ^{21}

红□□xuŋ^{21}fet^{55}fet^{55}

深红 深红 sin^{33}xuŋ^{21}

暗红 ŋan^{24}xuŋ^{21}

玫瑰红 玫瑰红 məi^{21}kuəi^{24}xuŋ^{21}

浅红 浅红 tsʰen^{55}xuŋ^{21}

蓝 蓝 lan^{21}

浅蓝 浅蓝 tsʰen^{55}lan^{21}

深蓝 深蓝 sin^{33}lan^{21}

蓝□□lan^{21}iəu^{33}iəu^{33}

天蓝 天蓝 tʰen^{33}lan^{21}

淡蓝 淡蓝 tan^{24}lan^{21}

绿 绿 luk^{21}

深绿 墨绿 mɔ^{21}luk^{21}

绿□□luk^{21}ŋau^{33}ŋau^{33}

葱心儿绿 翠绿 tsʰəi^{24}luk^{21}

草绿 草绿 tsʰau^{55}luk^{21}

浅绿 浅绿 tsʰen^{55}luk^{21}

淡绿 淡绿 tan^{24}luk^{21}

白 白 pə^{21}

灰白 灰白 xuəi^{33}pə^{21}

米白 米白 mi^{55}pə^{21}

苍白 苍白 tsʰaŋ^{33}pə^{21}

白□□pə^{21}lau^{21}lau^{21}

雪白 雪白 ɬye^{33}pə^{21}

灰 灰 xuəi^{33}

深灰 深灰 sin^{33}xuəi^{33}

暗灰 ŋan^{24}xuəi^{33}

浅灰 浅灰 tsʰen^{55}xuəi^{33}

银灰 银灰 in^{21}xuəi^{33}

淡灰 淡灰 tan^{24}xuəi^{33}

黄 黄 xuaŋ^{21}

杏黄 杏黄 siŋ^{24}xuaŋ^{21}

深黄 暗黄 ŋan^{24}xuaŋ^{21}

黄澄澄 xuaŋ^{21}tsʰəŋ^{21}tsʰəŋ^{21}

浅黄 浅黄 tsʰen^{55}xuaŋ^{21}

淡黄 淡黄 tan^{24}xuaŋ^{21}

青 青 tsʰiŋ^{33}

青□□tsʰiŋ^{33}ŋau^{33}ŋau^{33} 指脸苍白或瓜果未熟

生 生 ɬəŋ^{33}

鸭蛋青 蛋青色 tan^{24}tsʰiŋ^{33}sə^{21}

紫 紫色 tsɿ^{55}sə^{21}

深紫 深紫 sin^{33}tsɿ^{55}

呕 əu^{55}

呕黑呕黑 əu^{55}xə^{21}əu^{55}xə^{21}

玫瑰紫 玫瑰色 məi^{21}kuəi^{24}sə^{21}

藕荷(色)　藕色 ŋəu^{55}sə^{21}

肉色 iuk^{21}sə^{21}

棕色　棕色 ʦuŋ^{33}sə^{21}

猪肝色 ʦy^{33}kan^{33}sə^{21}

黑　黑 xə^{21}

黑嘛嘛 xə^{21}ma^{33}ma^{33}

模糊　蒙 muŋ^{21}

蒙□□muŋ^{21}ɬəŋ^{21}ɬəŋ^{21}

亮　亮 liaŋ^{24}

锃亮　亮□□ liaŋ^{24}lɔk^{55}lɔk^{55}

过　过龙 kɔ^{24}luŋ^{21}

过头 kɔ^{24}t^{h}əu^{21}

过火 kɔ^{24}xɔ^{55} 肉、菜煮过头

过头　过头 kɔ^{24}t^{h}əu^{21}

过龙 kɔ^{24}luŋ^{21}

过时　过气 kɔ^{24}k^{h}i^{24}

过时 kɔ^{24}si^{21}

变质　变质 pen^{24}ʦi^{21}

舒服　舒服 sy^{33}fuk^{21} 指身体

舒服　舒服 sy^{33}fuk^{21} 指心情

爽 suaŋ^{55}

舒畅　爽快 suaŋ^{55}k^{h}uai^{24}

难受　难过 nan^{21}kɔ^{24} 指身体

难在 nan^{21}ʦai^{24}

难受 nan^{21}səu^{24}

难顶 nan^{21}ʦiŋ^{55}

难受　难过 nan^{21}kɔ^{24} 指心情

难受 nan^{21}səu^{24}

高兴　欢喜 xɔn^{33}xi^{55}

高兴 kau^{33}xiŋ^{24}

心烦　心□ɬin^{33}iəp^{55}

发□fət^{21}iəp^{55}

心烦 ɬin^{33}fan^{21}

心疼　心疼 ɬin^{33}t^{h}əŋ^{21}

伤脑筋　伤神气 saŋ^{33}sin^{21}k^{h}i^{24}

伤神 saŋ^{33}sin^{21}

伤脑筋 saŋ^{33}nau^{55}kin^{33}

马虎　马虎 ma^{55}xu^{55}

□□ lək^{21}lai^{33}

要紧 iau^{24}kin^{55} 指情况

紧张 kin^{55}ʦaŋ^{33}

紧张　紧张 kin^{55}ʦaŋ^{33} 指心情

镇定　镇定 ʦin^{24}tiŋ^{24}

害怕　怕 p^{h}a^{24}

心惊 ɬin^{33}kiŋ^{33}

心惊肉跳 ɬin^{33}kiŋ^{33}iuk^{21}t^{h}iau^{24}

肉麻　肉酸 iuk^{21}ɬɔn^{33}

肉□iuk^{21}nən^{33}

恶心　想呕 ɬiaŋ^{55}əu^{55}

腼腆　怕丑 p^{h}a^{24}ʦ^{h}əu^{55}

内向　□独 mən^{33}tuk^{21} 木纳,不灵活

□mən^{33}

□独鸡 mən^{33}tuk^{21}ki^{33}

斗独 təu^{24}tuk^{21} 不好说话,难打交道

清高　老卵屎 lau^{55}lɔn^{55}si^{55}

　　清高 tsʰiŋ^{33}kau^{33}

开朗　开朗 kʰai^{33}laŋ^{55}

啰唆　啰唆 lɔ^{33}ɬɔ^{33} 爱叨叨

话多　车咧 tsʰe^{33}le^{33}

　　话多过米 xua^{24}tɔ^{33}kɔ^{24}mi^{55}

豪 xau^{21} 好打扮，爱露脸

　□le^{35}

　□liau^{35}

　□□fet^{21}si^{35}

乖　乖 kuai^{33}

　听讲 tʰiŋ^{33}kiaŋ^{55}

懂事　懂事 tuŋ^{55}ɬɿ^{24}

皮　跳皮 tʰiau^{24}pʰi^{21}

　□厌 pək^{21}ian^{24}

　牛骨 niəu^{21}kut^{21}

丢脸 tiəu^{33}len^{55}

　□脸 ɬai^{33}len^{55}

窝囊　□□lət^{21}tʰət^{21} 不整洁

　　□□nuŋ^{33}naŋ^{33}

窝囊 ɔ^{33}naŋ^{33} 不得志

随便 suəi^{21}pen^{24}

随随便便 suəi^{21}suəi^{21}pen^{24}pen^{24}

捣蛋　搅屎 kiau^{55}si^{55}

　　捣蛋 tau^{55}tan^{24}

毒 tuk^{21} 糟蹋，做事太损

蛮横　蛮 man^{21}

　　恶 ɔk^{21}

凶　恶 ɔk^{21}

真行　够力 kəu^{24}lik^{21}（这后生仔够~）

能干　能干 nəŋ^{21}kan^{24}

　　力 lik^{21}

　　相 ɬiaŋ^{24}

棒　够力 kəu^{24}lik^{21} 可指人或物

不行　不得 mə^{55}tə^{21}

　　不中用 mə^{55}tsuŋ^{33}iuŋ^{24}

　　不顶用 mə^{55}tiŋ^{55}iuŋ^{24}

脓包　废柴 fəi^{24}tsʰai^{21}

　　蠢材 tsʰyn^{55}tsʰai^{21} 无用的人

　　笨蛋 pən^{24}tan^{24}

　　□瓜 ɬəm^{21}kua^{33}

　　笨卵 pən^{24}lɔn^{55} 詈语

勤　勤 kʰin^{21}

懒　懒 lan^{55}

忙　忙 maŋ^{21}

　做得屎飙 tsɔ^{24}tə^{21}niau^{24}piau^{33}

　做得屎屁屎濑 tsɔ^{24}tə^{21}si^{55}pʰi^{24}niau^{24}lai^{33}

闲　得空 tə^{21}kʰuŋ^{24}

　闲 xen^{21}

　得闲 tə^{21}xen^{21}

卖力　卖力 mai^{24}lik^{21}

　　出力 tsʰyt^{21}lik^{21}

拼命　搏命 pɔ^{21}miŋ^{24}

　　拼命 pʰiŋ^{33}miŋ^{24}

吃力　吃力 ʦ^{h}it^{21}lik^{21}

轻松　轻松 k^{h}iŋ^{33}suŋ^{33}

容易　容易 iuŋ^{21}i^{24}

机灵　精 ʦiŋ^{33}

□□ɬiŋ^{35}ɬak^{21}

鬼马 kuəi^{55}ma^{55} 贬义

搞怪　□□i^{33}iau^{33}

搞鬼搞怪 kau^{55}kuəi^{55}kau^{55}kuai^{55}

聪明　精 ʦiŋ^{33}

灵 liŋ^{21}

精灵 ʦiŋ^{33}liŋ^{21}

老成　老成 lau^{55}ʦ^{h}iŋ^{21}

灵巧　灵巧 liŋ^{21}k^{h}iau^{55}

灵验　灵 liŋ^{21}

糊涂　懵 muŋ^{55}

懵懂 muŋ^{55}ʦuŋ^{55}

笨　蠢 ʦ^{h}yn^{55}

□ŋɔŋ^{35}

癫 ten^{33}

疯癫　癫 ten^{33}

痴 ʦ^{h}i^{33}

疯癫 fuŋ^{33}ten^{33}

死心眼儿　死板 sɿ^{55}pan^{55}

犟　犟 kiaŋ^{24}

□□ ŋa^{21}ŋaŋ^{35}

牛 niəu^{21}

顽强　顽强 uan^{21}k^{h}iaŋ^{21}

缺德　缺德 k^{h}ye^{21}tə^{21}

下贱　贱 ʦen^{24}

阴险　阴毒 in^{33}tuk^{21}

阴险 in^{33}xen^{55}

奸诈　奸诈 kan^{33}ʦa^{24}

奸猾 kiau^{55}xua^{21}

厉害　恶 ɔk^{21}

善　善 sen^{24}

恶　恶 ɔk^{21}

斗独 təu^{24}tuk^{21} 有意对着干

倒霉　背时 pəi^{24}si^{21}

□气 mət^{55}k^{h}i^{24}

倒霉 tau^{55}məi^{21}

衰 suəi^{33}

猴急 xəu^{21}kik^{21} 急着要做

心急 ɬin^{33}ki^{21}

急□□ki^{21}lət^{21}lət^{21}

快　快 k^{h}uai^{24}

快当 k^{h}uai^{24}taŋ^{24}

慢　慢 man^{24}

摸 mɔ^{33}

麻利　麻利 ma^{21}li^{24}

□□ɬiəu^{35}ɬet^{55}

快 k^{h}uai^{24}

磨蹭　摸 mɔ^{33}

摸□□mɔ^{33}met^{21}met^{21}

下流　踏灰 t^{h}a^{21}xuəi^{33}

下流 xia^{24}liəu^{21}

风搔 □xau^{21} 指女性

□le^{35}

□liau^{35}

□□fet^{21}si^{35}

□□□xau^{21}fet^{21}fet^{21}

怪异 古怪 ku^{55}kuai^{24}

古灵精怪 ku^{55}liŋ^{21}ʦiŋ^{33}kuai^{24}

吝啬 □□ŋet^{21}si^{55}

小气 siau^{55}kʰi^{24}

小气 小气 siau^{55}kʰi^{24} 气量小

大方 大方 ta^{24}faŋ^{33}

大大咧咧 ta^{24}ta^{24}le^{33}le^{33}

白活 浪费米 laŋ^{24}fəi^{24}mi^{55}

马虎 马虎 ma^{55}xu^{55}

反骨 fan^{55}kut^{21} 忘恩负义，叛逆

节约 节约 te^{21}iɔ^{21}

浪费 浪费 laŋ^{24}fəi^{24}

好吃 xau^{55}ʦʰit^{21}

复活 返生 fan^{55}ɬəŋ^{33}

甘心 心甘 ɬin^{33}kan^{33}

不甘心 不服气 mə^{55}fuk^{21}ʦʰi^{24}

不服 mə^{55}fuk^{21}

运气 运气 yn^{24}kʰi^{24}

造孽 阴功 in^{33}kuŋ^{33}

作孽 ʦɔ^{24}ne^{21}

专心 专心 ʦyen^{33}i^{21}

机警 □□ɬiŋ^{35}ɬak^{21}

醒水 ɬiŋ^{55}suəi^{55}

生硬 生硬 ɬəŋ^{33}ŋəŋ^{24}

硬是 ŋəŋ^{24}si^{24}

碍手碍脚 阻手阻脚 ʦɔ^{55}səu^{55}ʦɔ^{55}kiɔk^{21}

碍事 阻手阻脚 ʦɔ^{55}səu^{55}ʦɔ^{55}kiɔk^{21}

有分寸 有分寸 iəu^{55}fən^{33}ʦʰən^{24}

发慌 发慌 fət^{21}xuaŋ^{33}

鸡脚 ki^{33}kiɔk^{21} 待不住，爱到处跑

合适 合适 xɔ^{21}si^{21}

合身 合身 xɔ^{21}sin^{33}

合脚 合脚 xɔ^{21}kiɔk^{21}

称心 合心水 xɔ^{21}ɬin^{33}suəi^{55}

中意 ʦuŋ^{33}i^{24}

投缘 投缘 tʰəu^{21}yen^{21}

不满 不满 mə^{55}mɔn^{55}

烦 fan^{21}

得意 得意 tə^{21}i^{24}

老□屎 lau^{55}kʰet^{55}si^{55}

老卵屎 lau^{55}lɔn^{55}si^{55}

有趣儿 好玩 xau^{55}uan^{21}

瘾 in^{55}

好玩儿 好玩 xau^{55}uan^{21}

嚣张 嚣张 xiau^{33}ʦaŋ^{33}

忌讳 忌 ki^{24}

般配 登对 təŋ^{33}təi^{24}

般配 pan^{33}pʰəi^{24}

相称　相称 ɬiaŋ^{33}ʦʰin^{24}

均匀　匀 yn^{21}

均匀 kyn^{33}yn^{21}

省事　省事 ɬəŋ^{55}ɬɿ^{24}

累　累 ləi^{24}

困 kun^{24} 乏力

（筋骨）酸痛　酸疼 ɬɔn^{33}tʰuŋ^{21}

痒　痒 iaŋ^{55}

极痒　痒得要死 iaŋ^{55}tə^{21}iau^{24}sɿ^{55}

痒死哦 iaŋ^{55}sɿ^{55}ɔ^{33}

痛　疼 tʰuŋ^{21}

抽痛　扯疼 ʦʰe^{55}tʰuŋ^{21}

抽疼 ʦʰəu^{33}tʰuŋ^{21}

隐隐作痛　阴阴疼 in^{33}in^{33}tʰuŋ^{21}

隐隐疼 in^{55}in^{55}tʰuŋ^{21}

辣痛　辣 lət^{21}

眼蒙蒙 ien^{55}muŋ^{21}muŋ^{21} 眼力不好

血淋淋 xyt^{21}lin^{21}lin^{21}

屁股痒 pʰi:^{24}ku^{55}iaŋ^{55} 喻指麻烦大，或惹麻烦

势均力敌　半斤八两 pɔn^{24}kin^{33}pa^{21}liaŋ^{55}

不能比　没有比 mə^{55}iəu^{55}pi^{55}

贰拾陆　副词、介词等

刚　啱 ŋan^{33}

啱啱 ŋan^{33}ŋan^{33}

刚 kaŋ^{33}

刚刚 kaŋ^{33}kaŋ^{33}

刚好　啱好 ŋan^{33}xau^{55}

刚好 kaŋ^{33}xau^{55}

啱啱好 ŋan^{33}ŋan^{33}xau^{55}

刚刚好 kaŋ^{33}kaŋ^{33}xau^{55}

刚巧　啱好 ŋan^{33}xau^{55}

刚好 kaŋ^{33}xau^{55}

刚才　刚才 kaŋ^{33}ʦʰai^{21}

碰巧　刚好 kaŋ^{33}xau^{55}

啱啱好 ŋan^{33}ŋan^{33}xau^{55}

刚刚好 kaŋ^{33}kaŋ^{33}xau^{55}

将　想 ɬiaŋ^{55}（~感冒了；~出热头了）

要 iau^{24}

将要　准备 ʦyn^{55}pi^{24}（火车~到站）

才　才 ʦʰai^{21}

刚 kaŋ^{33}

净　净是 ʦiŋ^{24}si^{24}

就是 ʦiəu^{24}si^{24}

有点儿　有点 iəu^{55}ten^{55}（天~冷）

很　几 ki^{55}

好 xau^{55}

很 xən^{55}

吗胡 ma$^{33/55}$xu^{21} 颇，蛮

特别　特别 tʰə^{21}pe^{21}

怕 pʰa^{24} 也许：天～要下雨

　可能 kʰɔ^{55}nəŋ^{21}

自然　自然 ʦɿ^{24}ien^{21}

谁知　谁不知 suəi^{21}mə^{55}ʦi^{33}

也许　可能 kʰɔ^{55}nəŋ^{21}（明天～要下雨）

大概　ta^{24}kai^{24}

差点儿　差点 ʦʰa^{33}ten^{55}

　争一点 ʦəŋ^{33}i^{21}ten^{55}

非…不　一定 it^{21}tiŋ^{24}

马上　马上 ma^{55}saŋ^{24}

　当场 taŋ^{33}ʦʰaŋ^{21}

随即　跟手 kən^{33}səu^{55}

趁早儿　趁早 ʦʰin^{24}ʦau^{55}

趁机 ʦʰin^{24}ki^{33} 抓紧、抓住时机

早晚　几时 ki^{55}si^{21} 随时：～来都得

早晚　迟早 ʦʰi^{21}ʦau^{55}（～的事）

　早晚 ʦau^{55}uan^{55}

盟紧 məŋ^{21}kin^{55} 别急，别忙

眼看　眼看 ien^{55}kʰan^{24}（～就到期了）

幸亏　好彩 xau^{55}ʦʰai^{55}

　好在 xau^{55}ʦai^{24}

　好宰 xau^{55}ʦai^{55}

好端端地　好好的 xau^{55}xau^{55}e^{33}

难道　难道 nan^{21}tau^{24}

难怪　难怪 nan^{21}kuai^{24}

　怪不知得 kuai^{24}mə^{55}ʦi^{33}tə^{21}

当面　当面 taŋ^{33}men^{24}

劈头盖脸 pʰik^{21}tʰəu^{21}kai^{24}len^{55}

背地　背后 pəi^{24}xəu^{24}

一块儿　一起 it^{21}kʰi^{55}（大家～去）

　一同 it^{21}tʰuŋ^{21}

宁可　宁可 niŋ^{21}kʰɔ^{55}

　能可 nəŋ^{21}kʰɔ^{55}

　情愿 ʦʰiŋ^{21}yen^{24}

　能愿 nəŋ^{21}yen^{24}

就算　就算 ʦiəu^{24}ɬɔn^{24}

应该　应该 iŋ^{33}kai^{33}

当然　当然 taŋ^{33}ien^{24}

肯定　肯定 kəŋ^{55}tiŋ^{24}

　实 sət^{21}

　耿 kəŋ^{55}

怎么也　哪门都（总）na^{55}mən^{21}tu^{33}（ʦuŋ^{55}）

反正　反正 fan^{55}ʦiŋ^{24}

硬是　生硬 ɬəŋ^{33}ŋəŋ^{24}

　生生 ɬəŋ^{33}ɬəŋ^{33}

　硬是 ŋəŋ^{24}si^{24}

活活　生生 ɬəŋ^{33}ɬəŋ^{33}

本来　生成 ɬəŋ^{33}ʦʰiŋ^{21}

一个人　自己 ʦɿ^{24}ki^{55}

　一个人 it^{21}kɔ^{24}in^{21}

全　全部 ʦʰyen^{21}pu^{24}

　都 tu^{33}

仅、只　单 tan^{33}

单单 tan^{33}tan^{33}

最　最 ʦəi^{24}

顺便儿　顺便 syn^{24}pen^{24}

顺手 syn^{24}səu^{55}

故意　特地 tʰə^{21}ti^{24}

故意 ku^{24}i^{24}

专门 ʦyen^{33}mən^{21}

到了儿　到底 tau^{24}ti^{55}

压根儿　根本 kən^{33}pən^{55}

实在　真是 ʦin^{33}si^{24}

实在 sit^{21}ʦai^{24}

在乎　在意 ʦai^{24}i^{24}

随便　随便 suəi^{21}pen^{24} 不认真

随便　随便 suəi^{21}pen^{24} 任意：大把菜，~你吃

算了　算哦 ɬɔn^{24}ɔ^{33}

一共　一共 it^{21}kuŋ^{24}

总共 ʦuŋ^{55}kuŋ^{24}

一概　一概 it^{21}kai^{24}

不　不 mə^{55}

不要　不要 mə^{55}iau^{24}

不用 mə^{55}iuŋ^{24}

别　不 mə^{55}

没有　没有 mə^{55}iəu^{55}

不行　不得 mə^{55}tə^{21}

不干　不做 mə^{55}ʦɔ^{24}

别急　盟紧 məŋ^{21}kin^{55}

盟紧先 məŋ^{21}kin^{55}ɬen^{33}

不紧 mə^{55}kin^{55}

白　白 pə^{21}（不要钱，~吃）

白　白 pə^{21} 空：~跑一趟

白白 pə^{21}pə^{21}

偏　硬 ŋəŋ^{24}

硬是 ŋəŋ^{24}si^{24}

硬要 ŋəŋ^{24}iau^{24}

胡　乱 lɔn^{24}

烂 lan^{24} 好，很喜欢：~笑，~哭，~睡，~打麻将

先 ɬen^{33}（你~走，我等点再去）

先　开头 kʰai^{33}tʰəu^{21}（他~不懂，后来才听人讲的）

头先 tʰəu^{21}ɬen^{33}

先前 ɬen^{33}tʰen^{21}

随后　跟首 kən^{33}səu^{55}

跟尾 kən^{33}uəi^{55}

直接　直接 ʦi^{21}ʦe^{21}

另外　另外 liŋ^{24}uai^{24}

被　捱 ŋai^{21}（~狗咬一口）

对 təi^{24}（你~他好，他就~你好）

对着　对着 təi^{24}ə^{55}

到　去 kʰə^{24}

到　到 tau^{24}（~哪天为止）

到　到 tau^{24}（丢~水里头；丢~床上）

头　先 ɬen^{33} 在…之前

在　在 ʦai^{24}

从　打 ta^{55}（~后面来）

从 ʦʰuŋ^{21}

由 iəu21

自从　自打 ʦɿ24ta55

打 ta55

自从 ʦɿ24ʦʰuŋ21

照　照 ʦau24

照　照 ʦau24

用　用 iuŋ24

拿 na21

顺着　顺着 syn24ə55

沿着　沿着 ien21ə55

顺着 syn24ə55

朝　往 uaŋ55

替　帮 paŋ33

给　帮 paŋ33

给我　给我 kəi55ŋɔ55 虚用,加重语气:你~吃干净碗饭

向　跟 kən33

同 tʰuŋ21

和 xɔ21

管…叫　喊…做 xan55…ʦɔ24（有的地方喊白薯做山药）

拿…当　拿…当 na21…taŋ33（牧民拿牛屎当柴烧）

用…当 iuŋ24…taŋ33

像…一样　像……一样 ʦʰiaŋ24…it21iaŋ24

像……□的 ʦʰiaŋ24…ʦiuŋ35ti33

从小　从小 ʦʰuŋ21siau55

由小 iəu21siau55

打小 ta55siau55

从小到大　从小到大 ʦʰuŋ21siau55tau24ta24

由小到大 iəu21siau55tau24ta24

赶　赶 kan55

轮流　轮流 lən21liəu21

非常　不懂几… mə55tuŋ55ki55…

…才…　才 ʦʰai21

大不了　最多 ʦəi24tɔ33

大不了 ta24mə55liau55

还　还 xan21

又　又 iəu24

加上　加上 kia33saŋ24

猛 muŋ55 总是,不停地

连连 len21len21

密密 mit21mit21

尚未　盟 məŋ21

料定　料定 liau24tiŋ24

勉强　勉强 men55kʰiaŋ55

终归　终归 ʦuŋ33kuəi33

等会儿　等下子 təŋ55xia24ʦɿ55

等下 təŋ55xia24

只管　只管 ʦi55kɔn55

尽管 kin24kɔn55

连词

与　同 tʰuŋ21

和 xɔ21

跟 kən33

否则（不然）　不是 mə55si24

不是就 mə55si24ʦiəu24

即使　就算 ʦiəu^{24}ɬɔn^{24}

　　　就算是 ʦiəu^{24}ɬɔn^{24}si^{24}

或…或　或者是…或者是… xɔ^{21}ʦe^{55}si^{24}…xɔ^{21}ʦe^{55}si^{24}…

反而　倒反 tau^{55}fan^{55}

　　　反倒 fan^{55}tau^{55}

贰拾柒　量词

一把（椅子）　一把 it^{21}pa^{55}

一把（刀）　一把 it^{21}pa^{55}

一把（勺子）一个 it^{21}kɔ^{24}

一把（汤勺）一把 it^{21}pa^{55}

一把（米）　一把 it^{21}pa^{55}

　　　　　一抓 it^{21}ʦua^{33}

一把（声）it^{21}pa^{55}

一把（手）it^{21}pa^{55}

一把（赤脚）it^{21}pa^{55}

一班/次（车）　一趟 it^{21}t^{h}aŋ^{24}

　　　　　一班 it^{21}pan^{33}

一瓣（花瓣）　一片 it^{21}p^{h}en^{24}

一帮（人）　一帮 it^{21}paŋ^{33}

　　　　　一群 it^{21}k^{h}yn^{21}

　　　　　一堆 it^{21}təi^{33}

一杯（茶）　一杯 it^{21}pəi^{33}

一盅（烧酒）　一盅 it^{21}ʦuŋ^{33}

　　　　　一杯 it^{21}pəi^{33}

一拨儿（人）　一帮 it^{21}paŋ^{33}

一伙儿（人）　一帮 it^{21}paŋ^{33}

一笔（款）　一笔钱 it^{21}pit^{21}ʦ^{h}en^{21}

一笔（生意）　一单 it^{21}tan^{33}

　　　　　一笔 it^{21}pit^{21}

一饼（茶麸）一饼 it^{21}piŋ^{55}

一饼（蚊香）一盘 it^{21}p^{h}ɔn^{21}

一层（纸）　一层 it^{21}ʦ^{h}əŋ^{21}

一层（皮）　一层 it^{21}ʦ^{h}əŋ^{21}

一池子（水）　一池子 it^{21}ʦ^{h}i^{21}ʦɿ^{55}

一出（戏）　一出 it^{21}ʦ^{h}yt^{21}

一处（地方）　一个 it^{21}kɔ^{24}

一橱（书）　一柜子 it^{21}kuəi^{24}ʦɿ^{55}

一抽屉（文件）　一柜桶 it^{21}kuəi^{24}ʦ^{h}uŋ^{55}

　　　　　一拖桶 it^{21}t^{h}ɔ^{33}ʦ^{h}uŋ^{55}

一槽（牙）　一槽 it^{21}ʦ^{h}au^{21}

　　　　　一排 it^{21}p^{h}ai^{21}

一床（被子、毯））　一床 it^{21}ʦ^{h}uaŋ^{21}

　　　　　一番 it^{21}fan^{33}

　　　　　一张 it^{21}ʦaŋ^{33}

一床（蚊帐）　一床 it^{21}ʦ^{h}uaŋ^{21}

　　　　　一番 it^{21f}an^{33}

　　　　　一张 it^{21}ʦaŋ^{33}

一沓儿（纸）　一沓 it^{21t}əp^{21}

一滴（雨）　一滴 it^{21}tik^{21}

一底（发糕）　一块 it^{21}k^{h}uai^{55}

一底(年糕)　一托 it^{21}t^{h}ɔk^{21}

一碟儿(小菜)　一碟 it^{21}tet^{21}

一刀(纸)　一刀 it^{21}tau^{33}

一道(河)　一条 it^{21}t^{h}iau^{21}

一顶(帽子)　一顶 it^{21}tiŋ^{55}

一档子(事)　一件 it^{21}ken^{24}

一嘟噜(葡萄)　一□it^{21}puŋ^{24}

一串 it^{21}ʦ^{h}yen^{24}

一肚子(气)　一肚子 it^{21}tu^{24}ʦɿ^{55}

一堆(雪)　一堆 it^{21}təi^{33}

一堆垒 it^{21}təi^{33}ləi^{33}

一朵(花儿)　一朵 it^{21}tɔ^{55}

一朵(云彩)　一朵 it^{21}tɔ^{55}

一顿(饭)　一餐 it^{21}ʦ^{h}an^{33}

一堵(墙)　一幅 it^{21}fuk^{21}

一封(信)　一封 it^{21}fuŋ^{33}

一封(鞭炮)　一封 it^{21}fuŋ^{33}

一封(沙糕)　一块 it^{21}k^{h}uai^{55}

一□it^{21}kəu^{21}

一□it^{21}ŋau^{35}

一副(眼镜)it^{21}fu^{24}

一副(扑克、象棋、麻将)it^{21}fu^{24}

一副(手套)　一副 it^{21}fu^{24}

一对 it^{21}təi^{24}

一服(药)　一服 it^{21}fuk^{21}

一剂 it^{21}ʦi^{24}

一幅(画儿)　一幅 it^{21}fuk^{21}

一张 it^{21}ʦaŋ^{33}

一个(人)　一个 it^{21}kɔ^{24}

一个(朋友)　一个 it^{21}kɔ^{24}

一个(菜)　一个 it^{21}kɔ^{24}

一个(补丁)　一块 it^{21}k^{h}uai^{55}

一□it^{21}uəŋ^{35}

一个(铁锅的补丁)　一块 it^{21}k^{h}uai^{55}

一个 it^{21}kɔ^{24}

一个(国家)　一个 it^{21}kɔ^{24}

一个(省)　一个 it^{21}kɔ^{24}

一个(县)　一个 it^{21}kɔ^{24}

一个(城市)　一个 it^{21}kɔ^{24}

一缸(水)　一缸 it^{21}kaŋ^{33}

一根(竹、棍等)　一根 it^{21}kən^{33}

一条 it^{21}t^{h}iau^{21}

一根(头发)　一蔸 it^{21}təu^{33}

一根 it^{21}kən^{33}

一罐子(酸梅)　一罐 it^{21}kɔn^{24}

一杆(枪)　一把 it^{21}pa^{55}

一杆 it^{21}kan^{55}

一股(味儿)　一股气 it^{21}ku^{55}k^{h}i^{24}通称

一股(香味儿)　一股 it^{21}ku^{55}

一挂(鞭炮))一串 it^{21}ʦ^{h}yen^{24}

一管(笔)　一枝 it^{21}ʦi^{33}

一锅(饭)　一锅 it^{21}kɔ^{33}

一锅(菜)　一锅 it^{21}kɔ^{33}

一盒儿(火柴)　一盒 it^{21}xɔt^{21}

一行(字)　一行 it^{21}xaŋ^{21}

一排 it²¹pʰai²¹

一级（楼梯） 一□it²¹kʰək⁵⁵

一级（台阶儿） 一□it²¹kʰək⁵⁵

一家（铺子） 一间 it²¹ken³³

一家（医院） 一间 it²¹ken³³

一家（工厂） 一间 it²¹ken³³

一家（银行） 一间 it²¹ken³³

一夹（菜） 一□it²¹kʰen²¹

一架（飞机） 一架 it²¹kia²⁴

一件儿（衣裳） 一件 it²¹ken²⁴

一绺（头发） 一执 it²¹ʦəp⁵⁵

一架子（小说） 一书架 it²¹sy³³kia²⁴

一节（甘蔗） 一□it²¹kʰet⁵⁵

一节 it²¹ʦet²¹

一节（文章） 一段 it²¹tɔn²⁴

一截（砖头） 一□it²¹kʰet⁵⁵

一进（院子） 一进 it²¹ʦin²⁴

一卷儿（纸） 一筒 it²¹tʰuŋ²¹

一棵（树） 一坡 it²¹pʰɔ³³

一蔸 it²¹təu³³

一颗（钉子） 一根 it²¹kən³³

一颗（米） 一颗 it²¹kʰɔ⁵⁵

一颗（牙齿） 一颗 it²¹kʰɔ⁵⁵

一坑儿（水） 一坑 it²¹kʰəŋ³³

一口（猪） 一头 it²¹tʰəu²¹

一条 it²¹tʰiau²¹

一口（饭、菜、水） 一口 it²¹kʰəu⁵⁵

一口儿（人） 一个 it²¹kɔ²⁴

一口袋（干粮） 一袋 it²¹tai²⁴

一口袋（钱） 一荷包 it²¹xɔ²¹pau³³

一块（砖） 一块 it²¹kʰuai⁵⁵

一□it²¹kəu²¹

一块（肉） 一块 it²¹kʰuai⁵⁵

一□it²¹ŋau³⁵

一块（钱） 一块 it²¹kʰuai⁵⁵

一块（腐乳） 一块 it²¹kʰuai⁵⁵

一块（水豆腐） 一块 it²¹kʰuai⁵⁵

一筐子（菠菜） 一筐 it²¹kʰuaŋ³³

一捆（行李） 一捆 it²¹kʰun⁵⁵

一□it²¹kəu²¹

一篮子（梨） 一篮 it²¹lan²¹

一脸（土） 一脸 it²¹len⁵⁵

一辆（车） 一架 it²¹kia²⁴

一列（火车） 一架 it²¹kia²⁴

一笼（包子） 一笼 it²¹luŋ²¹

一篓子（炭） 一箩 it²¹lɔ²¹

一篓子（鱼） 一箩 it²¹lɔ²¹

一炉子（灰） 一炉 it²¹lu²¹

一灶 it²¹ʦau²⁴

一孖（碱） 一联 it²¹len²¹

一枚（奖章） 一枚 it²¹məi²¹

一个 it²¹kɔ²⁴

一枚（针） 一根 it²¹kən³³

一口 it²¹kʰəu⁵⁵

一面（旗） 一面 it²¹men²⁴

一门（亲事） 一门 it²¹mən²¹

一排（桌子） 一排 it^{21}p^{h}ai^{21}

一列 it^{21}le^{24}

一泡（尿） 一泡 it^{21}p^{h}au^{33}

一泡（屎） 一泡 it^{21}p^{h}au^{33}

一泡（口水） 一泡 it^{21}p^{h}au^{33}

一批（货） 一批 it^{21}p^{h}i^{33}

一匹（马） 一匹 it^{21}p^{h}it^{21}

一匹（布） 一匹 it^{21}p^{h}it^{21}

一瓢（汤） 一瓢 it^{21}p^{h}iau^{21}

一片（好心） 一片 it^{21}p^{h}en^{24}

一片儿（肉） 一片 it^{21}p^{h}en^{24}

一块 it^{21}k^{h}uai^{55}

一块儿（肉） 一□it^{21}kəu^{21}

一□it^{21}ŋau^{35}

一片（田） 一垌 it^{21}tuŋ^{33}

一瓶子（醋） 一瓶 it^{21}p^{h}iŋ^{21}

一起（事故） 一单 it^{21}tan^{33}

一勺子（汤） 一瓢 it^{21}p^{h}iau^{21}

一勺儿（酱油） 一瓷羹 it^{21}tsɿ^{21}kəŋ^{33}

一瓢羹 it^{21}p^{h}iau^{21}kəŋ^{33}

一条羹 it^{21}t^{h}iau^{21}kəŋ^{33}

一羹 it^{21}kəŋ^{33}

一扇（门、窗） 一扇 it^{21}sen^{24}

一身（棉衣） 一身 it^{21}sin^{33}

一套 it^{21}t^{h}au^{24}

一身（土） 一身 it^{21}sin^{33}

一声（雷） 一声 it^{21}siŋ^{33}

一丝儿（肉） 一丝丝 it^{21}sɿ^{33}sɿ^{33}

一双（筷子） 一对 it^{21}təi^{24}

一双 it^{21}suaŋ^{33}

一双（鞋、袜） 一对 it^{21}təi^{24}

一所（房子） 一间 it^{21}ken^{33}

一所（学校） 一间 it^{21}ken^{33}

一头（牛） 一头 it^{21}t^{h}əu^{21}

一台（机器） 一台 it^{21}t^{h}ai^{21}

一台（收音机、电视） 一台 it^{21}t^{h}ai^{21}

一台（冰箱） 一台 it^{21}t^{h}ai^{21}

一坛子（酒） 一坛 it^{21}t^{h}an^{21}

一塘（路） 一塘 it^{21}t^{h}aŋ^{21} 十里

一挑（水） 一担 it^{21}tan^{24}

一条（裤子） 一条 it^{21}t^{h}iau^{21}

一蔸 it^{21}təu^{33}

一条（裙、围裙） 一条 it^{21}t^{h}iau^{21}

一蔸 it^{21}təu^{33}

一条（手巾） 一条 it^{21}t^{h}iau^{21}

一蔸 it^{21}təu^{33}

一条（蛇） 一条 it^{21}t^{h}iau^{21}

一个（村）it^{21}kɔ^{24}

一个炮 it^{21}kɔ^{24}p^{h}au^{24} 象棋的炮

一条烟 it^{21}t^{h}iau^{21}ien^{33} 一张A的扑克牌

一对八 it^{21}təi^{24}pa^{21} 两张8的扑克牌

四条（个）倾 ɬɿ^{24}t^{h}iau^{21}（kɔ^{24}）k^{h}iŋ^{33} 四张K的扑克牌

一厅（茶叶）it^{21}t^{h}iŋ^{33}

一厅（罐头）it^{21}t^{h}iŋ^{33}

一筒（鼻涕）it^{21}t^{h}uŋ^{21}

一卷(胶卷) 一筒 it^{21th}uŋ^{21}

一帖(膏药)　一帖 it^{21}t^{h}et^{21}

一团(泥)　一□ it^{21}kəu^{21}

一□ it^{21}ŋau^{35}

一味(药)　一味 it^{21}uəi^{24}

一碗(饭)　一碗 it^{21}uɔn^{55}

一位(客人) 一个 it^{21}kɔ^{24}

一窝(蜂、鸟、禽畜)　一窝 it^{21}ɔ^{33}

一窦 it^{21}təu^{24}

一箱子(衣裳)　一箱 it^{21}ɬiaŋ^{33}

一系列(问题)　一堆 it^{21}təi^{33}

一堆垒 it^{21}təi^{33}lui^{33}

一匣子(首饰)　一盒 it^{21}xct^{21}

一阵(风)　一阵 it^{21}ʦin^{24}

一子儿(香)　一把 it^{21}pa^{55}

一扎 it^{21}ʦa^{21}

一子(线)　一子 it^{21}ʦɿ^{55}

一团 it^{21}t^{h}ɔn^{21}

一枝(花儿)　一枝 it^{21}ʦi^{33}

一枝(藕)　一节 it^{21}ʦet^{21}

一□it^{21}k^{h}ət^{55}

一座(塔)一座 it^{21}ʦɔ^{24}

一支(笔)　一支 it^{21}ʦi^{33}

一只(手)　一只 it^{21}ʦi^{33}

一只(脚)　一只 it^{21}ʦi^{33}

一条 it^{21}t^{h}iau^{21}

一只(鸡)　一条 it^{21}ʦi^{33}

一只(鸟)　一只 it^{21}ʦi^{33}

一盏(灯)　一盏 it^{21}ʦan^{55}

一张(桌子)　一张 it^{21}ʦaŋ^{33}

一张(脸)　一张 it^{21}ʦaŋ^{33}

一张(嘴)　一把 it^{21}pa^{55}

一种(东西)　一种 it^{21}ʦuŋ^{55}

一轴儿(线)　一碌 it^{21}luk^{55}

一桩(事情)　一单 it^{21}tan^{33}

一幢(楼房)　一栋 it^{21}tuŋ^{24}

一桌(酒席)　一桌 it^{21}ʦɔ^{21}

一撮(毛)　一执 it^{21}ʦəp^{55}

一座(桥)　一条 it^{21}t^{h}iau^{21}

一座(坟)　一个 it^{21}kɔ^{24}

一□it^{21}ŋau^{35}

一尊(佛像)　一座 it^{21}ʦɔ^{24}

一拃　一□it^{21}ʦa^{21} 大拇指与食指张开的长度

一跨　一□it^{21}k^{h}a^{21} 一步距离

一指(长)　一指 it^{21}ʦi^{55}

一成儿　一成 it^{21}ʦ^{h}iŋ^{21}

一万头(鞭炮) it^{21}uan^{24}t^{h}əu^{21}

(吃)一顿　一餐 it^{21}ʦ^{h}an^{33}

(走)一趟　一次 it^{21}ʦ^{h}ɿ^{24}

一趟 it^{21}t^{h}aŋ^{24}

一轮 it^{21}lən^{21}

(打)一下　一下 it^{21}xia^{24}

(打)一个(电话)　一个 it^{21}kɔ^{24}

(看)一眼　一眼 it^{21}ien^{55}

(吃)一口　一口 it^{21}k^{h}əu^{55}

(下)一阵(雨)　一阵 it^{21}ʦin^{24}

(骂)一场　一餐 it^{21}ʦʰan^{33}

(洗)一水(衣裳)　一水 it^{21}suəi^{55}

(烧)一炉(陶器)　一窑 it^{21}iau^{21}

(写)一手(好字) it^{21}səu^{55}

(当)一票(当)　一票 it^{21}pʰiau^{24}

(做)一任(官)　一届 it^{21}kai^{24}

　　一任 it^{21}in^{24}

(下)一盘(棋)　一铺 it^{21}pʰu^{33}

　　一盘 it^{21}pʰɔn^{21}

(打)一盘扑克　一铺□it^{21}pʰu^{33}pʰe^{55}

(打)一圈(麻将)　一圈 it^{21}kʰyen^{33}

(请)一桌(客)　一桌 it^{21}ʦɔ^{21}

(唱)一台(戏) it^{21}tʰai^{21}

个把两个　个把两个 kɔ^{24}pa^{55}liaŋ^{55}kɔ^{24}

百把来个　百把个 pə^{21}pa^{55}kɔ^{24}

　　百零个 pə^{21}liŋ^{21}kɔ^{24}

　　百几个 pə^{21}ki^{55}kɔ^{24}

千把人　千把人 ʦʰen^{33}pa^{55}in^{21}

　　千零人 ʦʰen^{33}liŋ^{21}in^{21}

　　千几人 ʦʰen^{33}ki^{55}in^{21}

万把块钱　万把块钱 uan^{24}pa^{55} kʰuai^{55}ʦʰen^{21}

　　万零块钱 uan^{24}liŋ^{21}kʰuai^{55}ʦʰen^{21}

　　万几块钱 uan^{24}ki^{55}kʰuai^{55}ʦʰen^{21}

里把路　里把路 li^{55}pa^{55}lu^{24}

　　塞里路 ɬək^{21}li^{55}lu^{24}

里把二里路　里把两里路 li^{55}pa^{55} liaŋ^{55}li^{55}lu^{24}

　　塞两里路 ɬək^{21}liaŋ^{55}li^{55}lu^{24}

亩把二亩　亩把两亩 məu^{55}pa^{55}liaŋ^{55}məu^{55}

　　塞两亩 ɬək^{21}liaŋ^{55}məu^{55}

贰拾捌　附加成分

常用后加成分

…极了　…得很 tə^{21}xən^{55}

　　…死哦 sɿ^{55}ɔ^{33}

…□□□la^{21}la^{21}siŋ^{35}

…□□la^{21}la^{21}

…□□ʦa^{21}ʦa^{21}

…得很 tə^{21}xən^{55}

…得 tə^{35}

…要命 iau^{24}miŋ^{24}

…要死 iau^{24}sɿ^{55}

…卵死 lɔn^{55}sɿ^{55} 詈语

…死人 sɿ^{55}in^{21}

…不得了 mə^{55}tə^{21}liau^{55}

…点 ten^{55} 表程度轻

吃头儿　吃头 ʦʰit^{21}tʰəu^{21}

　　吃法 ʦʰit^{21}fa^{21}

喝头儿　喝头 xɔ^{33}tʰəu^{21}

喝法 xɔ^{33}fa^{21}

看头儿　看头 kʰan^{24}tʰəu^{21}（这出戏有~）

　　　　看法 kʰan^{24}fa^{21}

干头儿　做头 ʦɔ^{24}tʰəu^{21}

　　　　做法 ʦɔ^{24}fa^{21}

想头儿　恁头 nəm^{55}tʰəu^{21}

　　　　想法 ɬiaŋ^{55}fa^{21}

奔头儿　奔头 pən^{24}tʰəu^{21}

苦头儿　苦头 kʰu^{55}tʰəu^{21}

甜头儿　甜头 tʰen^{21}tʰəu^{21}

来头　来头 lai^{21}tʰəu^{21}

由头　由头 iəu^{21}tʰəu^{21}

死…sɿ^{55}

死…烂…sɿ^{55}…lan^{24}…

贰拾玖　数字等

一号　一号 it^{21}xau^{24} 指日期，下同

二号　二号 ə^{24}xau^{24}

三号　三号 ɬan^{33}xau^{24}

六号　六号 luk^{21}xau^{24}

八号　八号 pa^{21}xau^{24}

十号　十号 sit^{21}xau^{24}

初一　初一 ʦʰu^{33}it^{21}

初二　初二 ʦʰu^{33}ə^{24}

初三　初三 ʦʰu^{33}ɬan^{33}

初六　初六 ʦʰu^{33}luk^{21}

初八　初八 ʦʰu^{33}pa^{21}

初十　初十 ʦʰu^{33}sit^{21}

老大　老大 lau^{55}ta^{24}

老二　老二 lau^{55}ə^{24}

老三　老三 lau^{55}ɬan^{33}

老四　老四 lau^{55}sɿ^{24}

老十　老十 lau^{55}sit^{21}

老幺　老幺 lau^{55}iau^{33}

　　　最小嗌 ʦəi^{24}siau^{55}e^{33}

大哥　大哥 ta^{24}kɔ^{33}

二哥　二哥 ə^{24}kɔ^{33}

老末儿　晚仔（女）uan^{55}ʦai^{55}（ny^{55}）

　　　　满仔（女）man^{55}ʦai55（ny^{55}）

一个 it^{21}kɔ^{24}

两个 liaŋ^{55}kɔ^{24}

第一　第一 ti^{24}it^{21}

第二　第二 ti^{24}ə^{24}

第十个　第十个 ti^{24}sit^{21}kɔ^{24}

一　一 it^{21}

二　二 ə^{24}

三　三 ɬan^{33}

四　四 sɿ^{24}

五　五 u^{55}

六　六 luk^{21}

七　七 ʦʰi^{21}

八　八 pa^{21}

九　九 kiəu^{55}

十　十 sit^{21}

十　十一 sit^{21}i^{21}

二十　二十 ə^{24}sit^{21}

二十一　二十一 ə^{24}sit^{21}it^{21}/i^{21}

二一 ə^{24}it^{21}

六十　六十 luk^{21}sit^{21}

六十一　六十一 luk^{21}sit^{21}it^{21}/i^{21}

六一 luk^{21}it^{21}

七十　七十 ʦʰi^{21}sit^{21}

七十一　七十一 ʦʰi^{21}sit^{21}it^{21}/i^{21}

七一 ʦʰi^{21}it^{21}

七十七　七十七 ʦʰi^{21}sit^{21}ʦʰi^{21}

七七 ʦʰi^{21}ʦʰi^{21}

八十　八十 pa^{21}sit^{21}

八十八　八十八 pa^{21}sit^{21}pa^{21}

八八 pa^{21}pa^{21}

一百 it^{21}pə^{21}

一千 it^{21}ʦʰen^{33}

一百一十　百一 pə^{21}it^{21}

一百一十个　百一个 pə^{21}it^{21}kɔ^{24}

一百一十个 it^{21}pə^{21}it^{21}sit^{21}kɔ^{24}

一百一十一　一百一十一 it^{21}pə^{21}it^{21}sit^{21}it^{21}

一百二十　百二 pə^{21}ə^{24}

二百五十　两百五 liaŋ^{55}pə^{21}u^{55}

二百五十个 两百五十个 liaŋ^{55}pə^{21}u^{55}sit^{21}kɔ^{24}

三百八十　三百八 ɬan^{33}pə^{21}pa^{21}

一千一百　一千一 it^{21}ʦʰen^{33}it^{21}

千一 ʦʰen^{33}it^{21}

一千一百个　一千一百个 it^{21}ʦʰen^{33}it^{21}pə^{21}kɔ^{24}

一千九百　一千九 it^{21}ʦʰen^{33}kiəu^{55}

千九 ʦʰen^{33}kiəu^{55}

一千九百个　一千九百个 it^{21}ʦʰen^{33}kiəu^{55}pə^{21}kɔ^{24}

二千　两千 liaŋ^{55}ʦʰen^{33}

二千二百　两千二 liaŋ^{55}ʦʰen^{33}ə^{24}

二千二百个　两千两百个 liaŋ^{55}ʦʰen^{33}liaŋ^{55}pə^{21}kɔ^{24}

一万 it^{21}uan^{24}

一万二千　一万二 it^{21}uan^{24}ə^{24}

万二 uan^{24}ə^{24}

一万二千个　一万两千个 it^{21}uan^{24}liaŋ^{55}ʦʰen^{33}kɔ^{24}

零　零 liŋ^{21}

二斤　两斤 liaŋ^{55}kin^{33}

二两　二两 ə^{24}liaŋ^{55}

二钱　两钱 liaŋ^{55}ʦʰen^{21}

二钱 ə^{24}ʦʰen^{21}

二分　两分 liaŋ^{55}fən^{33}

二厘　两厘 liaŋ^{55}li^{21}

两丈　两丈 liaŋ^{55}ʦaŋ^{24}

两尺　两尺 liaŋ^{55}ʦʰik^{21}

两寸　两寸 liaŋ^{55}ʦʰən^{24}

二分　两分 liaŋ^{55}fən^{33}

二里　两里 liaŋ^{55}li^{55}

两担　两担 liaŋ^{55}tan^{24}

二斗　两斗 liaŋ^{55}təu^{55}

二升　两升 liaŋ^{55}siŋ^{33}

二亩　两亩 liaŋ^{55}məu^{55}

几个？　几多个 ki^{55}tɔ^{33}kɔ^{24}

好多个？几多个 ki^{55}tɔ^{33}kɔ^{24}

好几个　几个 ki^{55}kɔ^{24}

好几个 xau^{55}ki^{55}kɔ^{24}

好些个　几个 ki^{55}kɔ^{24}

好几个 xau^{55}ki^{55}kɔ^{24}

一些些　一点 it^{21}ten^{55}

一点点 it^{21}ten^{55}ten^{55}

塞点 ɬək^{21}ten^{55}

好一些　好点 xau^{55}ten^{55}

好一点 xau^{55}it^{21}ten^{55}

多好点 xau^{55}ten^{55}

大一些　大点 ta^{24}ten^{55}

大一点 ta^{24}it^{21}ten^{55}

多大点 tɔ^{33}ta^{24}ten^{55}

一点儿　一点 it^{21}ten^{55}

一点点　一点点 it^{21}ten^{55}ten^{55}

大点儿　大点 ta^{24}ten^{55}

十多个　十几个 sit^{21}ki^{55}kɔ^{24}

十零个 sit^{21}liŋ^{21}kɔ^{24}

十把个 sit^{21}pa^{55}kɔ^{24}

一百多个　百几个 pə^{21}ki^{55}kɔ^{24}

百零个 pə^{21}liŋ^{21}kɔ^{24}

百把个 pə^{21}pa^{55}kɔ^{24}

十来个　塞十个 ɬək^{21}sit^{21}kɔ^{24} 不到十个

十来个 sit^{21}lai^{21}kɔ^{24}

近百个　塞百个 ɬək^{21}pə^{21}kɔ^{24}

近百个 kin^{24}pə^{21}kɔ^{24}

千数个　千零个 ʦ^{h}en^{33}liŋ^{21}kɔ^{24}

千把个 ʦ^{h}en^{33}pa^{55}kɔ^{24}

一年多　年儿 nen^{21}ki^{55}

年零 nen^{21}liŋ^{21}

年把 nen^{21}pa^{55}

一岁多　岁儿 ɬəi^{24}ki^{55}

岁零 ɬəi^{24}liŋ^{21}

岁把 ɬəi^{24}pa^{55}

半个　半个 pɔn^{24}kɔ^{24}

一半　一半 it^{21}pɔn^{24} 总量的一半

一边 it^{21}pen^{33} 个体的一半

半□□pɔn^{24}ləŋ^{33}k^{h}əŋ^{33} 过程的一半

两半儿　两半 liaŋ^{55}pɔn^{24}

多半儿　多数 tɔ^{33}su^{24}

一大半儿　大半 ta^{24}pɔn^{24}

一大半 it^{21}ta^{24}pɔn^{24}

一个半　一个半 it^{21}kɔ^{24}pɔn^{24}

…上下　…上下 saŋ^{24}xia^{24}

…左右　…左右 ʦɔ^{55}iəu^{24}

四字词语

一心一意 it^{21}ɬin^{33}it^{21}i^{24}

一来二去 it^{21}lai^{21}ə^{24}kʰə^{24}

一清二白 it^{21}ʦʰiŋ^{33}ə^{24}pə^{21}

一清二楚 it^{21}ʦʰiŋ^{33}ə^{24}ʦʰu^{55}

一干二净 it^{21}kan^{33}ə^{24}ʦiŋ^{24}

一刀两断 it^{21}tau^{33}liaŋ^{55}tɔn^{24}

一举两得 it^{21}ki^{55}liaŋ^{55}tə^{21}

三番五次 ɬan^{33}fan^{33}u^{55}ʦʰɿ^{24}

三番两次 ɬan^{33}fan^{33}liaŋ^{55}ʦʰɿ^{24}

三年二年　三年两年 ɬan^{33}nen^{21}liaŋ^{55}nen^{21}

三年五载　三年五年 ɬan^{33}nen^{21}u^{55}nen^{21}

三天两头 ɬan^{33}tʰen^{33}liaŋ^{55}tʰəu^{21}

三长两短 ɬan^{33}ʦʰaŋ^{21}liaŋ^{55}tɔn^{55}

三言两语 ɬan^{33}ien^{21}liaŋ^{55}y^{55}

三心两意 ɬan^{33}ɬin^{33}liaŋ^{55}i^{24}

三三两两 ɬan^{33}ɬan^{33}liaŋ^{55}liaŋ^{55}

颠三倒四 ten^{33}ɬan^{33}tau^{55}sɿ^{24}

四平八稳 sɿ^{24}pʰiŋ^{21}pa^{21}uən^{55}

四通八达 sɿ^{24}tʰuŋ^{33}pa^{21}ta^{21}

四面八方 sɿ^{24}men^{24}pa^{21}faŋ^{33}

五湖四海 u^{55}xu^{21}sɿ^{24}xai^{55}

五花八门 u^{55}xua^{33}pa^{21}mən^{21}

五颜六色 u^{55}ien^{21}luk^{21}sə^{21}

七上八下　七上八下 ʦʰi^{21}saŋ^{24}pa^{21}xia^{24}

七七八八 ʦʰi^{21}ʦʰi^{21}pa^{21}pa^{21} 表几尽:旧街拆得~

乱七八糟 lɔn^{24}ʦʰi^{21}pa^{21}ʦau^{33}

乱讲三场 lɔn^{24}kiaŋ^{55}ɬan^{33}ʦʰaŋ^{21} 胡说

七长八短 ʦʰi^{21}ʦʰaŋ^{21}pa^{21}tɔn^{55}

七拼八凑 ʦʰi^{21}piŋ^{24}pa^{21}ʦʰəu^{24}

七手八脚 ʦʰi^{21}səu^{55}pa^{21}kiɔk^{21}

七零八落 ʦʰi^{21}liŋ^{21}pa^{21}lɔ^{21}

七嘴八舌 ʦʰi^{21}ʦəi^{55}pa^{21}se^{21}

嫌七嫌八 xen^{21}ʦʰi^{21}xen^{21}pa^{21}

千真万确 ʦʰen^{33}ʦin^{33}uan^{24}kʰiɔ^{21}

千军万马 ʦʰen^{33}kin^{33}uan^{24}ma^{55}

千变万化 ʦʰen^{33}pen^{24}uan^{24}xua^{24}

千家万户 ʦʰen^{33}kia^{33}uan^{24}xu^{24}

千言万语 ʦʰen^{33}ien^{21}uan^{24}y^{55}

千交代万交代 ʦʰen^{33}kiau^{33}tai^{24}uan^{24}kiau^{33}tai^{24}

出双入对 ʦʰyt^{21}suaŋ^{33}i^{21}təi^{24}

阻手阻脚 ʦɔ^{55}səu^{55}ʦɔ^{55}kiɔk^{21} 碍手碍脚

快手快脚 kʰuai^{24}səu^{55}kʰuai^{24}kiɔk^{21} 手脚麻利

牙尖嘴利 ia^{21}ʦen^{33}ʦəi^{55}li^{24} 口齿伶俐,能说会道

胡说八道　东讲西讲 tuŋ^{33}kiaŋ^{55}ɬi^{33}kiaŋ^{55}

东□西□tuŋ^{33}ŋəp^{21}ɬi^{33}ŋəp^{21}

乱讲三场 lɔn^{24}kiaŋ^{55}ɬan^{33}ʦʰaŋ^{21}

唠唠叨叨　吟吟沉沉 ŋəm^{21}ŋəm^{21}ʦʰəm^{21}ʦʰəm^{21}

啰啰唆唆 lɔ^{33}lɔ^{33}ɬɔ^{33}ɬɔ^{33}

笨嘴笨舌 pən^{24}ʦəi^{55}pən^{24}se^{21}

真才实学　真材实料 ʦin^{33}ʦʰai^{21}sit^{21}liau^{24}

货真价实　真材实料 ʦin^{33}ʦʰai^{21}sit^{21}liau^{24}

起死回生 kʰi^{55}sɿ^{55}xuəi^{21}ɬəŋ^{33}

咸鱼翻身 $xen^{21}y^{21}fan^{33}sin^{33}$

古灵精怪 $ku^{55}li\eta^{21}\text{ʦ}i\eta^{33}kuai^{24}$

天干地支 $t^{h}en^{33}kan^{33}ti^{24}\text{ʦ}i^{33}$

甲　甲 kia^{21}

乙　乙 i^{21}

丙　丙 $pi\eta^{55}$

丁　丁 $ti\eta^{33}$

戊　戊 mu^{24}

己　己 ki^{55}

庚　庚 $k\text{ə}\eta^{33}$

辛　辛 $\text{ɬ}in^{33}$

壬　壬 in^{21}

癸　癸 $ku\text{ə}i^{21}$

子　子 ʦɿ^{55}

丑　丑 $\text{ʦ}^{h}\text{ə}u^{55}$

寅　寅 in^{21}

卯　卯 $m\text{ə}u^{55}$

辰　辰 sin^{21}

巳　巳 ɬɿ^{24}

午　午 u^{55}

未　未 $u\text{ə}i^{24}$

申　申 sin^{33}

酉　酉 $i\text{ə}u^{55}$

戌　戌 sy^{55}

亥　亥 xai^{24}

第四章　多语多方言共存与武鸣县城官话的变异

第一节　官话是武鸣县城的优势方言

前面两章对语音、词汇的描写，我们已经看到武鸣县城官话复杂的层次性。武鸣县城所在地为城厢镇，是全县政治、经济、文化、交通的中心，也是个多语多方言汇集的城镇。这一特殊的语言环境，是造成武鸣县城官话与同属于西南官话系统的桂柳官话一些不同的变异的原因。

一般城镇形成的时间较晚，城镇人口也多来自不同地区。武鸣县的前身武缘县，治所其明洪武元年(1368)即由板苏迁至今县城所在地城厢镇，官场、文教使用官话已是一个较长时期的传统。官话既是官方用语，也是县城中不同语言、不同方言的人们交际沟通的工具，是“街上话”，说官话有心理优势。也就是说，这里的官话大多是非官话人的转用语，是外来者的习得语。

武鸣县地处壮族聚居区，壮族人口占86.5%，武鸣双桥壮语是壮语标准语的基础方言。操官话者首先就有壮语的转用者。2013年广西大学在武鸣开展县城官话的有声数据库采集工作，按照中国语言资源有声库建设发音人的选拔条件，入选的发音人全部是壮族。

由于紧靠粤方言桂南平话片的核心地区，县境内的平话人就来自宾阳、南宁等地，但平话人主要以农耕为生，平话是“村话”。武鸣又与南宁市毗邻，商品经济的主力是粤方言的白话人。新中国成立后，在计划经济时代，除了经商，如供销社、银行、邮电局、车站、运输社等服务行业的工作人员，有不少是从南宁派驻或迁来的。南宁白话同样是城里话。南宁市老城也有邕州官话（染有白话色彩的蓝青官话），南宁市的白话人不少能操官话，进入武鸣县城后转用当地官话并不困难。因此，官话就成了来自不同语言、方言人群交流的通用语。

与数种势均力敌的语言或方言接触相互影响的情况不同，武鸣县城官话的特点是由不同语言或方言的转用者带来的，他们在习得、转用官话的过程中，不免带进各自母语的一些特征。在壮语、平话和白话这三种“话”中，虽然平话和白话均属粤方言，但白话是城镇方言，是强势方言，反映城市生活的许多词汇白话人就直接转用官话音表达，因此桂南地区的官话方言岛，其“蓝青”的成分主要反映在词汇上。平话人进入武鸣地区较早，但不是城镇的主流语言，留下的痕迹并不多。

壮语是土著语言，由于没有传统的文字，治化教育均采用汉语，壮语处于衰微状态，无论是语音还是词汇，壮语对武鸣县城官话的影响十分有限。

第二节　非官话转用者对武鸣县城官话语音的影响

广西的西南官话以柳州官话通行最广，桂南地区的官话方言岛往往是在柳州官话的基础上“南染粤语”，武鸣县城官话也不例外。

粤方言，包括白话、平话，在语音系统上保留较多的中古汉语特点，在音类上与官话区别的最典型的特点是：

1.保留入声字，具有塞音韵尾［-p　-t　-k］，与鼻音韵尾［-m　-n　-ŋ］相配整齐。

2.中古微母字大多读重唇音［m-］；古精（心母除外）、知、照三组趋于合流为一套塞擦音声母，实际音值近似舌叶音。

3.中古平、上、去、入四声各分阴阳，入声再分化，声调以9个为常。

一、声母

1.从声母的演变看，武鸣县城官话书音系统中，中古微母字演变与普通话一样，变为零声母，读[m-]的仅有“雾蔓亡芒”，其中“蔓芒”普通话也仍读[m-]声母。

2.桂柳官话无翘舌音，古精、知、照三组合流，再依韵母的洪细二分，洪音读[ts ts^h s]，细音读[tɕ $tɕ^h$ ɕ]。武鸣县城官话古精（心母除外）、知、照三组合流为一套塞擦音声母，实际音值近似舌叶音[tʃ $tʃ^h$ ʃ/ɬ]，与桂南平话和南宁白话相类，应当是粤语人群转用官话带来的特点。只有止摄开口三等精组字读[ʦ $ʦ^h$ s/ ɬ]，韵母必须是[ɿ]，这又是官话本身的特征。例如：

[ʦɿ]　资姿咨兹滋辎紫姊子梓滓自字

[$ʦ^h$ɿ]　疵差$_{\text{参差}}$雌瓷糍慈磁辞词祠饲此刺赐次伺

[sɿ]　斯厮撕死四肆

[ɬɿ]　私师狮肄司丝思嗣似祀巳寺士仕事侍

3.有边擦音[ɬ]声母，主要来自中古心母字，少数生母、崇母字。这一特点与桂柳官话不同，却与桂南平话、南宁白话一致。

4.普通话已经没有[ŋ-]声母，但柳州官话有。武鸣县城官话[ŋ-]声母的分布与柳州官话相似，既有中古疑母字，如“疑蚁碍蛾鹅卧我饿熬咬岩岸硬额”等，也有影母字，如“哀埃$_{\text{尘埃}}$挨$_{\text{挨住}}$矮爱奥袄欧瓯殴沤庵恩安鞍暗按案晏$_{\text{晚也}}$”等。疑母洪音字读[ŋ-]声母，是老官话的特征，影母字读[ŋ-]声母，则是沿江官话的创新性演变。

5.武鸣县城官话中古喻母字有读[x]的：“雨熊雄姨赢”，老派连“宇喻裕移遗檐譯易疫役”等字也读[x]声母。两广粤方言都存在喻母字读[x/h]的现象，在广西主要存在于桂南平话及部分勾漏片粤方言，南宁白话没有这种现象。武鸣县城官话喻母字，可能是早期平话特点的迁移。

6.部分精组字读[k k^h x]。如：焦[$kiau^{33}$]｜剿[$kiau^{55}$]｜即[ki^{21}]｜祭[ki^{24}]｜疾[ki^{21}]｜蛆[k^hy^{33}]｜趋[k^hy^{33}]｜趣[k^hy^{24}]｜锹[k^hiau^{33}]｜俏[k^hiau^{24}]｜悄[k^hiau^{33}]｜缉[ki^{21}]｜樵[k^hiau^{21}]｜瞧[k^hiau^{21}]｜渐[ken^{24}]｜捷[ke^{21}]｜鞘[k^hiau^{24}]｜楔[k^hi^{24}]｜昔[xi^{33}]｜犀[xi^{33}]｜夕[xi^{33}]｜囚[$k^hiəu^{21}$]｜泅[$k^hiəu^{21}$]｜羡[xen^{24}]｜涎[xen^{21}]等，这些字多非口语常用字。这种变异是受共同语尖团不

分影响的一种反向类推，应该是壮族转用官话者带来的。理由一，粤方言见系声母基本无腭化现象，与精组泾渭分明，转用官话只会把见系字仍读舌面后音（舌根音），绝无把精组字读舌面后音（舌根音）；理由二，这也不是官话自身的演变规律。理由三，这种反溯的情况在壮语读汉语借词时也同样出现。由于壮语与汉语是不同语言，壮族人不了解汉语尖团音的对立与混并规律。不分尖团是北方官话发展演变的主流趋势，普通话不分尖团，而武鸣官话见系字基本无腭化现象，[k k^h h]可与细音相拼，因此就造成把在普通话中已与精组细音字混并的见系字按见系细音的演变规律反向类推时，把精组字也带了进来。

有一个值得特别注意的现象，武鸣县是壮语聚居区，壮族人口占绝对优势，当地壮族人说汉语也被公认是“夹壮”现象最重的，突出特征就是送气塞音塞擦音的缺失。但武鸣县城官话的语音系统并无此特征，严格遵循官话次清塞音塞擦音送气，全浊塞音塞擦音清化后平声送气，仄声不送气的规律，“蛰$_{惊蛰}$[sik^{21}]”是罕见的字例。桂南平话中古全浊声母清化，今读塞音、塞擦音时无论平仄声都不送气的特点，也未在武鸣县城官话留下痕迹。

二、韵母

1.官话四呼俱全，白话、平话[i-][u-]一般只保留在零声母字。白话有[y]和[y-]，遇摄合口三等除非组、庄组字外读[y]，山摄合口三四等、臻摄合口一等端系字读[yn]。壮语无撮口韵，转说汉语一般用[i]和[i-]匹配[y]和[y-]。所以壮族人说汉语往往带有这一特征。这一特点也影响到武鸣县城官话。武鸣县城官话遇摄三等字（非组、庄组字除外）一般读[y]，如“居车锯墟鱼渔语拘驹俱句区驱瞿具惧蛆絮徐序叙绪趋取娶趣聚须鬚需女驴虚嘘许迂于盂雨宇禹羽芋诸煮处处书舒暑鼠庶恕署薯朱硃珠主注蛀铸枢戍输殊竖树猪著褚除储苎诛蛛株拄驻厨橱柱住”，但却有部分字读[i]，如“吕旅虑滤举据巨拒距矩愚娱榆逾愉遇寓愈$_{病愈}$喻裕玉淤如于与誉预豫”。

臻摄合口三等谆韵字读撮口韵[yn]，如“准椿$_{椿树}$春蠢荀纯醇逊顺舜训”等字，部分合口细音读齐齿呼[in]，如“俊讯旬循巡唇迅殉君军”等字。

山摄合口三等字除非组、泥组外,古阳声韵尾字一般读[yen],如“全泉宣选旋转传篆传专砖川穿喘串船软捲眷卷绢圈拳权颧圈倦圆院缘捐劝券圈元原源阮愿喧冤鸳怨袁辕园援猿远”,个别字读[ien]“沿铅”和[uɔn]“宛婉”;古入声韵尾字一般读[ye],如“说悦阅越曰粤绝雪厥蕨掘”,个别字读[ɔ]“拙”和[e]“劣”。

读齐齿呼的字多为书面语用字,可能是随壮族人的读书音进入武鸣县城官话。

2.中古外转韵摄一二等合并,读开口呼或合口呼;三四等合并,读齐齿呼或撮口呼。但山摄合口一二等主元音不混,合口一等为[-ɔ-],二等为[-a-],这是老官话的特征,与桂柳官话不同。

3.曾梗摄阳声韵混入深、臻摄阳声韵,即所谓前后鼻音韵尾不分是桂柳官话的特点,武鸣县城官话前后鼻音不混,应与粤方言的大环境有关。

4.有双唇鼻音韵尾[-m]。如:

(1)可写出字的:浸[ʦəm^{24}]、含[xəm^{21}]、恁[nəm^{55}]、噉[kəm^{24}]

(2)有音无字的:□[nəm^{33}]$_{\text{念}}$、□[ləm^{33}]$_{\text{塌陷}}$、□[kəm^{21}]$_{\text{抓}}$;□[təm^{21}]$_{\text{用重物压}}$;□[ɬəm^{21}]$_{\text{窝囊、没主见}}$□[təm^{55}]$_{\text{蘸}}$。

5.有塞音韵尾。由于粤方言的塞音韵尾与中古汉语是整齐对应的,因此随借词影响武鸣县城官话的入声字在音类上并没有出现太多混乱。但在声调上却表现出与粤方言不一致的特点,即并非与声母的清浊或主元音的开合形成规律。例如:

[-p] 揖$_{\text{揖本}}$沓$_{\text{一沓纸}}$眨$_{\text{眨眼}}$汁涩合执$_{\text{执漏}}$雪$_{\text{下雨雪雪}}$

[-t] 挪盒割渴拨泼钹脱滑刮核邋蜡遢辣抹发吓夹镊接贴叠碟牒蝶谍贴镊蹑接褶挟瞎折裂撇篾铁切截叶热绝月越血鼻湿十笔匹密蜜实日一吃卒出

[-k] 磕薄托凿恶着剥啄戳角壳缩脚药钥讹帕虱勒塞刻鲫拍拆窄格隔蛰栗力直织惜尺石劈滴踢剔木独谷哭毒福幅陆六竹粥熟绿足烛咳嘞

可以看出,[-p]尾韵变异较大,“湿十/叠碟牒蝶谍贴镊蹑接褶叶/夹挟”已经变[-t]尾。其余[-t]尾韵与[-k]尾韵基本不混。

从词汇可看出,这些塞音韵尾是从白话、壮语中借来的。这种情况跟邕州官话不太相同。邕州官话的塞韵尾字少得多,不成系统。邕宁福建村官话也只在词语和话语中大量保留塞尾的入声字,但单字音罕见。这种情况是否与武鸣壮语的读书音影响有关,尚待进一步研究。

三、声调

武鸣县城官话具有与桂柳官话一致的四声:阴平、阳平、上声、去声,调值也完全相同。

入声是个复合的范畴,既与韵母有关,也与声调有关。虽然随借词产生的带有塞音韵尾的入声字在韵类上比较整齐(即与阳声韵的演变一致,[-p]尾韵少,多并入[-t]尾),但在声调上却表现出与粤方言不一致的特点,即并非形成与声母的清浊或主元音的开合相关的分化规律。

反映在入声字的声调有两个:[55]、[21]。如:

入声1,[55]:

粥卒戳屐鲫笠汁执执漏 涩碌线~,线轴儿 □[məp^{55}]凹进去、□[nəp^{55}]量词,粒,颗、□[ləp^{55}]厚~,卫生衣、□[kʰəp^{55}]~印,盖章、□[iəp^{55}]发~,心烦、□[kʰuək^{55}]镢、□[fək^{55}]挥动刀子、□[kʰək^{55}]码头~,台阶、□[mət^{55}]运气不好,霉气、□[tət^{55}]凸出来、□[tsət^{55}]塞、□[ət^{55}]塞、□[tuk^{55}]戳、[nuk^{55}]软~□[nak55],形容软而无力、□[iat^{55}]□iuŋ35 ~~,形容物体乱的样子、□[lɔk^{55}]新~~,崭新亮眼、□[kɔk^{55}] ~□,蟋蟀、□[lɔk^{55}]□~,蟋蟀、□[kuɔk^{55}]硬~~,形容物体坚硬、□[tsʰet^{55}]短~~,形容物体短、□[tet^{55}]矮~~,形容人或物体个儿矮、□[nak^{55}]软□~,软而无力

入声2,[21]:

脚药叶肉劈滴踢栗直尺惜鼻匹密吃湿木福独绿谷哭竹熟骨血绝月出薄托角磕凿缩恶拨泼脱挪割渴盒帕勒隔咳讹窄拆虱沓合眨溻抹发辣邋遢□[pək^{21}]~厌,讨厌、□[tək^{21}]~□[i55]娇气,撒娇、□[ɬək^{21}]某一,~个、□[ŋət^{21}]□[ŋəi33]~~,形容很脏、□[sət^{21}]结实、□[ɬak^{21}]□[ɬiŋ35]~,清醒机警、□[iat^{21}]溶□[pat21]~,形容物体湿烂,如烂泥状、□[pat^{21}]溶~□[iat21],形容物体湿烂,如烂泥状、□[tet^{21}]□[ɬən21]~~发抖的样子、□[tut^{21}]□[ɬən21]~~发抖的样子、□[ɔk^{21}]~□[tsʰɔk21]、脏□[tsʰɔk^{21}]□[ɔk21]~脏

从音高而言,分别与上声和阳平相近,即武鸣县城官话没有为入声字创造新的调值,符合音系简省的原则。阳平是西南官话入声字的归属,保留塞音韵尾的入声

字，在武鸣县城官话依然折合阳平调，但从汉语语音史看，这些入声字分调的条件与汉语声调演变的规律并不一致。武鸣县城官话入声字声调的特殊性，也是不同方言接触造成的。

南宁白话的入声调有三个：上阴入[55]，下阴入[33]，阳入[22]。南宁地区的平话，其祖调值阴入只有一类[33]，阴入二分是受白话影响的后起变化。武鸣县城官话入声字读[21]调占了绝大多数，既有清入字，也有浊入字，这种情况应该与武鸣县城官话自身的声调特点有关。武鸣县城官话属西南官话，入声在西南官话除无塞尾外，声调并入阳平。武鸣县城官话单字调符合这一规律，但因借词而来的入声字，保留塞音韵尾，声调却服从并入阳平的特点。

读[55]字有限，明显是随借词音而来的，主要来自南宁白话。如"粒笠卒兵卒鲫屐戳粥碌"等字，南宁白话读上阴入[55]。就连一些有音无字的音节，也与南宁白话相同。如：

[$məp^{55}$]□凹进去、[$ət^{55}$]□塞、[k^het^{55}]□量词，节、[$fək^{55}$]□挥动刀或鞭子，如~一刀、[$k^hək^{55}$]□码头~，台阶、[$k^huək^{55}$]□镢头、[tuk^{55}]□戳、□发□[$iəp^{55}$]心烦、□□[$puk^{55}luk^{55}$]柚子

这些词有的源头可能在壮语，但也可能是经南宁白话再进入武鸣县城官话的。

有个别来自平话，如："涩"[$səp^{55}$]。

而武鸣县城官话中大多数能够写出的读入声调的字都在读[21]调的入声2里面，即很多字是入声单字词，不少字甚至只有入声[21]调一读，与阳声韵相应，这其中有阴入也有阳入。而所有有字可写的16个塞尾韵中除了[ek]只辖一个读[55]调的"屐"[k^hek^{55}]之外，其他全都有读[21]调的字，且数量比重大。例如：

[$əp^{21}$]沓合眨

[$ɔt^{21}$]挪盒割渴拨泼钹脱滑刮核

[$ət^{21}$]邋蜡遢辣抹发实溻汗溻湿了

[$uət^{21}$]袜

[et^{21}]撇篾叠碟牒蝶谍铁贴帖镊蹑捏裂接折摺褶节截切甲夹挟结吓瞎歇

[iet^{21}]叶热

[yet^{21}]绝月越血

[it^{21}]鼻湿十笔匹密蜜实日一吃

[ut^{21}]骨

[yt^{21}]出

[ɔk^{21}]磕瞌薄托凿度恶着着衣着睡着剥啄戳角壳缩嘣膊碌

[iɔk^{21}]脚药钥

[ək^{21}]讹帕咳虱勒塞刻拍拆窄格隔

[ik^{21}]劈擘蛰栗力直织惜尺石滴踢剔

[uk^{21}]熝木独谷哭毒福幅陆竹粥熟绿足烛服读犊六

[iuk^{21}]肉

除了以上 6 个声调外,武鸣县城官话还有一个非本方言固有的声调:[35],辖字有限,这也是语言接触的产物。

□[ka^{35}]阿~,姐姐、□[tai^{35}]阿~,外婆、爸[pa^{35}]阿~,爸爸、哥[kɔ^{35}]阿~,哥哥、公[kɔŋ^{35}]阿~,爷爷、岭[liŋ^{35}]形容坡度陡、□[iəŋ^{35}]形容东西很韧,如:这块牛肉够~哦,咬不动、□[ɬiŋ^{35}]~ɬak^{21},清醒机警、□[iuŋ^{35}]~□[iat^{55}]□[iat^{55}],形容物体乱的样子,如:头发~□□□、[la^{35}]□[k^{h}a^{21}]~,屁股、□[ts^{h}au^{35}]骂人话、□[ŋaŋ^{35}]□[ŋa^{21}]~,形容脾气犟、□[fe^{35}]□[əŋ^{33}]~~,得意洋洋、□[le^{35}]形容女人爱出风头、□[əŋ^{35}]~出来,屙出来、□[ŋɔŋ^{35}]形容人傻、笨、□[uəŋ^{35}]量词,块,如:一~布、□[uɔ^{35}]语气词,无意义、□[uə^{35}]语气词,无意义。

平话祖语的阴平调为[35],我们估计,这些字音有部分受平话影响,与平话的阴平调对应,如阿公[a^{33}kɔŋ^{35}]、阿哥[a^{33}kɔ^{35}];有的与壮语汉借词的阴去字对应,如:□[tai^{35}]阿~,外婆、爸[pa^{35}]。南宁白话词语的一些变调也随借词进入武鸣县城官话。例如,弟弟叫"阿弟"[a^{33}ti^{35}]、"弟弟"[ti^{21}ti^{35}]、"小弟"[siau^{55}ti^{24}],前两种音义全借南宁白话,后者则是官话词。同样,妹妹叫"阿妹"[a^{33}məi^{35}]、"妹妹"[məi^{21}məi^{35}]、"小妹"[siau^{55}məi^{24}],前两种音义也借自南宁白话,只是"妹"的韵母转用官话。"弟"、"妹"本阳去,读[35]是一种小称变调。

第三节 非官话转用者对武鸣县城官话词汇的影响

武鸣县城官话词汇中存在大量同义词现象,是由于从非官话方言,甚至从壮语借词造成的多层次现象。其中以从南宁白话借词为突出特点，几乎每条有两个以上同义词的词目，其中必有南宁白话的说法。

一、南宁白话借词

南宁白话词汇随转用者大量借入武鸣县城官话有两种方式：

1.白话词汇转用官话音。在广府白话进入南宁市之前，平话、官话是城区的主要方言。广府白话上溯南宁后，很快取代平话、官话的地位，成为市区的强势方言。由于长期同处一城，平话人、官话人多能操白话。一般规律，弱势方言群体会主动习得强势方言，强势方言群体一般不主动习得弱势方言，但能听懂。因为同是汉语，平话人、白话人转用官话可直接按对应规律读出官话音，此类借词最多。

(1)官话词为常用说法的，例如：

山谷，武鸣县城官话说“山槽”[san^{33}ʦʰau^{21}]或“山谷”[san^{33}kuk^{33}]，其常用说法“山槽”为官话词；

很，武鸣县城官话说“几”[ki^{55}]、“好”[xau^{55}]或“很”[xən^{55}]，其常用说法“几”为官话词，“好”为白话词，“很”为普通话词；

洪峰，武鸣县城官话说“水头”[suəi^{55}tʰəu^{21}]或“洪峰”[xuŋ^{21}fuŋ^{33}]，其常用说法“水头”为官话词，非常用说法“洪峰”为普通话词。

(2)白话词为常用说法的，例如：

焯，武鸣县城官话说“爊”[luk^{21}]或“□水”[tan^{55}suəi^{55}]，其常用说法“爊”为白话词；

太阳，武鸣县城官话说“热头”[iet^{21}tʰəu^{21}]或“太阳”[tʰai^{24}iaŋ^{21}]，其常用说法“热头”为白话词；

过年时给孩子的红包，武鸣县城官话说“利是”[li^{24}si^{24}]或“封包”[fuŋ^{33}pau^{33}]，其常用说法“利是” 为白话词；

物好、人漂亮，武鸣县城官话说“靓”[leŋ^{33}]或“好看”[xau^{55}kʰan^{24}]，其常用说法“靓”为白话词；

零食，武鸣县城官话说“嘴头”[ʦəi^{55}tʰəu^{21}]或“零食”，其常用说法“嘴头”为白话词。

2.音义全借。这一类借词带来武鸣县城官话语音系统的变异。

第二节谈到粤方言的三个典型特征,是官话方言所没有的。由于大量从白话、平话借词,甚至音义全借,就把粤方言的特征带进了武鸣县城官话,典型的就是[-m]尾韵和塞尾韵。

(1)[-m]韵尾。

官话本无[-m]韵,武鸣县城官话读[-m]韵尾的字,绝大多数是随白话词语借入的。如:浸[ʦəm^{24}]、含[xəm^{21}]、吟吟沉沉[ŋəm^{21}ŋəm^{21}ʦ^{h}əm^{21}ʦ^{h}əm^{21}]唠唠叨叨、恁[nəm^{55}]想、噉[kəm^{24}]程度、方式副词。个别字甚至只有一读。如:浸[ʦəm^{24}]、恁[nəm^{55}]想、噉[kəm^{24}]程度、方式副词。

部分词语有音无字。如:□[pəm^{35}]□nam^{21}~~,物体表皮内软而有动感、□[təm^{55}]蘸、□[kəm^{21}]抓、□[əm^{33}]捂、埋、□[ləm^{33}]塌陷、□[təm^{21}]用重物压、□[ɬəm^{21}]窝囊、没主见、□[məm^{33}]吃~~,吃饭,儿语、□[nəm^{33}]念、□[nəm^{33}]差、□[nəm^{21}]食物软烂,这些词语南宁白话都说,至于是汉语词还是壮语词,还有待于进一步研究。

(2)塞音韵尾。

桂柳官话的入声字已经变为阴声韵,声调依规律一律并入阳平。武鸣县城官话的入声字在借词中大量保留。例如:

[əp]:

下雨霅霅[xia^{24} xy^{55} səp^{21} səp^{21}]雨下个不停、盖瓦[k^{h} əp^{55} ua^{55}]、执瓦[ʦəp^{55} ua^{55}]上房顶检漏、执漏[ʦəp^{55} ləu^{24}]上房顶检漏、炭笠[t^{h}an^{24} ləp^{55}]炭筐、笠[ləp^{55}]疏眼筐、搭直[təp^{21}ʦik^{21}]把弯的钉子锤直、搭锤[təp^{21}ʦ^{h}uəi^{21}]锤子、搭铁佬[təp^{21}t^{h}et^{21}lau^{55}]焊洋铁壶的、沓起来[təp^{21}k^{h}i^{55}lai^{21}]码起来、一沓[it^{21t}əp^{21}]

[ət]:

发大水[fət^{21}ta^{24}suəi^{55}]、发芽[fət^{21}ia^{21}]、发汗[fət^{21}xan^{24}]、发烧[fət^{21}sau^{33}]、发热[fət^{21}iet^{21}]、发冷[ləŋ^{55}]、发抖[fət^{21}təu^{55}]、发热发冷[fət^{21}iet^{21}fət^{21}ləŋ^{55}]发疟子、发人瘟[fət^{21}in^{21}uən^{33}]霍乱、发羊癫[fət^{21}iaŋ^{21}ten^{33}]癫痫、发羊撬[fət^{21}iaŋ^{21}k^{h}iau^{24}]癫痫、发

菜[fət^{21} ʦ^{h}ai^{24}]状似头发的海产品、发粉[fət^{21} fən^{55}]泡打粉、发面[fət^{21} men^{24}]、发抖[fət^{21} təu^{55}]、发气[fət^{21} k^{h}i^{24}]生气、发火[fət^{21} xɔ^{55}]、发慌[fət^{21} xuaŋ^{33}]、烂湴泥[lan^{24} pət^{21} ni^{21}]塘泥、辣[lət^{21}]、热辣辣[iet^{21} lət^{21} lət^{21}]、辣椒[lət^{21} ʦiau^{33}]、辣椒叶[lət^{21} ʦiau^{33} iet^{21}]、辣椒粉[lət^{21} ʦiau^{33} fən^{55}]、辣椒酱[lət^{21} ʦiau^{33} ʦiaŋ^{24}]、辣菜[lət^{21} ʦ^{h}ai^{24}]芥菜焯过水后捂一天制成、老辣[lau^{55} lət^{21}]内行、不老辣[mə^{55} lau^{55} lət^{21}]外行、抹桌布[mət^{21} ʦɔ^{21} pu^{24}]、抹布[mət^{21} pu^{24}]、抹脚巾[mət^{21} kiɔk^{21} kin^{33}]擦脚布、抹脚布[mət^{21} kiɔk^{21} pu^{24}]擦脚布、抹屎纸[mət^{21} si^{55} ʦi^{55}]手纸、抹屎[mət^{21} si^{55}]擦屁股、抹屁股[mət^{21} p^{h}i^{24} ku^{55}]、抹走[mət^{21} ʦəu^{55}]擦掉、理髮凳[li^{55} fət^{21} təŋ^{24}]理髮椅、头髮[t^{h}əu^{21} fət^{21}]、跌头髮[te^{21} t^{h}əu^{21} fət^{21}]掉头髮、头髮脱[t^{h}əu^{21} fət^{21} t^{h}ɔt^{21}]掉头髮、盘头髮[p^{h}ɔn^{21} t^{h}əu^{21} fət^{21}]、理髮店[li^{55} fət^{21} ten^{24}]、剪头髮[ʦen^{55} t^{h}əu^{21} fət^{21}]、电髮[ten^{24} fət^{21}]烫髮、烫髮[t^{h}aŋ^{24} fət^{21}]、密实[mit^{21} sət^{21}]、实[sət^{21}]肯定或小孩结实

[uət]：

袜子[uət^{21} ʦɿ^{55}]、线袜[sen^{24} uət^{21}]、丝袜[sɿ^{33} uət^{21}]、尼龙袜[ni^{21} luŋ^{21} uət^{21}]、长统袜[ʦ^{h}aŋ^{21} t^{h}uŋ^{55} uət^{21}]、短袜[tɔn^{55} uət^{21}]、上袜底[saŋ^{24} uət^{21} ti^{55}]旧时为使袜子耐穿要缝上布底、袜跟[uət^{21} kən^{33}]、穿袜子[ʦ^{h}yen^{33} uət^{21} ʦɿ^{55}]

[ɔt]：

割谷[kɔt^{21} kuk^{21}]夏收或割稻子、割禾[kɔt^{21} xɔ^{21}]秋收、割麦[kɔt^{21} mə^{21}]割麦子、割个伤口[kɔt^{21} kɔ^{24} saŋ^{33} k^{h}əu^{55}]剩个口子、刮麻凳[kɔt^{21} ma^{21} təŋ^{24}]、刮痧[kɔt^{21} sa^{33}]、刮脸[kɔt^{21} len^{55}]、刮胡鬚[kɔt^{21} xu^{21} ɬy^{33}]、脱孝[t^{h}ɔt^{21} xiau^{24}]、脱衣服[t^{h}ɔt^{21} i^{33} fu^{21}]、脱鞋[t^{h}ɔt^{21} xai^{21}]、拨算盘[pɔt^{21} ɬɔn^{24} p^{h}ɔn^{21}]、文具盒[uən^{21} ky^{24} xɔt^{21}]、墨盒[mɔ^{21} xɔt^{21}]、一盒[it^{21} xct^{21}]、挪[nɔt^{21}]

[et]：

结冰[ket^{21} piŋ^{33}]、老结丁[lau^{55} ket^{21} tiŋ^{33}]、喉结[xəu^{21} ket^{21}]、结巴[ket^{21} pa^{33}]、巴结[pa^{33} ket^{21}]、结[ket^{21}]涩、铁皮瓦[t^{h}et^{21} p^{h}i^{21} ua^{55}]、铸铁[ʦy^{24} t^{h}et^{21}]、生铁[ɬəŋ^{33} t^{h}et^{21}]铸铁、熟铁[suk^{21} t^{h}et^{21}]锻造铁、锌铁[ɬin^{33} t^{h}et^{21}]镀锌铁皮、白铁[pə^{21} t^{h}et^{21}]镀锌铁皮、磁铁[ʦ^{h}ɿ^{21} t^{h}et^{21}]、铁锈[t^{h}et^{21} siəu^{24}]、铁桶[t^{h}et^{21} t^{h}uŋ^{55}]、铁心核桃[t^{h}et^{21} ɬin^{33} xə^{21}

t^{h}au^{21}]、金包铁[kin^{33}pau^{33}t^{h}et^{21}]金环蛇、银包铁[in^{21}pau^{33}t^{h}et^{21}]银环蛇、铁木砧板[t^{h}et^{21}muk^{21}ʦiŋ^{33}pan^{55}]、铁钉[t^{h}et^{21}tiŋ^{33}]、铁枕[t^{h}et^{21}ʦin^{55}]打铁时垫铁块用的砧子、打铁佬[ta^{55}t^{h}et^{21}lau^{55}]铁匠、搭铁佬[təp^{21}t^{h}et^{21}lau^{55}]焊洋铁壶的、铁路[t^{h}et^{21}lu^{24}]、铁轨[t^{h}et^{21}kuəi^{55}]、节气[ʦet^{21}k^{h}i^{24}]、藕节[ŋəu^{55}ʦet^{21}]、指关节[ʦi^{55}kuan^{33}ʦet^{21}]、手指节[səu^{55}ʦi^{55}ʦet^{21}]、接灶[ʦet^{21}ʦau^{24}]腊月二十八、年三十晚、接生[ʦet^{21}ɬəŋ^{33}]、接生婆[ʦet^{21}ɬəŋ^{33}p^{h}ɔ^{21}]、指甲[ʦi^{55}ket^{21}]、指甲心[ʦi^{55}ket^{21}ɬin^{33}]指甲盖和指尖肌肉连接处、指甲花[ʦi^{55}ket^{21}xua^{33}]凤仙花、剪指甲[ʦen^{55}ʦi^{55}ket^{21}]、蝴蝶[xu^{21}tet^{21}]、碟[tet^{21}]碟子、碟子[tet^{21}ʦɿ^{55}]、酱油碟[ʦiaŋ^{24}iəu^{21}tet^{21}]、味碟[uəi^{24}tet^{21}]、大碟[ta^{24}tet^{21}]盘子、一碟[it^{21}tet^{21}]、骚夹[sau^{33}ket^{21}]蟑螂、夹支窝[ket^{21}ʦi^{55}ɔ^{33}]胳肢窝、夹菜[ket^{21}ʦ^{h}ai^{24}]、摺尺[ʦet^{21}ʦ^{h}ik^{21}]、镊子[net^{21}ʦɿ^{55}]、拱揲[ŋuŋ^{55}ket^{21}]脚夫、挑夫、眼瞎[ien^{55}xet^{21}]、百褶裙[pə^{21}ʦet^{21}k^{h}yn^{21}]、切粉[ʦ^{h}et^{21}fən^{55}]、干切面[kan^{33}ʦ^{h}et^{21}men^{24}]机制的宽的干面条、切菜[ʦ^{h}et^{21}ʦ^{h}ai^{24}]、贴边[t^{h}et^{21}pen^{33}]缝在衣服里子边上的窄条、贴[ʦ^{h}et^{21}]粘贴、叠被子[tet^{21}pəi^{24}ʦɿ^{55}]、请帖[ʦ^{h}iŋ^{55}t^{h}et^{21}]、发请帖[fa^{21}ʦ^{h}iŋ^{55}t^{h}et^{21}]、字帖[ʦɿ^{24}t^{h}et^{21}]、临帖[lin^{21}t^{h}et^{21}]、一帖[it^{21}t^{h}et^{21}]、折本[set^{21}pən^{55}]亏本、打折[ta^{55}ʦet^{21}]折扣、折本卖[set^{21}pən^{55}mai^{24}]折扣、捱吓着[ŋai^{21}xet^{21}ʦɔk^{21}]吓着了、扭捏[niəu^{55}net^{21}]

[iet]:

热头[iet^{21}t^{h}əu^{21}]太阳、湿热[sit^{21}iet^{21}]闷热、天热[t^{h}en^{33}iet^{21}]热、热水[iet^{21}suəi^{55}]、热天[iet^{21}t^{h}en^{33}]夏天、屙湿热屎[ɔ^{33}sit^{21}iet^{21}si^{55}]也喻指事情的不良后果拖得长、热得要死[iet^{21}tə^{21}iau^{24}sɿ^{55}]酷热、热闹[iet^{21}nau^{24}]、闹热[nau^{24}iet^{21}]热闹、麻叶[ma^{21}iet^{21}]黄麻的嫩叶,可食、麻叶菜[ma^{21}iet^{21}ʦ^{h}ai^{24}]黄麻的嫩叶,可食、树叶[sy^{24}iet^{21}]、葱叶[ʦ^{h}uŋ^{33}iet^{21}]、辣椒叶[lət^{21}ʦiau^{33}iet^{21}]、红薯叶[xuŋ^{21}ʦy^{21}iet^{21}]、荷叶[xɔ^{21}et^{21}]、屁股叶花[p^{h}i^{24}ku^{55}iet^{21}xua^{33}]紫荆花、黑叶猴[xə^{21}iet^{21}xəu^{21}]、合叶[xɔ^{21}iet^{21}]、棕叶[ʦuŋ^{24}iet^{21}]、茶叶[ʦ^{h}a^{21}iet^{21}]、粽叶[ʦuŋ^{24}iet^{21}]

[yet]:

月亮[yet^{21}liaŋ^{24}]、月蚀[yet^{21}si^{21}]、天狗吃月[t^{h}en^{33}kəu^{55}ʦ^{h}it^{21}yet^{21}]月蚀、月亮戴箍[yet^{21}liaŋ^{24}tai^{24}k^{h}u^{33}]月晕、正月十五[ʦin^{24}yet^{21}sit^{21}u^{55}]元宵节、八月十五[pa^{21}yet^{21}

sit21 u55］中秋节、拜月亮［pai24 yet21 liaŋ24］、供月亮［kuŋ24 yet21 liaŋ24］、七月七［ʦhi21 yet21 ʦhi21］七夕、七月十四［ʦhi21 yet21 sit21 sɿ24］中元节、九月九［kiəu55 yet21 kiəu55］重阳节、正月［ʦiŋ24 yet21］、腊月［la21 yet2］、闰月［yn24 yet21］、月初［yet21 ʦhu33］、月头［yet21 thəu21］月初、月中［yet21 ʦuŋ33］月半、月底［yet21 ti55］、月尾［yet21 uəi55］月底、一个月［it21 kɔ24 yet21］、前个月［ʦhen21 kɔ24 yet21］、前个几月［ʦhen21 ki55 kɔ24 yet21］、上个月［saŋ24 kɔ24 yet21］、这个月［te24 kɔ24 yet21］、下个月［xia24 kɔ24 yet21］、每月［məi55 yet21］、个个月［kɔ24 kɔ24 yet21］每月、月月［yet21 yet21］每月、大月［ta24 yet21］大建、月大［yet21 ta24］大建、小月［siau55 yet21］小建、月小［yet21 siau55］小建、四月豆［sɿ24 yet21 təu24］、八月豆［pa21 yet21 təu24］、三月李［ɬan33 yet21 li55］、月饼［yet21 piŋ55］、坐月［ʦɔ24 yet21］、坐月子［ʦɔ24 yet21 ʦɿ55］、满月［mɔn55 yet21］、喝满月酒［xɔ33 mɔn55 yet21 ʦiəu55］、摆满月酒［pai55 mɔn55 yet21 ʦiəu55］、出血［ʦhyt21 xyet21］、脑充血［nau55 ʦhuŋ33 xyet21］中风

［it］：

湿［sit21］、潮湿［ʦhau21 sit21］、湿热［sit21 iet21］闷热、去湿［khy24 sit21］、今日［kin33 it21］、双休日［suaŋ33 xiəu33 it21］、日子［it21 ʦɿ55］指日期、墟日［xy33 it21］集日、闲日［xen21 it21］非集日、向日葵［xiaŋ24 it21 khuəi21］、看日子［khan24 it21 ʦɿ55］择日、生日［ɬəŋ33 it21］、过生日［kɔ24 ɬəŋ33 it21］、日记［it21 ki24］、年三十晚［nen21 ɬan33 sit21 uan55］除夕、年三十［nen21 ɬan33 sit21］除夕、三十晚［ɬan33 sit21 uan55］除夕、正月十五［ʦin24 yet21 sit21 u55］元宵节、八月十五［pa21 yet21 sit21 u55］中秋节、十几天［sit21 ki55 then33］、十零天［sit21 liŋ21 then33］十几天、十几二十天［sit21 ki55 ə24 sit21 then33］、十字锄［sit21 ʦɿ24 ʦhu21］镐、十年养九斤［sit21 nen21 iaŋ55 kiəu55 kin33］矮个子、十块钱［sit21 khuai55 ʦhen21］、十号［sit21 xau24］、初十［ʦhu33 sit21］、老十［lau55 sit21］、十个［ti24 sit21 kɔ24］、十［sit21］、十一［sit21 i21］、二十［ə24 sit21］、二十一［ə24 sit21 it21/i21］、六十［luk21 sit21］、七十一［ʦhi21 sit21 it21/i21］、七十七［ʦhi21 sit21 ʦhi21］、八十［pa21 sit21］、八十八［pa21 sit21 pa21］、两百五十个［liaŋ55 pə21 u55 sit21 kɔ24］、十几个［sit21 ki55 kɔ24］十多个、十零个［sit21 liŋ21 kɔ24］十多个、十把个［sit21 pa55 kɔ24］十多个、十来个［sit21 lai21 kɔ24］、年初一［nen21 ʦhu33 it21］春节、下一年［xia24 it21 nen21］、一个礼拜［it21 kɔ24 li55 pai24］一个星期、一个星期［it21 kɔ24 ɬiŋ33 khi21］、一周［it21 ʦəu33］、一天［it21 then33］、

一天到晚[it21 tʰen33 tau24 uan55]、一个钟头[it21 kɔ24 tsuŋ33 thəu21]一个小时、一点钟[it21 ten55 tsuŋ33]一个小时、一小时[it21 siau55 si21]、一刻钟[it21 kʰə21 tsuŋ33]、一阵子[it21 tsin24 tsɿ55]、一下子[it21 xia24 tsɿ55]、一点红[it21 ten55 xuŋ21]、洗一水[ɬi55 it21 suəi55]洗一次、一桌酒[it21 tsɔ21 tsiəu55]一桌酒席、一分钱[it21 fən33 tsʰen21]、一角钱[it21 kɔk21 tsʰen21]、一块钱[it21 kʰuai55 tsʰen21]、一百块钱[it21 pə21 kʰuai55 tsʰen21]、一张纸[it21 tsaŋ33 tsi55]一百块钱、一张钱[it21 tsaŋ33 tsʰen21]一张票子、一个铜板[it21 kɔ24 tʰuŋ21 pan55]、一个锑崽[it21 kɔ24 tʰi33 tsai55]一个硬币、一脑[it21 nau55]秤的第一个秤毫、第一名[ti24 it21 miŋ21]、最后一名[tsəi24 xəu24 it21 miŋ21]、一点[it21 ten55]、一横[it21 xəŋ21]、一竖[it21 xy24]、一撇[it21 pʰet21]、一捺[it21 na24]、一勾[it21 ŋəu33]、一踢[it21 tʰik21]一挑、一画[it21 xua24]一个笔画、一笔[it21 pit21]、瞄一眼[miau33 it21 ien55]、一半[it21 pɔn24]、一起[it21 kʰi55]、一同[it21 tʰuŋ21]、一个人[it21 kɔ24 in21]、一共[it21 kuŋ24]、一概[it21 kai24]、一把[it21 pa55]、一帮[it21 paŋ33]、一群[it21 kʰyn21]、一堆[it21 təi33]、一杯[it21 pəi33]、一盅[it21 tsuŋ33]、一笔钱[it21 pit21 tsʰen21]、一单[it21 tan33]、一饼[it21 piŋ55]、一盘[it21 pʰɔn21]、一层[it21 tsʰəŋ21]、一池子[it21 tsʰi21 tsɿ55]、一出[it21 tsʰyt21]、一柜子[it21 kuəi24 tsɿ55]、一柜桶[it21 kuəi24 tsʰuŋ55]一抽屉、一拖桶[it21 tʰɔ33 tsʰuŋ55]一抽屉、一槽牙[it21 tsʰau21]、一排[it21 pʰai21]、一床[it21 tsʰuaŋ21]、一番[it21 fan33]、一张[it21 tsaŋ33]、一滴[it21 tik21]、一块[it21 kʰuai55]、一托[it21 tʰɔk21]、一碟[it21 tet21]、一刀[it21 tau33]、一条[it21 tʰiau21]、一顶[it21 tiŋ55]、一件[it21 ken24]、一串[it21 tsʰyen24]、一肚子[it21 tu24 tsɿ55]、一堆垒[it21 təi33 ləi33]、一朵[it21 tɔ55]、一餐[it21 tshan33]、一幅[it21 fuk21]、一封[it21 fuŋ33]、一副[it21 fu24]、一对[it21 təi24]、一服[it21 fuk21]、一剂[it21 tsi24]、一缸[it21 kaŋ33]、一根[it21 kən33]、一蔸(树、头发、毛巾、裤子、裙子或围裙)[it21 təu33]、一罐[it21 kɔn24]、一杆[it21 kan55]、一股[it21 ku55]、一枝[it21 tsi33]、一锅[it21 kɔ33]、一盒[it21 xct21]、一行[it21 xaŋ21]、一级(台阶或楼梯)[it21 kʰək55]、一间[it21 ken33]、一架[it21 kia24]、一段[it21 tɔn24]、一筒[it21 tʰuŋ21]、一坡(树)[it21 pʰɔ33]一棵、一颗[it21 kʰɔ55]、一坑[it21 kʰəŋ33]、一头[it21 tʰəu21]、一袋[it21 tai24]、一荷包[it21 xɔ21 pau33]、一筐[it21 kʰuaŋ33]、一捆[it21 kʰun55]、一篮[it21 lan21]、一脸[it21 len55]、一笼[it21 luŋ21]、一箩[it21 lɔ21]、一炉[it21 lu^{21}]、一灶[it^{21}ʦau^{24}]、一联(长条形可分成两块的肥皂)[it^{21}len^{21}]一块、一枚[it^{21}məi^{21}]、一个[it^{21}kɔ^{24}]、一面[it^{21}men^{24}]、一门[it^{21}mən^{21}]、一排[it^{21}p^{h}ai^{21}]、一列[it^{21}le^{24}]、一泡(尿、屎、口水)[it^{21}p^{h}au^{33}]、一批[it^{21}p^{h}i^{33}]、一匹[it^{21}p^{h}it^{21}]、一瓢[it^{21}p^{h}iau^{21}]、一垌[it^{21}tuŋ^{33}]、一瓶[it^{21}p^{h}iŋ^{21}]、一单[it^{21}tan^{33}]、一瓷羹[it^{21}ʦɿ^{21}kəŋ^{33}]、一瓢羹[it^{21}p^{h}iau^{21}kəŋ^{33}]、一条羹[it^{21}t^{h}iau^{21}kəŋ^{33}]、一羹[it^{21}kəŋ^{33}]、一扇[it^{21}sen^{24}]、一身[it^{21}sin^{33}]、一套[it^{21}t^{h}au^{24}]、一声[it^{21}siŋ^{33}]、一对[it^{21}təi^{24}]、一双[it^{21}suaŋ^{33}]、一台[it^{21}t^{h}ai^{21}]、一坛[it^{21}t^{h}an^{21}]、一塘[it^{21}t^{h}aŋ^{21}]十里、一担[it^{21}tan^{24}]、一听(茶叶、罐头)[it^{21}t^{h}iŋ^{33}]、一帖[it^{21}t^{h}et^{21}]、一味[it^{21}uəi^{24}]、一碗[it^{21}uɔn^{55}]、一窝(蜂、鸟、禽畜)[it^{21}ɔ^{33}]、一窦(蜂、鸟、禽畜)[it^{21}təu^{24}]、一箱[it^{21}ɬiaŋ^{33}]、一阵[it^{21}ʦin^{24}]、一扎(香)[it^{21}ʦa^{21}]、一子(线)[it^{21}ʦɿ^{55}]、一团[it^{21}t^{h}ɔn^{21}]、一座[it^{21}ʦɔ^{24}]、一只[it^{21}ʦi^{33}]、一支[it^{21}ʦi^{33}]、一盏[it^{21}ʦan^{55}]、一碌(线)[it^{21}luk^{55}]一轴儿、一单[it^{21}tan^{33}]、一栋[it^{21}tuŋ^{24}]、一桌[it^{21}ʦɔ^{21}]、一执(毛)[it^{21}ʦəp^{55}]一撮、一轮[it^{21}lən^{21}]、一眼[it^{21}ien^{55}]、一水[it^{21}suəi^{55}]洗一水衣裳、一窑[it^{21}iau^{21}]烧一炉、一手[it^{21}səu^{55}]、一票[it^{21}p^{h}iau^{24}]当一票当、一届[it^{21}kai^{24}]、一任 it^{21} in^{24}]、一铺(棋、扑克、麻将)[it^{21}p^{h}u^{33}]一盘、一圈、一号[it^{21}xau^{24}]、初一[ʦ^{h}u^{33}it^{21}]、第一[ti^{24}it^{21}]、一[it^{21}]、二一[ə^{24}it^{21}]、七一[ʦ^{h}i^{21}it^{21}]、一百[it^{21}pə^{21}]、一千[it^{21}ʦ^{h}en^{33}]、百一[pə^{21}it^{21}]一百一十、百一个[pə^{21}it^{21}kɔ^{24}]一百一十个、一百一十个[it^{21}pə^{21}it^{21}sit^{21}kɔ^{24}]、一百一十一[it^{21}pə^{21}it^{21}sit^{21}it^{21}]、一千一[it^{21}ʦ^{h}en^{33}it^{21}]一千一、千一[ʦ^{h}en^{33}it^{21}]一千一、一千一百个[it^{21}ʦ^{h}en^{33}it^{21}pə^{21}kɔ^{24}]、一千九[it^{21}ʦ^{h}en^{33}kiəu^{55}]一千九百、一千九百个[it^{21}ʦ^{h}en^{33}kiəu^{55}pə^{21}kɔ^{24}]、一万[it^{21}uan^{24}]、一万二[it^{21}uan^{24}ə^{24}]一万二千、一万两千个[it^{21}uan^{24}liaŋ^{55}ʦ^{h}en^{33}kɔ^{24}]、一点[it^{21} ten^{55}]、一点点[it^{21} ten^{55} ten^{55}]一些、一半[it^{21} pɔn^{24}]总量的一半、一边[it^{21}pen^{33}]个体的一半、一大半[it^{21}ta^{24}pɔn^{24}]、一个半[it^{21}kɔ^{24}pɔn^{24}]、一心一意[it^{21}ɬin^{33}it^{21}i^{24}]、一来二去[it^{21}lai^{21}ə^{24}k^{h}ə^{24}]、一清二白[it^{21}ʦ^{h}iŋ^{33}ə^{24}pə^{21}]、一清二楚[it^{21}ʦ^{h}iŋ^{33}ə^{24}ʦ^{h}u^{55}]、一干二净[it^{21}kan^{33}ə^{24}ʦiŋ^{24}]、一刀两断[it^{21}tau^{33}liaŋ^{55}tɔn^{24}]、一举两得[it^{21}ki^{55}liaŋ^{55}tə^{21}]、水蜜桃[suəi^{55}mit^{21}t^{h}au^{21}]、蜜枣[mit^{21}ʦau^{55}]、蜜丝枣[mit^{21}sɿ^{33}ʦau^{55}]、蜜梨[mit^{21}li^{21}]、蜜桔[mit^{21}kit^{21}]、蜜蜂[mit^{21}fuŋ^{33}]、蜂蜜[fuŋ^{33}mit^{21}]、蜜糖

[mit^{21} t^{h}aŋ^{21}]蜂蜜、密码锁[mit^{21} ma55ɬɔ^{55}]、桔[kit^{21}]比柑小,味酸、金桔[kin^{33} kit^{21}]、吃螺蛳[ʦ^{h}it^{21} lɔ^{21} ɬɿ^{33}]、吃宵夜[ʦ^{h}it^{21} siau^{33} ie^{24}]、吃奶[ʦ^{h}it^{21} nai^{55}]、弄吃[luŋ^{24} ʦ^{h}it^{21}]、煮吃[ʦy^{55} ʦ^{h}it^{21}]、吃火锅[t^{h}it^{21} xɔ^{55} kɔ^{33}]、吃饭[ʦ^{h}it^{21} fan^{24}]、吃早饭[ʦ^{h}it^{21} ʦau^{55} fan^{24}]、吃晌午[ʦ^{h}it^{21} saŋ^{55} u^{55}]吃午饭、吃午饭[ʦ^{h}it^{21} u^{55} fan^{24}]、吃夜饭[ʦ^{h}it^{21} ie^{24} fan^{24}]吃晚饭、吃嘴头[ʦ^{h}it^{21} ʦəi^{55} t^{h}əu^{21}]吃零食、吃零食[ʦ^{h}it^{21} liŋ^{21} si^{21}]、吃[ʦ^{h}it^{21}]下棋中的食子、找吃[ʦau^{55} ʦ^{h}it^{21}]讨生活,糊口、好吃[xau^{55} ʦ^{h}it^{21}]、吃头[ʦ^{h}it^{21} t^{h}əu^{21}]、吃法[ʦ^{h}it^{21} fa^{21}]、鼻哥[pit^{21} kɔ^{55}]鼻子、鼻子[pit^{21} ʦɿ^{55}]、鼻涕[pit^{21} t^{h}i^{24}]、鼻涕水[pit^{21} t^{h}i^{24} suəi^{55}]、鼻屎[pit^{21} si^{55}]鼻垢、鼻哥窿[pit^{21} kɔ^{55} luŋ^{33}]鼻孔、鼻毛[pit^{21} mau^{21}]、鼻哥毛[pit^{21} kɔ^{55} mau^{21}]鼻毛、鼻哥尖[pit^{21} kɔ^{55} ʦen^{33}]鼻子尖儿、鼻子尖[pit^{21} ʦɿ^{55} ʦen^{33}]嗅觉灵敏、鼻梁[pit^{21} liaŋ^{21}]、鼻梁骨[pit^{21} liaŋ^{21} kut^{21}]、酒糟鼻[ʦiəu^{55} ʦau^{33} pit^{21}]、红鼻哥[xuŋ^{21} pit^{21} kɔ^{55}]酒糟鼻、扁鼻[pen^{55} pit^{21}]塌鼻子、勾鼻[ŋəu^{33} pit^{21}]鹰勾鼻、鼻哥尖[pit^{21} kɔ^{55} ʦen^{33}]鼻子灵、粉笔[fən^{55} pit^{21}]、笔记本[pit^{21} ki^{24} pən^{55}]、笔盒[pit^{21} xɔt^{21}]、铅笔[ien^{21} pit^{21}]、铅笔钻[ien^{21} pit^{21} ʦyen^{24}]转笔刀、钢笔[kaŋ^{33} pit^{21}]、墨水笔[mɔ^{21} suəi^{55} pit^{21}]钢笔、水笔[suəi^{55} pit^{21}]、毛笔[mau^{21} pit^{21}]、笔套[pit^{21} t^{h}au^{24}]笔帽、笔筒套[pit^{21} t^{h}uŋ^{21} t^{h}au^{24}]、笔筒[pit^{21} t^{h}uŋ^{21}]、掭笔[ten^{55} pit^{33}]、钢笔水[kaŋ^{33} pit^{21} suəi^{55}]墨水儿、蜡笔[la^{21} pit^{21}]、收拾[səu^{33} sit^{21}]、实在[sit^{21} ʦai^{24}]

[ut]:

龙骨车[luŋ^{21} kut^{21} ʦ^{h}e^{33}]水车、骨扫[kut^{21} sau^{55}]用一种灌木枝条做的扫把、骨鱼[kut^{21} y^{21}]、鱼骨[y^{21} kut^{21}]、脊龙骨[ʦi^{21} luŋ^{21} kut^{21}]鳍、骨梳[kut^{21} su^{33}]、牛骨崽[niəu^{21} kut^{21} ʦai^{55}]淘气、不听话的孩子、下巴骨[xia^{24} p^{h}a^{21} kut^{21}]、肩胛骨[ken^{33} kia^{21} kut^{21}]、迎面骨[iŋ^{21} men^{24} kut^{21}]小腿正面中间处、胯骨[k^{h}ua^{24} kut^{21}]、龙尾骨[luŋ^{21} uəi^{55} kut^{21}]尾骨、尾骨[uəi^{55} kut^{21}]、锁骨[ɬɔ^{55} kut^{21}]、肋骨[lə^{21} kut^{21}]、排骨[p^{h}ai^{21} kut^{21}]肋骨、腰骨[iau^{33} kut^{21}]腰、脊梁骨[ʦi^{21} liaŋ^{21} kut^{21}]、骨[kut^{21}]、骨断[kut^{21} tɔn^{24}]骨折、伞骨[san^{55} kut^{21}]、筒骨[t^{h}uŋ^{21} kut^{21}]、沙骨[sa^{33} kut^{21}]、尾骨[uəi^{55} kut^{21}]、起骨[k^{h}i^{55} kut^{21}]把骨头取出、尸骨[si^{33} kut^{21}]、骨坛[kut^{21} t^{h}an^{21}]、骨灰坛[kut^{21} xuəi^{33} t^{h}an^{21}]、捡骨[ken^{33} kut^{21}]捡拾尸骨作二次葬、起骨[ʦ^{h}i^{55} kut^{21}]捡拾尸骨作二次葬、砍骨头[k^{h}an^{55} kut^{21} t^{h}əu^{21}]、捶腰骨[ʦ^{h}uəi^{21} iau^{33}

kut21]捶背、刺骨[tsʰɿ24kut21]、牛骨[niəu21kut21]脾气倔、反骨[fan55kut21]忘恩负义,叛逆

[yt]:

出窑[tsʰyt21iau21]、出水口[tʰyt21suəi55kʰəu55]、出麻疹[tsʰyt21ma21tsin55]、出麻[tsʰyt21ma21]出麻疹、出水痘[tsʰyt21suəi55təu24]、出天花[tsʰyt21tʰen33xua33]、出血[tsʰyt21xyet21]、出脓[tsʰyt21nuŋ21]溃脓、出嫁[tsʰyt21kia24]、出殡[tsʰyt21pin24]、出工[tsʰyt21kuŋ33]、出去[tsʰyt21kʰə24]、出街[tsʰyt21kai33]上街、出洋相[tsʰyt21iaŋ21ɬiaŋ24]、出去吃[tsʰyt21kʰə24tsʰit21]下馆子、出外面吃[tsʰyt21uai24men24tsʰit21]下馆子、出帐[tsʰyt21tsaŋ24]、癫进不癫出[ten33 kin24 mə55 ten33 tsʰyt21]、顶出去[tiŋ55 tsʰyt21 kʰə24]典房子、出租车[tsʰyt21tsu33 tsʰe33]、出榜[tsʰyt21 paŋ55]发榜、满出[mɔn55 tsʰyt21]溢出、铺出[pʰut21 tsʰyt21]指粥等沸腾溢出、一出[it21 tsʰyt21]、出双入对[tsʰyt21 suaŋ33 i21 təi24、卒[tsyt55]中国象棋中的兵、卒崽[tsyt55 tsai55]中国象棋中的兵、拱卒[kuŋ55 tsyt55]、督卒[tuk55 tsyt55]拱卒、卒崽过河当车用[tsyt55tsai55kɔ24xɔ21taŋ33ky55iuŋ24]

[ɔk]:

山角落[san33kɔk21lɔk21]山沟、三角麦[ɬan33kɔk21mə21]荞麦、牛角椒[niəu21kɔk21tsiau33]、牛角蕉[niəu21kɔk21tsiau33]、榄角[lan55kɔk21]、三角梅[ɬan33kɔk21məi21]、牛角虫[niəu21kɔk21tsʰuŋ21]、塘角鱼[tʰaŋ21kɔk21y21]、角子[kiɔk21tsɿ55]椽子、门角[mən21kɔk21]门后、灶角[tsau24kɔk21]、阴沟角落[in33kəu33kɔk21lɔk21]、角尺[kɔk21tsʰik21]、羊角锤[iaŋ21kɔk21tsʰuəi21]、牛角梳[niəu21kɔk21su33]、羊角梳[iaŋ21kɔk21su33]、眼角[ien55kɔk21]、羊角粽[iaŋ21kɔk21tsuŋ24]、三角粽[ɬan33kɔk21tsuŋ24]、炸角[tsa24kɔk21]、三角板[ɬan33kɔk21paɲ55]、薄皮核桃[pɔk21pʰi21xə21tʰau21]、薄[pɔk21]、花生壳[xua33ɬəŋ33kʰɔk21]、蚬壳[xen55kʰɔk21]蛤蜊、蝉壳[tsʰan21kʰɔk21]蝉蜕、脑壳[nau55kʰɔk21]、嘞田螺[ɬɔk21tʰen21lɔ21]吃螺蛳、嘞鼻涕[ɬɔk21pit21tʰi24]吸溜鼻涕、托盘[tʰɔk21pʰɔn21]、茶托[tsʰa21tʰɔk21]、灰托[xuəi33tʰɔk21]瓦工用来盛抹墙物的木板、泥托[ni21tʰɔk21]瓦工用来盛抹墙物的木板、全托[tsʰyen21tʰɔk21]周末才回家、半托[pɔn24tʰɔk21]晚上回家、一托[it21tʰɔk21]、凿子[tsɔk21tsɿ55]、两分凿[liaŋ55fən33tsɔk21]、四分凿[ɬi24fən33tsɔk21]、六分凿[luk21fən33tsɔk21]、八分凿[pa21fən33tsɔk21]、圆凿[lɔn21tsɔk21]、铲凿[tsʰan55tsɔk21]、打赤膊[ta55tsʰi21 pɔk^{21}]、度身[tɔk^{21}sin^{33}]、度尺寸[tɔk^{21}ʦ^{h}ik^{21}ʦ^{h}ən^{24}]、度衣服[tɔk^{21}i^{33}fu^{21}]、拜瞌睡[pai^{24}k^{h}ɔk^{21}suəi^{24}]打盹儿、睡着[suəi^{24}ʦɔk^{21}]、撞着[ʦuaŋ^{24}ʦɔk^{21}]撞着或遇见、碰着[p^{h}uŋ^{24}ʦɔk^{21}]碰着或遇见、捱吓着[ŋai^{21}xet^{21}ʦɔk^{21}]吓着了、着急[ʦɔk^{21}ki^{21}/kik^{21}]、恁着[nəm^{55}ʦɔk^{21}]想起来了、眼鼓碌碌[ien^{55} ku^{55} lɔk^{55} lɔk^{55}]眼睛乱转、渴望[k^{h}ɔt^{21} uaŋ^{24}]、恶[ɔk^{21}]蛮横、凶、厉害

[iɔk]:

山脚[san^{33} kiɔk^{21}]、滚水熝脚[kun^{55} suəi^{55} luk^{21} kiɔk^{21}]比喻时间短、水脚[suəi^{55} kiɔk^{21}]水的沉淀物、树脚[sy^{24}kiɔk^{21}]树脚、长脚蚊[ʦ^{h}aŋ^{21}kiɔk^{21}uən^{21}]、楼梯脚[ləu^{21}t^{h}i^{33} kiɔk^{21}]楼梯下、挖墙脚[ua^{33}ʦ^{h}iaŋ^{21}kiɔk^{21}]、车脚[ʦ^{h}e^{33}kiɔk^{21}]缝纫机用底线轱辘、踩脚[ʦ^{h}ai^{55} kiɔk^{21}]缝纫机踏板、抹脚巾[mət^{21}kiɔk^{21}kin^{33}]擦脚布、抹脚布[mət^{21}kiɔk^{21}pu^{24}]擦脚布、针脚[ʦin^{33}kiɔk^{21}]、脚颈[kiɔk^{21}kiŋ^{55}]脚腕子、脚眼[kiɔk^{21}ien^{55}]踝子骨、脚[kiɔk^{21}]、打赤脚[ta^{55}ʦ^{h}i^{21}kiɔk^{21}]赤脚、脚面[kiɔk^{21}men^{24}]脚背、脚板[kiɔk^{21}pan^{55}]脚掌、脚板底[kiɔk^{21} pan^{55}ti^{55}]脚掌、脚板心[kiɔk^{21}pan^{55}ɬin^{33}]脚心、脚尖[kiɔk^{21}ʦen^{33}]、脚趾[kiɔk^{21}ʦi^{55}]、脚趾甲[kiɔk^{21}ʦi^{55}ket^{21}]、脚后跟[kiɔk^{21}xəu^{24}kən^{33}]、脚印[kiɔk^{21}in^{24}]、平板脚[p^{h}iŋ^{33} pan^{55}kiɔk^{21}]平底足、萝卜脚[lɔ^{21}puk^{21}kiɔk^{21}]脚上长冻疮、脚断[kiɔk^{21}tɔn^{24}]脚骨折、断脚[tɔn^{24} kiɔk^{21}]脚骨折、沙虫脚[sa^{33} ʦ^{h}uŋ^{21} kiɔk^{21}]脚癣、香港脚[xiaŋ^{33} kaŋ^{55} kiɔk^{21}]脚癣、跛脚佬[pai^{33}kiɔk^{21}lau^{55}]瘸子、衣脚[i^{33} kiɔk^{21}]下摆、连脚裤[len^{21}kiɔk^{21}k^{h}u^{24}]、踩脚裤[ʦ^{h}ai^{55} kiɔk^{21} k^{h}u^{24}]、裤脚[k^{h}u^{24} kiɔk^{21}]裤腿、脚镯[kiɔk^{21} ʦɔ^{21}]、缭裤脚[liau^{33} k^{h}u^{24} kiɔk^{21}]缲边儿、放脚[faŋ^{24} kiɔk^{21}]把衣、裤放长、脚链[kiɔk^{21} len^{24}]脚镣、脚铐[kiɔk^{21} k^{h}au^{24}]脚镣、猪脚粉[ʦy^{33} kiɔk^{21} fən^{55}]、猪脚[ʦy^{33} kiɔk^{21}]猪蹄、猪脚筋[ʦy^{33} kiɔk^{21} kin^{33}]蹄筋、鸡脚[ki^{33} kiɔk^{21}]鸡爪、洗脚[ɬi^{55} kiɔk^{21}]、熝脚[luk^{21} kiɔk^{21}]烫脚、货脚[xɔ^{24} kiɔk^{21}]尾货、车脚[ʦ^{h}e^{33} kiɔk^{21}]路费、摸脚[mɔ^{33} kiɔk^{21}]一种游戏、□马脚[kəi^{21} ma^{55} kiɔk^{21}]一种游戏、□马脚[pen^{24}ma^{55}kiɔk^{21}]中国象棋中的绊马脚、跺脚[tɔ^{24}kiɔk^{21}]、踮脚[ten^{33} kiɔk^{21}]、跷脚[k^{h}iau^{24} kiɔk^{21}]、抖脚[təu^{55} kiɔk^{21}]、擞脚[ɬəu^{55} kiɔk^{21}]抖脚、脚底下[kiɔk^{21}ti^{55}xia^{24}]、鸡脚[ki^{33}kiɔk^{21}]呆不住,爱到处跑、合脚[xɔ^{21}kiɔk^{21}]、阻手阻脚[ʦɔ^{55} səu^{55}

tsɔ55 kiɔk21]碍手碍脚、碍事、七手八脚[tsʰi21 səu55 pa21 kiɔk21]、快手快脚[kʰuai24 səu55 kʰuai24 kiɔk21]手脚麻利、药煲罐[iɔk21 pau33 kɔn24]熬中药的瓦锅、药罐[iɔk21 kɔn24]、开药[kʰai33 iɔk21]、抓药[tsua33 iɔk21]、买药[mai55 iɔk21]、药材铺[iɔk21 tsʰai21 pʰu24]、中药房[tsuŋ33 iɔk21 faŋ21]、药店[iɔk21 ten24]、西药房[ɬi33 iɔk21 faŋ21]、药引子[iɔk21 in55 tsɿ55]、药罐[iɔk21 kɔn24]、沤药[ŋəu24 iɔk21]煎药、煎药[tsen33 iɔk21]、药膏[iɔk21 kau33]、膏药[kau33 iɔk21]、药粉[iɔk21 fən55]、药片[iɔk21 pʰen24]、搽药[tsʰa21 iɔk21]上药、涂药[tʰu21 iɔk21]上药、敷药[fu33 iɔk21]

[ək]:

塞时[ɬək21 si21]有时、塞天[ɬək21 tʰen33]某天、塞里路[ɬək21 li55 lu24]里把路、塞两里路[ɬək21 liaŋ55 li55 lu24]里把二里路、塞两亩[ɬək21 liaŋ55 məu55]亩把二亩、塞点[ɬək21 ten55]一些、塞十个[ɬək21 sit21 kɔ24]不到十个、塞百个[ɬək21 pə21 kɔ24]近百个、苦麦菜[kʰu55 mək21 tsʰai24]、甜麦菜[tsʰen21 mək21 tsʰai24]、树疙瘩[sy24 kək21 ta33]、面疙瘩[men24 kək21 ta33]、簕刺[lək21 tsʰɿ24]荆条、虱子[sək21 tsɿ55]、篦虱子[pi24 ɬək21 tsɿ55]用篦子篦虱子、鲫鱼[tsək55 y21]、非洲鲫[fəi33 tsəu33 tsək55]、格子[kək21 tsɿ55]、蒸格[tsiŋ33 kək21]蒸食物用的箅子、米字格簿[mi55 tsɿ24 kək21 pu24]、跳格[tʰiau24 kək21]跳房子、额头[ŋək21 tʰəu21]、咳嗽[kʰək21 ɬəu24]、勒头裤[lək21 tʰəu21 kʰu24]松紧裤、打嗝[ta55 kək21]、打饱嗝[ta55 pau55 kək21]、拍马屁[pʰək21 ma55 pʰi24]、拍公崽[pʰək21 kuŋ33 tsai55]一种游戏、拍手[pʰək21 səu55]、拍[pʰək21]、窄[tsək21]

[ek]:

木屐[muk21 kʰek55]、木屐钉[muk21 kʰek55 tiŋ33]方形小铁钉,钉鞋、木屐用

[ik]:

石头[sik21 thəu21]、石子[sik21 tsɿ55]、石崽[sik21 tsai55]石子、石板[sik21 pan55]、片石[pʰen24 sik21]、板石[pan55 sik21]片石、鹅卵石[ŋɔ21 lɔn55 sik21]、风化石[fuŋ33 xua24 sik21]、石灰岩[sik21 xuəi33 ŋan21]、石灰石[sik21 xuəi33 sik21]、大理石[ta24 li55 sik21]、青石[tsʰiŋ33 sik21]、石棉瓦[sik21 men21 ua55]、石灰[sik21 xuəi33]、生石灰[ɬəŋ33 sik21 xuəi33]刚出窑的石灰、熟石灰[sik21 xuəi33]遇潮化开的石灰、石灰头[sik21 xuəi33 tʰəu21]未烧透的石灰、

石灰膏[sik^{21} xuəi^{33} kau^{33}]、石灰池[sik^{21} xuəi^{33} ʦ^{h}i^{21}]、玉石[i^{24} sik^{21}]、石崽路[sik^{21} ʦai^{55} lu^{24}]石子路、石磨[sik^{21} mɔ^{24}]、石碾[sik^{21} nen^{55}]石碾、石榴[sik^{21} liəu^{21}]、番石榴[fan^{33} sik^{21} liəu^{21}]、石斑鱼[sik^{21} pan^{33} y^{21}]、石螺[sik^{2} lɔ^{21}]长在江河的一种螺蛳、打火石[ta^{55} xɔ^{55} sik^{21}]用火镰打的石头、石板[sik^{21} pan^{55}]、惊蛰[kiŋ^{33} sik^{21}]、席子[sik^{21} ʦɿ^{55}]、凉席[liaŋ^{21} sik^{21}]、草席[ʦ^{h}au^{55} sik^{21}]、竹席[ʦuk^{21} sik^{21}]、藤席[t^{h}əŋ^{21} sik^{21}]、劈柴斧[pik^{21} ʦ^{h}ai^{21} fu^{55}]、劈头盖脸[p^{h}ik^{21} t^{h}əu^{21} kai^{24} len^{55}]、尺[ʦ^{h}ik^{21}]尺子、角尺[kɔk^{21} ʦ^{h}ik^{21}]、木工尺[muk^{21} kuŋ^{33} ʦ^{h}ik^{21}]、钢卷尺[kaŋ^{33} kyen^{55} ʦ^{h}ik^{21}]、卷尺[kyen^{55} ʦ^{h}ik^{21}]、软尺[yen^{55} ʦ^{h}ik^{21}]、皮尺[p^{h}i^{21} ʦ^{h}ik^{21}]、戒尺[kai^{24} ʦ^{h}ik^{21}]、打尺[ta^{55} ʦ^{h}ik^{21}]一种游戏、两尺[liaŋ^{55} ʦ^{h}ik^{21}]、织布机[ʦik^{21} pu^{24} ki^{33}]、滴水[tik^{21} suəi^{55}]鬓角、一滴[it^{21} tik^{21}]、力士鞋[lik^{21} ɬɿ^{24} xai^{21}]、力[lik^{21}]真行、能干、棒或酒烈、够力[kəu^{24} lik^{21}](真行、能干、棒)、卖力[mai^{24} lik^{21}]、出力[ʦ^{h}yt^{21} lik^{21}]卖力、吃力[ʦ^{h}it^{21} lik^{21}]、板栗棕[pan^{55} lik^{21} ʦuŋ^{24}]、踢土旁[t^{h}ik^{21} t^{h}u^{55} p^{h}aŋ^{21}]提土旁、踢手旁[t^{h}ik^{21} səu^{55} p^{h}aŋ^{21}]提手旁、踢毽子[t^{h}ik^{21} ken^{24} ʦɿ^{55}]、踢[t^{h}ik^{21}]、踢腿[t^{h}ik^{21} t^{h}əi^{55}]、一踢[it^{21} t^{h}ik^{21}]一挑、着急[ʦɔk^{21} ki^{21}/kik^{21}]、猴急[xəu^{21} kik^{21}]急着要做

[uk]:

焗[kuk^{21}]将锅盖严焖煮、也指天气闷热、焗热[kuk^{21} iet^{21}]闷热、盐焗鸡[ien^{21} kuk^{21} ki^{33}]、焗饭[kuk^{21} fan^{24}]、滚水熝脚[kun^{55} suəi^{55} luk^{21} kiɔk^{21}]比喻时间短、熝面[luk^{21} men^{24}]下面条、熝[luk^{21}]焯、烫、死狗不怕滚水熝[sɿ^{55} kəu^{55} mə^{55} p^{h}a^{24} kun^{55} suəi^{55} luk^{21}]、木炭[muk^{21} t^{h}an^{24}]、木桶[muk^{21} t^{h}uŋ^{55}]、木耙[muk^{21} p^{h}a^{21}]、木薯[muk^{21} sy^{21}]、土木薯[t^{h}u^{55} muk^{21} sy^{21}]有微毒,浸泡去毒才能食用,主要用作淀粉原料、面包木薯[men^{24} pau^{33} muk^{21} sy^{21}]无毒,可食用、松木[suŋ^{33} muk^{21}]松树、杉木[ʦ^{h}an^{24} muk^{21}]杉树、沙木[sa^{33} muk^{21}]杉树、桑木[saŋ^{33} muk^{21}]杉树、杉木皮[ʦ^{h}an^{24} muk^{21} p^{h}i^{21}]杉树皮、[木棉树 muk^{21} men^{21} sy^{24}]、木瓜[muk^{21} kua^{33}]、木菠萝[muk^{21} pɔ^{33} lɔ^{21}]菠萝蜜、木芙蓉[muk^{21} fu^{21} iuŋ^{21}]、木鸭[muk^{21} ia^{21}]土鸭与西洋鸭杂交品种、啄木鸟[ʦɔk^{21} muk^{21} niau^{55}]、木薯蚕[muk^{21} sy^{21} ʦ^{h}an^{21}]、木糠[muk^{21} k^{h}aŋ^{33}]锯末、木筷[muk^{21} k^{h}uai^{24}]、木工斧[muk^{21} kuŋ^{33} fu^{55}]、木工尺[muk^{21} kuŋ^{33} ʦ^{h}ik^{21}]、斗木[təu^{24} muk^{21}]干木工活儿、木钉[muk^{21} tiŋ^{33}]、木屐钉[muk^{21} k^{h}ek^{55} tiŋ^{33}]方形小铁钉,钉鞋、木屐用、木梳[muk^{21} su^{33}]、桃木梳[t^{h}au^{21} muk^{21} su^{33}]、木盆[muk^{21} p^{h}ən^{21}]、木工佬[muk^{21} kuŋ^{33}

lau^{55}]木匠、木薯酒[muk^{21} sy^{21} ʦiəu^{55}]、寿木[səu^{24} muk^{21}]生前预制的棺材、木车[muk^{21} ʦ^{h}e^{33}]人拉的板车、铜绿[t^{h}uŋ^{21} luk^{21}]铜锈、起铜绿[k^{h}i^{55} t^{h}uŋ^{21} luk^{21}]生铜锈、生铜绿[ɬəŋ^{33} t^{h}uŋ^{21} luk^{21}]生铜锈、绿豆[luk^{21} təu^{24}]、绿豆芽[luk^{21} təu^{24} ia^{21}]、绿豆鸟[luk^{21} təu^{24} ni-au^{55}]、绿头苍蝇[luk^{21} t^{h}əu^{21} ʦ^{h}aŋ^{33} iŋ^{33}]、绿茶[luk^{21} ʦ^{h}a^{21}]、绿[luk^{21}]、墨绿[mɔ^{21} luk^{21}]、翠绿[ʦ^{h}əi^{24} luk^{21}]、草绿[ʦ^{h}au^{55} luk^{21}]、浅绿[ʦ^{h}en^{55} luk^{21}]、淡绿[tan^{24} luk^{21}]、谷雨[kuk^{21} xy^{55}]、割谷[kɔt^{21} kuk^{21}]夏收或割稻子、撒谷种[sa^{55} kuk^{21} ʦuŋ^{55}]下种、谷穗[kuk^{21} suəi^{24}]稻穗、稻谷[tau^{24} kuk^{21}]稻穗、打谷[ta^{55} kuk^{21}]打场、谷桶[kuk^{21} t^{h}uŋ^{55}]、晒谷场[sai^{24} kuk^{21} ʦaŋ^{21}]、晒谷[sai^{24} kuk^{21}]、谷耙[kuk^{21} p^{h}a^{21}]刮除碎稻草的竹齿耙、谷围[kuk^{21} uəi^{21}]茓子、谷柜[kuk^{21} kuəi^{24}]存放粮食的器具、五谷[u^{55} kuk^{21}]、谷[kuk^{21}]稻子、稻谷[tau^{24} kuk^{21}]稻子、稗谷[pai^{24} kuk^{21}]稗子、刨谷[p^{h}au^{21} kuk^{21}]秕子、竹耙[tuk^{21} p^{h}a^{21}]、竹泥磨[ʦuk^{21} ni^{21} mɔ^{24}]砻,脱去稻谷外皮的农具,用黄泥、竹片做成、竹扫[ʦuk^{21} sau^{55}]用竹枝扎成,扫场子、马路用、竹豆[ʦuk^{21} təu^{24}]、夹竹桃[kia^{21} ʦuk^{21} t^{h}au^{21}]、竹子[ʦuk^{21} ʦɿ^{55}]、南竹[nan^{21} ʦuk^{21}]、文竹[uən^{21} ʦuk^{21}]、凤尾竹[fuŋ^{24} uəi^{55} ʦuk^{21}]、龟背竹[kuəi^{33} pəi^{24} ʦuk^{21}]、竹枝[ʦuk^{21} ʦi^{33}]、竹笋[ʦuk^{21} sən^{55}]、竹竿[ʦuk^{21} kan^{55}]、竹叶[ʦuk^{21} iet^{21}]、竹篾[ʦuk^{21} met^{21}]、竹肚[ʦuk^{21} tu^{24}]篾黄、竹青[ʦuk^{21} ʦ^{h}iŋ^{33}]篾青、竹皮[ʦuk^{21} p^{h}i^{21}]篾青、竹鼠[ʦuk^{21} sy^{55}]、竹叶青[ʦuk^{21} iet^{21} ʦ^{h}iŋ^{33}]一种毒蛇、青竹鱼[ʦ^{h}iŋ^{33} ʦuk^{21} y^{21}]、蚊帐竹[uən^{21} ʦaŋ^{24} ʦuk^{21}]挂蚊帐的竹竿、竹筷[ʦuk^{21} k^{h}uai^{24}]、竹砧板[ʦuk^{21} ʦiŋ^{33} pan^{55}]、竹帽[ʦuk^{21} mau^{24}]斗笠、腐竹[fu^{24} ʦuk^{21}]、竹篙[ʦuk^{21} kau^{33}]、竹字头[ʦuk^{21} ʦɿ^{24} t^{h}əu^{21}]、萝卜[lɔ^{21} puk^{21}]、萝卜缨[lɔ^{21} puk^{21} iŋ^{33}]萝卜缨儿、萝卜叶[lɔ^{21} puk^{21} iet^{21}]萝卜缨儿、萝卜干[lɔ^{21} puk^{21} kan^{33}]、水萝卜[suəi^{55} lɔ^{21} puk^{21}]酸咪咪的根茎,可食、萝卜脚[lɔ^{21} puk^{21} kiɔk^{21}]脚上长冻疮、萝卜手[lɔ^{21} puk^{21} səu^{55}]手上长冻疮、生萝卜[ɬəŋ^{33} lɔ^{21} puk^{21}]长冻疮、萝卜糕[lɔ^{21} puk^{21} kau^{33}]、陆川猪[luk^{21} ʦ^{h}yen^{33} ʦy^{33}]一种产于陆川的猪品种、百足[pə^{21} ʦuk^{21}]蜈蚣、独头凳[tuk^{21} t^{h}əu^{21} təŋ^{24}]方凳、独眼龙[tuk^{21} ien^{55} luŋ^{21}]、独轮车[tuk^{21} lən^{21} ʦ^{h}e^{33}]、斗独[təu^{24} tuk^{21}]有意对着干、不好说话,难打交道、六分凿[luk^{21} fən^{33} ʦɔk^{21}]、六号[luk^{21} xau^{24}]、初六[ʦ^{h}u^{33} luk^{21}]、六[luk^{21}]、六十一[luk^{21} sit^{21} it^{21}/i^{21}]、六一[luk^{21} it^{21}]、五颜六色[u^{55} ien^{21} luk^{21}

sə^{21}]、蜡烛[lət^{21} ʦuk^{21}]、蜡烛芯[lət^{21} ʦuk^{21} ɬin^{33}]、蜡烛油[lət^{21} ʦuk^{21} iəu^{21}]、烛台[ʦuk^{21} t^{h}ai^{21}]、线碌[sen^{24} luk^{55}]线轴儿、车碌[ʦ^{h}e^{33} luk^{55}]线轴儿、车碌线[ʦ^{h}e^{33} luk^{55} sen^{24}]线轴儿、一碌[it^{21} luk^{55}]一轴儿、熟人[suk^{21} in^{21}]、熟脸人[suk^{21} len^{55} in^{21}]熟人、熟行[suk^{21} xaŋ^{21}]内行、不熟行[mə^{55} suk^{21} xaŋ^{21}]外行、熟客[suk^{21} k^{h}ə^{21}]常客、熟[suk^{21}]会、熟练、熟水[suk^{21} suəi^{55}]擅长游泳、软熟[yen^{55} suk^{21}]软、赖哭猫[lai^{24} k^{h}uk^{21} miau^{33}]爱哭闹的孩子、哭丧[kuk^{21} saŋ^{33}]、赖哭[lai^{24} k^{h}uk^{21}]哭、烂哭[lan^{24} k^{h}uk^{21}]好哭、恶哭[ɔk^{21} k^{h}uk^{21}]好哭、舒服[sy^{33} fuk^{21}]、不舒服[mə^{55} sy^{33} fuk^{21}]、不服[mə^{55} fuk^{21}]、不服气[mə^{55} fuk^{21} ʦ^{h}i^{24}]、一服[it^{21} fuk^{21}]、去毒[k^{h}y^{24} tuk^{21}]、败毒[pai^{24} tuk^{21}]去毒、毒[tuk^{21}]做事太损、阴毒[in^{33} tuk^{21}]阴险、粥[ʦuk^{55}]、冷饭粥[ləŋ^{55} fan^{24} ʦuk^{55}]泡饭、煮粥[ʦy^{55} ʦuk^{55}]、熬粥[ŋau^{21} ʦuk^{55}]、福寿饼[fuk^{21} səu^{24} piŋ^{55}]、读书[tuk^{21} sy^{33}]上学、读书人[tuk^{21} sy^{33} in^{21}]、一幅[it^{21} fuk^{21}]

[iuk]:

肉芥菜[iuk^{21} kai^{24} ʦ^{h}ai^{24}]、龙眼肉[luŋ^{21} ien^{55} iuk^{21}]桂圆、肉蔗[iuk^{21} ʦe^{24}]绿皮的果蔗、黑肉鸡[xə^{21} iuk^{21} ki^{33}]乌鸡、螃钳肉[p^{h}aŋ^{21} k^{h}en^{21} iuk^{21}]蟹肉、猪肉佬[ʦy^{33} iuk^{21} lau^{55}]卖肉的、牙肉[ia^{21} iuk^{21}]牙床、老鼠肉[lau^{55} sy^{55} iuk^{21}]上臂肌肉、肉毛管起[iuk^{21} mau^{21} kɔn^{55} k^{h}i^{55}]起鸡皮疙瘩、肉酸[iuk^{21} ɬɔn^{33}]起鸡皮疙瘩、肉粥[iuk^{21} ʦuk^{55}]、猪肉粽[ʦy^{33} iuk^{21} ʦuŋ^{24}]、肉粉[iuk^{21} fən^{55}]、肉丁[iuk^{21} tiŋ^{33}]、肉片[iuk^{21} p^{h}en^{24}]、肉丝[iuk^{21} ɬɿ^{33}]、碎肉[səi^{24} iuk^{21}]肉末、肉松[iuk^{21} suŋ^{33}]、肉丸[iuk^{21} uan^{21}]、扣肉[k^{h}əu^{24} iuk^{21}]、红烧肉[xuŋ^{21} sau^{33} iuk^{21}]、红焖肉[xuŋ^{21} mən^{24} iuk^{21}]、粉蒸肉[fən^{55} ʦiŋ^{33} iuk^{21}]、肉饼[iuk^{21} piŋ^{55}]、肉菜[iuk^{21} ʦ^{h}ai^{24}]荤菜、肉摊[iuk^{21} t^{h}an^{33}]、肉色[iuk^{21} sə^{21}]、心惊肉跳[ɬin^{33} kiŋ^{33} iuk^{21} t^{h}iau^{24}]

二、平话借词

武鸣县城官话是“街上话”,但过去有不少农业人口,有关农业生产活动的词语,基本都来自平话,或经由白话再转入官话。例如:

“整天”,武鸣县城官话说“论天”[lən^{24} t^{h}en^{33}],与平话一致。

“怎么(做)”,武鸣县城官话说“哪门”[na^{55} mən^{21}]与平话一致。

"为什么"，武鸣县城官话说"为门"[$uəi^{24}mən^{52}$]与平话一致。

"什么"，武鸣县城官话说"哪门"[$na^{55}mən^{52}$]与平话一致。

三、壮语借词

由于语言声望的缘故，武鸣县城官话的壮语借词并不多。例如：

表示否定的"不"，武鸣县城官话说"□"[$mə^{55}$]，武鸣壮语"不"就是说[$mə^{55}$]。二者音义一致。

"搭锤"[$təp^{21}$ $ʦ^{h}uəi^{21}$]钉锤 和"搭直[$təp^{21}$ $ʦik^{21}$]把弯的钉子锤直"中的"□[$təp^{21}$]"。武鸣壮语"捶打"说[tup^{33}]，二者音近义通。

鱼鳔儿，武鸣县城官话说"鱼□"[$y^{21}pəp^{55}$]。武鸣壮语"水泡；鱼鳔"读为[$po:p^{35}$]，二者音近义同。

外祖父，武鸣县城官话说"公□"[$kɔŋ^{35}tai^{35}$]；外祖母，武鸣县城官话说"阿□"[$a^{33}tai^{35}$]。外祖母，武鸣壮语说[$ta:i^{24}$]。因武鸣县城官话元音没有长短对立而武鸣壮语有，所以二者声韵其实是相同的。

敷药，武鸣县城官话说"□药"[$əp^{55}iɔk^{21}$]。与平话、白话同。敷(药)，武鸣壮语说[op^{55}]。二者音近义同。

注射，武鸣县城官话可说"□针"[$tuk^{55}ʦin$]^{33}。与南宁白话相近。武鸣壮语中"打"说[$tuək^{55}$]。[$tuək^{55}$]和[tuk^{55}]音义相近。

葬，武鸣县城官话说"□"[$əm^{33}$]。武鸣壮语中"埋；葬"说[hom^{24}]。二者音近义同。

用手指掐，武鸣县城官话说"□"[met^{21}]，如"择菜"说"□菜"[met^{21} $ʦ^{h}ai^{24}$]。武鸣壮语"摘"说[mit^{55}]。二者音义相近。

□[$əŋ^{35}$]大便时向下用力，武鸣壮语"大便时向下用力"说[$aŋ^{35}$]。二者音近义同。

武鸣县城官话"逮捕"和"抓"说□[$kəm^{21}$]。武鸣壮语"抓"说[kam^{33}]。二者音义相近。

塞东西，武鸣县城官话说"□"[$ət^{55}$]。如：行贿也叫"□钱"[$ət^{55}$ $ʦ^{h}en^{21}$]。武鸣

壮语“塞入”说[ot^{55}]。二者音近义同。

背(东西),武鸣县城官话说“□”[me^{33}]。武鸣壮语“背(东西)”说[pe^{35}]。二者音近义同。

张开,武鸣县城官话说“□”[ŋa^{33}]。如,“张嘴”可以说“□嘴巴”[ŋa^{33} ʦəi^{55} pa^{33}]。武鸣壮语“张开”说[a^{55}]。二者音近义同。

捂住,武鸣县城官话说“□”[əm^{33}],与平话音相近。

用棍棒打,武鸣县城官话说“□”[ɬau^{21}],还可以引申为“大吃”、“吃食的频率很快”。武鸣壮语“狠揍”、“大吃”分别说[θaːu^{42}]、[θaːu^{31}]。它们音义相近。南宁白话也说。

发抖、害怕,武鸣县城官话说“□”[ɬən^{21}]。颤动,武鸣壮语说[θan^{31}]。二者音义相近。

傻、笨,武鸣县城官话说“□”[ŋɔŋ^{35}],所以装癫也叫“装□”[ʦuaŋ^{33} ŋɔŋ^{35}]。武鸣壮语“白痴;糊涂”说[ŋoŋ^{35}]。二者音义相近。

不好,武鸣县城官话说“□”[iəi^{21}]。不好,武鸣壮语说[jai^{31}]。二者音近义同。

薯类很粉,武鸣县城官话说“□”[muŋ^{33}]。与平话、白话同。松软,武鸣壮语说[boŋ^{24}]。二者音义相近。

凹,武鸣县城官话说“□”[məp^{55}]。武鸣壮语“凹”说[bop^{55}]。二者音近义同。

武鸣县城官话有一个与名词“水田”搭配的量词“垌”[tuŋ^{33}]。垌,武鸣壮语读为[toŋ^{33}]。二者音近义同。

大约,武鸣县城官话说[ɬək^{21}]。如“里把路”说“□里路”[ɬək^{21} li^{55} lu^{24}],“大约两亩”说“□两亩”[ɬək^{21} liaŋ^{55} məu^{55}],“近百个”说“□百个”[ɬək^{21} pə^{21} kɔ^{24}]。大约,武鸣壮语说[θak^{55}]。二者音义相近。平话、白话也说。

参考文献

[1] 广西壮族自治区地方志编纂委员会编:《广西通志·汉语方言志》,南宁,广西人民出版社,1998 年。

[2] 武鸣县志编纂委员会编:《武鸣县志》,南宁,广西人民出版社,1998 年。

[3] 范先纲:《柳州话的"没"和没有》,《广西师范大学学报》,1987 年第 2 期。

[4] 贺巍:《汉语官话方言入声消失的成因》,《中国语文》,1995 年第 3 期。

[5] 侯精一:《现代汉语方言概论》,上海,上海教育出版社,2002 年。

[6] 蓝利国:《柳州方言的句法特点》,《广西大学学报》,1999 年第 2 期。

[7] 黎江影:《柳州方言语言地理过渡性浅议》,《广西师院学报》(哲社版),1991 年第 1 期。

[8] 黎新第:《官话方言促变舒声的层次和相互关系试析》,《语言研究》,1987 年第 1 期。

[9] 黎新第:《南方系官话方言的提出及其在宋元时期的语音特点》,《重庆师院学报》(哲社版),1995 年第 1 期。

[10] 黎新第:《明清时期的南方系官话方言及其语音特点》,《重庆师院学报》(哲社版),1995 年第 4 期。

[11] 李蓝:《六十年来西南官话的调查与研究》,《中国语文》,1997 年第 4 期。

[12] 李蓝:《西南官话的分区(稿)》,《方言》,2009 年第 1 期。

[13] 李连进:《广西武鸣官话的入声性质及成因》,《民族语文》,2010 年第 2 期。

[14] 李荣:《官话方言的分区》,《方言》,1985 年第 1 期。

[15] 李如龙:《汉语方言学》,北京,高等教育出版社,2007 年。

[16] 梁艳芝:《一个西南官话方言岛——浪平高山汉话研究》,广西大学硕士学位论文,2006 年。
[17] 林亦:《百年来的东南方音史研究》,南京,南京大学出版社,2004 年。
[18] 林亦、覃凤余:《广西南宁白话研究》,桂林,广西师范大学出版社,2008 年。
[19] 刘村汉:《柳州方言词典》,南京,江苏教育出版社,1995 年。
[20] 刘村汉:《柳州方言词典的用字》,《方言》,1998 年第 2 期。
[21] 刘磊:《官话方言见晓组三等字声母愕化的例外现象试释》,《河池学院学报》,2005 年第 6 期。
[22] 马骏:《柳州话的重叠》,《广西师范大学学报》(哲社版),2001 年第 3 期。
[23] 覃凤余、张婷:《邕宁福建村官话的"着"》,《桂林师范高等专科学校学报》,2009 年第 4 期。
[24] 王红梅:《西南官话动词重叠比较研究》,《学术交流》,2006 年第 11 期。
[25] 韦宏宁:《广西环江官话的新老差异》,《广西教育学院学报》,2007 年 第 3 期。
[26] 谢建猷:《广西汉语方言研究》,南宁,广西人民出版社,2007 年。
[27] 杨丕芳:《邕宁福建村官话研究》,广西大学硕士学位论文,2011 年。
[28] 杨玉国:《广西武鸣官话入声字调查》,《中国社会语言学》, 2005 年第 2 期。
[29] 袁家骅等:《汉语方言概要》(第二版),北京,语文出版社,2000 年。
[30] 詹伯慧等:《汉语方言及方言调查》,武汉,湖北教育出版社,1991 年。
[31] 张发和:《河池官话和普通话语音上的差异》,《河池师专学报》,1996 年第 1 期。
[32] 张卫东:《试论近代南方官话的形成及其地位》,《深圳大学学报》(人文社会科学版),1998 年第 3 期。
[32] 周本良等:《南宁市下郭街官话同音字汇》,《桂林师范高等专科学校学报》,2006 年第 2 期。

后　记

我生长在武鸣县城，从小就觉得武鸣话是与众不同的，先是知道武鸣话和在县城同为强势语言的壮语不一样，再就是听着外出工作多年的亲戚回来说的桂柳话比较软乎，好听，觉得武鸣话“很硬”，不好听，也曾经因此而不愿意在外地人面前说武鸣话。直至学习了语言学才明白，因为武鸣官话有很多塞尾，才使它听起来“硬”，而且因为壮汉高度融合，使得武鸣官话当中存在很多与壮语、粤语、平话接触产生的变异，也使得武鸣官话成为一个独特的存在。随着学习的深入，我一直希望能用自己的微薄之力把武鸣官话记录下来，并成书出版，2012 年硕士毕业后我觉得自己距离这个目标更近了，这几年我也一直为了完成书稿而努力，现在《武鸣县城官话语音词汇研究》一书终于付梓，心中有太多感激需要表达。

感谢我的导师林亦老师，林老师勤勉、严谨、谦和、宽容，当时求学时林老师给了我许多鼓励，不厌其烦地答疑解问，她的悉心指导、严格督促是我奋发的动力。本人生性愚钝，又有行政事务缠身，此次完成书稿又去麻烦林老师。林老师对本书的内容做了非常详尽的指导，百忙之中还为本书作序。细读林老师的文笔，深深体会到这其中所耗费的心思，感激之情无以言表！老师高尚的人品、渊博的知识和对学术研究的敬业是我继续前进的楷模。

感谢李连进老师、覃凤余老师多次无私地给我提供专业指导和建议。

感谢我的发音合作人陆国斌、李敬成、危玉清、韦健芳不辞劳苦地配合我的调查。调查结束后，韦健芳还颇费周折地找到有关武鸣文化的书籍并寄到百色给我。

感谢我的父亲，他在操持家中事务之余，全力支持我的调查研究，积极帮我联系发音人，忙前忙后地协助我收集相关的语言素材；感谢我的公公、婆婆，他们放弃了退休后的休闲生活，来到百色，为我生活提供了极大帮助，缓解了我的巨大压力，他们是我得以全力前进的坚强后盾。

作　者

2016 年 3 月